U0928125

珍藏本
纪念版

汉译世界学术名著丛书

法律体系的概念

〔英〕约瑟夫·拉兹 著

吴玉章 译

2017年·北京

Joseph Raz
THE CONCEPT OF A LEGAL SYSTEM
An Introduction to the Theory of Legal System

本书根据牛津大学出版社 1980 年第 2 版译出

汉译世界学术名著丛书
（120年纪念版·珍藏本）
出 版 说 明

2017年2月11日，商务印书馆迎来120岁的生日。120年前，商务印书馆前贤怀揣文化救国的理想，抱持"昌明教育，开启民智"的使命，立足本土，放眼寰宇，以出版为津梁，沟通中西，为中国、为世界提供最富智慧的思想文化成果。无论世事白云苍狗，潮流左右激荡，甚至战火硝烟弥漫，始终践行学术报国之志，无改初心。

迻译世界各国学术名著，即其一端。早在20世纪初年便出版《原富》《天演论》等影响至今的代表性著作，1950年代后更致力于外国哲学和社会科学经典的译介，及至1980年代，辑为"汉译世界学术名著丛书"，汇涓为流，蔚为大观。丛书自1981年开始出版，历时三十余年，迄今已推出七百种，是我国现代出版史上规模最大、最为重要的学术翻译工程。

丛书所选之书，立场观点不囿于一派，学科领域不限于一门，皆为文明开启以来，各时代、各国家、各民族的思想与文化精粹，代表着人类已经到达过的精神境界。丛书系统译介世界学术经典，引领时代思想，为本土原创学术的发展提供丰富的文化滋养，为推动中国现代学术和现代化进程做出了突出的贡献。

为纪念商务印书馆成立120周年，我们整体推出“汉译世界学术名著丛书”120年纪念版的珍藏本，寄望既利于文化积累，又便于研读查考，同时向长期支持丛书出版的译者、编者和读者致以敬意。

两甲子后的今天，商务印书馆又站在了一个新的历史时间节点上。我们不仅要铭记先辈的身影和足迹，更须让我们的步伐充满新的时代精神。这是商务人代代相传的事业，更是与国家和民族的命运始终紧密相连的事业。我们责无旁贷，必须做好我们这代人的传承与创造，让我们的努力和成果不仅凝聚成民族文化的记忆，还能成为后来人可以接续的事业。唯此，才能不负前贤，无愧来者。

商务印书馆编辑部

2017年10月

前　言

本书基于本人在牛津大学所提出的一个理论命题之上。我希望承认自己曾经从哈特教授那里受益匪浅。我从他已经出版的著作，从他的讲课，更多的是从他对本书草稿的非常耐心和仔细的批评中受益良多。同样，我非常感谢他的持久的鼓励和指导。

我也非常感谢哈克博士，他与我曾经就本书所讨论的题目进行过多次有启发性的对话；我还非常感谢肯尼博士，他曾经阅读并评论了我写的关于边沁和凯尔森的两篇论文，而这些论文又构成本书第三—五章中某些论述的基础。

我之所以能够在牛津学习得益于耶路撒冷的希伯来大学的资助，它确保了必要的资金，特别是由于波斯南斯基先生的友好的关心和兴趣。

哈特教授和哈克博士都曾经阅读了本书的前几稿。如果不是为了减少他们的痛苦的话，本书会出现许多超出允许限度的议论和英语语法上的错误。

目　录

导　　言 1

本书是对一种一般性研究法律体系问题的一种介绍。它既是对法律体系本质的一种研究，同时也在审视如下事实的假设和含义，即每种法律必然属于一种法律体系（英格兰法，日耳曼法，罗马法，教会法或者其他法律体系）。全面的研究可能会产生一种人们所说的法律体系理论。这样的理论应该是普遍的，因为它适用于所有的法律体系。如果这种理论成功的话，它也就解释了法律体系的概念，并且构成一般意义上的分析法理学的一个组成部分。

研究本书所确定的主题的方法部分属于历史研究，起始于对先前理论的批判性研讨。而本书的建设性部分，则具有分析性的特点。还有，本书在历史部分所审视的所有作者都属于分析法理学派。如果从分析的角度出发，一种完整的法律体系理论应该包括对如下四个问题的回答。

（1）存在问题：一种法律体系存在的标准是什么？我们曾经区分了现存的法律体系与那些已经不存在的法律体系和从来没有存在过的法律体系（如柏拉图设想的理想国家的法律）。进而，我们说，法国的法律体系存在于法国而不是比利时。我们又说，巴勒斯坦现存的法律不同于30年前在那里生效的法律。法律体系理论的一个目的是提供一些标准来判断上述这些陈述的真假，我们把它称为法律体系的存在标准。

(2)特征问题(以及与之相关的成员资格问题):决定一种法律归属于某一体系的标准又是什么?事实上,是有一些关于成员资格的标准,人们从中可以推导出关于特质的标准,并回答哪些法律构成一种体系。

2 (3)结构问题:所有的法律体系是否都有一个共同的结构?或者某类法律体系是否具有共同的结构?属于同一个法律体系的那些法律是不是具有某些反复出现的关系模式?究竟是什么构成重要的法律体系之间的差别?

(4)内容问题:有没有一些法律,它会以这样或那样的形式出现在所有的法律体系中或者某类体系中?有没有一些内容对于所有的法律体系都是不可缺少的?或者有没有一些重要的内容可以区分重要的法律类型?

虽然每一种法律体系的理论都必须对前两个问题提供一个答案,因为存在和特征的标准对于任何关于法律体系的充分的定义都是必然组成部分,但是,这些理论完全可以对上面的后两个问题持否定回答。这些理论可能会主张说,根本就没有适合于所有法律体系的结构或共有的内容。不过,审视结构和内容对于任何法律体系类型的理论来说,也是非常根本的(它也涉及我们如何命名比较法理学中的分析部分)。

本文只涉及上面四个问题中的前三个问题,而且,这样限定是由于它们与一般意义的法律体系理论有关。除了哈特之外,分析法理学家们还没有注意到上述第四个问题,即内容问题。而且,由于我们已经选择主要通过批判地审视以前的理论来发展我们的系统结论，几乎完全不考虑内容问题也很自然。不过，在第六章和其他一些章节，我们还会就内容问题与其他三个问题之间的相互联系发表一些意见。

法律体系理论所包括的这四个问题，在大多数情况下，为几乎所有的分析法学家们所忽视。人们习惯上似乎一直认为，理解法律的关键步骤就是界定一条法律，而且，人们还未加思考就假定，界定一种法律体系并不进一步涉及任何的后果问题。凯尔森是第一个坚持“如果我们把自己的注意力完全局限于一条单一的鼓励的规则，我们就不可能掌握法律的本质”这种观点的学者。这里可以进一步思考：本文的一个重要命题就是，一种法律体系理论对于任何充分的关于某一法规的定义来说，完全是必不可少的前提。所有的法律体系理论目前在这方面都不成功的部分原因就是它们没有意识到这个事实。

为了论证这个命题，一般的规范理论的某些方面应该加以考 3
虑（参见第三章和第六章）。不过，本文对一般规范理论的讨论只限于最低限度的必要性，以便能够支持一种一般立场的有效性。

法律的三个基本的和重要的特点是，法律是规范的、制度化的、强制性的。它是规范性的，因为它服务于，或者意味着服务于，作为一种人类行为的指导。法律是制度化的，因为它的适用和法典化在很大程度上是通过特定制度来实现或规定。法律是强制性的，因为服从法律，以及法律的适用，最终是由国家强力提供内在保障。

自然地，每一种法律体系的理论都必须与对这三个特点的解释相互一致。由于它们的重要性，我们将期待着每一种法律体系的理论都能够解释法律的这三个特点，至少是部分地解释，因为这些特点对于法律来说至关重要。

强调法律的这三个特点是法律自身至关重要的因素，实际上是我们与当代另外两种分析的法律体系理论的共同之处，它们分别是凯尔森的理论和哈特的理论。我们把这些似乎类似的理论之间的区别可以简化为如何解释这三个特点、它们之间的联系、它们各自的相对重要性等方面。这个共同的分母使得我们可以在批判地审视其他类似努力的框架内提出我们的解决方案。

因此，这里对于如何运用上面的那两种理论也有些区别。在提及凯尔森对于法律体系理论的积极贡献之前，他的理论在三个彼此连续的章节中(第三—五章)受到批评和解释。这样做的目的就是对法律体系理论的问题获得更多更深的理解，以及发现那些在处理这些问题上的困难所在，同时还可以通过认识凯尔森理论的成就和缺陷学到有益的经验。而哈特的理论，它与本文所使用的方法有非常密切的联系，我主要是在说明他对于法律体系理论的贡献(第六—九章)。而其他那些法律哲学家们，他们虽然并没有提出一种完整的法律体系理论，但是他们的观点又与法律体系
4 理论的形成有关，因此，他们的某些观点都会在适当章节中给予评论和考虑。

虽然凯尔森是公开而又充分研究法律体系概念的第一人，但是，在奥斯丁的著作中已经隐藏了一种比较完整的法律体系理论。他的理论虽然在若干重要方面不同于凯尔森的理论，却仍然可以被视为是同一种理论的变形。我愿意把这两种理论看作是我所称为的命令方法的两种表现形式。奥斯丁这种理论的形式可能比较

简单一些，我们将从讨论他的理论开始，并且把它作为体现命令方法的典型来看待（第一章）。当然，奥斯丁的理论确实有许多缺陷，但这些缺陷却可以在命令方法的理论框架内得到补救。因此，对他的理论的批评（第二章）不能被当作是这种方法本身有缺陷的证据，相反，我们是把它作为了解凯尔森理论的一个窗口。一旦如此，凯尔森的理论可就不那么容易批评了。

5 # 第一章 奥斯丁的法律体系理论

事实上,奥斯丁把“一种(条)法律”视为“主权者对其臣民所发布的一般性命令”。他的法律体系理论就隐蔽在这种定义之中。为了彰显这种理论,我们需要把这个定义一分为三,使每一个部分都能够对应于我们所提出的三个问题。一条法律是:(1)某些人所发出的;(2)一般性命令(奥斯丁习惯于说一套或者既定的法律)①;(3)而所谓的某些人也就是主权者(他们被某个社会共同体习惯性地服从,但是他们不服从于其他任何人)。

从这个定义的第二个部分中,人们可以推导出一种身份标准和成员资格标准。奥斯丁的身份标准是,一种法律体系包括,而且只包括由一个人或者由若干人组成的机关所颁布的法律。而奥斯丁的成员资格标准则是,一条既定的法律属于一种法律体系,而后者包括了制定这一法律的立法机关所颁布的所有法律。② 这也是奥斯丁对于身份问题的回答。

这个定义的第三个部分包括了绝大多数一种存在标准可以从

① 奥斯丁把主权者发布一般性命令的行为称为是立法。

② 参考哈特对奥斯丁立场的概括,见哈特:《法律的概念》,英文版*,第66页。

*本书所引论著之英文原名,参见书后“参考书目”。下同。——译者注

中抽绎而出的材料。这个存在标准是:(1)如果所有法律的共同立法者是主权者,法律体系就存在。(2)如果法律是普遍有效的,法律体系就是存在的。从(1)向(2)的过渡为如下事实所保障,即只有当一个人被习惯性地服从时,他才是主权者,当并且只有当他发布的命令被普遍地服从时,他才是被习惯性地服从。在第二章的有关章节里,我们将修正这个标准,以便使它更加准确。

这个法律定义中的第一部分是我们现有的了解奥斯丁关于一种法律结构的意见的唯一线索。他从来也没有直接处理这个问题,但是,他对于一般性命令却说了很多,而这些足以使我们重新组织一种初步的法律结构理论。本章主要的争论之一是这种理论 6
排除了构成一种法律体系必要组成部分的法律之间内部联系的可能性。所谓法律之间的内部联系是指,一条或数条法律规范的存在涉及或者是以其他法律规范的存在为前提的。因此,奥斯丁也就排除了一种法律体系必须也必然要具有的规范之间的内部联系。

上面这样一种简单的概括表明,奥斯丁的法律体系理论实质上就是他法律定义的副产品。理论和定义都围绕着并且预先假设了一个基本概念的可适用性,即主权的概念。因此,我们将通过仔细思考他的主权概念,进而讨论他的存在标准,最后再涉及他的法律结构理论(这为他的法律体系结构理论奠定了基础)这样的顺序开始我们对于奥斯丁理论的详细研究。

一、主权

在奥斯丁之前，主权一直是一个哲学和政治学的术语，不过，后来它被边沁改造了。边沁写道："当一批人（我们可以称其为臣民）假定是处于服从一个人或若干人组成的机关时（我们可以称其为统治者或统治群体），根据一种已知的、确定的对这种关系（统治者与臣民）的描述，这些人据说就处于政治社会的状态之中。"[①]人们只要把边沁的说法与奥斯丁的解释比较一下就可以发现，边沁对于奥斯丁的影响有多大。奥斯丁认为，"社会中如果有一个确定的至上者，他又没有处于服从其他至上者的状态中，但是却从既定的社会中获得了大众的服从，这个确定的至上者就是这个社会的主权者，而且这个社会（包括至上者在内）也就是一个政治的和独立的社会。"[②]

边沁推动而为奥斯丁采纳的两个重要的革新就是：(1)主权既不来自于道德或者道德原则，也不能根据道德或者道德原则加以
7 解释。主权完全依赖于服从习惯这一事实。(2)习惯的概念，以及人们的服从概念，也就是说，服从一个人或一个群体，已经成为解析主权的关键概念了。

这些观点构成奥斯丁主权理论的基础，而且，这些观点来自于边沁。不过，边沁与奥斯丁也有两处重要的区别，学人不能不察。

---

① 边沁：《政府片论》，英文版，第 38 页。

② 奥斯丁：《法理学研究的范围》，英文版，第 194 页。

边沁强调“处于一个政治社会的状态中”，而奥斯丁主张“一个独立的政治社会”，而这恰恰是奥斯丁定义为什么包括两个重要条件的原因。一个是积极的或者肯定的（大众习惯上服从主权者），另一个是消极的或者否定的（主权者没有服从他人的习惯）。边沁的定义只提及那个积极的条件。消极的条件只与政治社会的独立性有关，对此，边沁的理论根本没有涉及。奥斯丁曾经评论了这种省略，并说：“边沁先生忘记了注意否定条件的必要性。”[①]不过，对于奥斯丁提及的边沁著作而言，这个评论是不准确的，然而，对于边沁在《法律概论》和其他地方对法律的定义而言，它却是真实的。[②]《法律概论》是边沁最重要的法理学著作。不过，这种省略只是一个技术性瑕疵，毫无疑问，边沁会赞成奥斯丁所做的修改。在他的《政府片论》中，边沁写道：“假设有一个无可争辩的政治社会，而且，由于大规模的集团的形成，小规模的集团就瓦解了。由于这种瓦解，在这个社会中也就不再有与大规模集团对立的小规模团体了。小规模的团体就把自己放回到自然状态之中。……再假设旧政权有大大小小的统治者，大部分民众习惯于从他们那里得到指示或命令，而且，在新政权下他们也是民众得到指示的渊源。这些大大小小的统治者有针对一个人的服从习惯，这个人曾经是一个整体的最高统治者，已经不知不觉地、一点一点地解体 8
了。”表示这些大大小小统治者特征的名字还可以继续使用，既然

① 奥斯丁：《法理学研究的范围》，英文版，第212页。

② 奥斯丁的论点，即由于每一个政治社会都是独立的政治社会或者是它的一部分，因此，政治社会的定义已经预先假定了一个独立社会的定义，真的是相当荒谬。

他们是最高权威。[①]

关于一个最高统治者的暗中定义包括了奥斯丁的否定条件。

奥斯丁与边沁主权概念的第二个区别更加重要，不过，奥斯丁本人从来没有提及。奥斯丁的主权者具有四种属性，而每一种属性都与他的法律体系理论有着至关重要的联系。他的主权者具有：(1)最高性。就是说，第一，主权者的立法权力并不来自于法律；第二，这种立法权力也不能被法律所废除。(2)无限性。就是说，第一，主权者的立法权力在法律上是无限的，这是一种制定任何法律的权力；第二，主权者在行使他的立法权时不能受制于任何法律义务。(3)唯一性。对于每一种法律体系而言，有一个，而且只有一个最高的而且还是无限的立法权力。(4)统一性。这种立法权只掌握在一个人或者一个机构的手中。[②]

边沁的主权也具有最高性和唯一性，但是，他从来没有说过主权是无限的和统一的。考察边沁在这个问题上的思想发展特别有意思。在《政府片论》中，边沁甚至拒绝使用主权这个词，而用最高统治者一词代替。他对于主权的统一性保持沉默，对于最高统治者的限度问题，他说：“最高统治者权威的领域，虽然不是不确定的，
9 但是，我认为，除非为公开的条约所限制，不可避免地允许不确

① 边沁：《政府片论》，英文版，第 44 页。

② 这里的假设是，主权可以分立，而且还是唯一的。例如，如果一个人在一种法律体系内对于宗教问题具有最高的立法权力，而另一个人对于所有问题都具有最高的立法权力，他们的权力就被认为是主权的组成部分，是分别存在于两个主体身上的主权。另一方面，如果在一种法律体系内，两个人具有同样的最高和无限的立法权力，那么主权就不是唯一的，因为，在这种法律制度内有两个主权者，但是，主权还是统一的，每一种主权都掌握在一个人手中。

定因素。”[①]这里并没有说明所谓的条约是法律还是别的什么。他在再版的法理学著作《原则》中，却又趋向于承认主权概念。“对于若干人组成的总体机构而言，上面提及的政治行动就是由它授权而实施的，我们以集体的政府名义开始。在这些人当中，通常有一个人或者一个机构，它的办公室负责分配其余的公职，并且决定每个人在履行属于自己的特定职能时的具体行为，以及在特定情况下，如何代替行使职权。只要有这样的一个人或者这样的机构，那么，他或者这个机构就可以被称为主权者或者说主权。”[②]

根据这样一种淡化的主权定义，似乎可以说，主权者是受到限制的。不过，另一方面，它又是唯一的和统一的，在与上述这段话相关的一个注释里，边沁指出，“也许，我应该担心我所说的具有必然性的某些论断(如在每一个国家内都必然有一个主权)，在荷兰联省，在瑞士的海尔威梯克教派的辖区，甚至在日耳曼部落，掌握一种支配其居民的绝对权力的会议在哪里？在罗马帝国中，这种权力又在哪里？我肯定不愿意承担发现上述问题答案的责任。”[③]

如果主权者的权力是统一的，那么，可以说，并不是每一个国家都有一个主权者。我们可以推论说，如果每一个国家都有一个主权者，那么主权就不会是统一的。

在《法律概论》一书中，边沁承认每一个国家都有一个主权者，但是，他并没有放弃他的一贯认识，即主权不需要是统一的，它也

① 边沁:《政府片论》,英文版,第 94 页。

② 边沁:《原则》,英文版,第 325 页。

③ 同上。

不需要是无限的。"主权者权力的有效原因……就是人民方面所选择的服从。现在，很明显，这种服从可以具有多种变形，甚至只是一种一贯的服从。就某种行为而言，人们可能会趋向于服从某个人的某种命令，而在另外一些行为中又服从另外一个人的命令。……然而，我们应该如何认识日耳曼人的宪法性法令呢？如果某人以命令的方式规定了一种行为，他们可能会趋向于服从这个人；
10 如果他禁止某种行为或允许某种行为，人们可能趋向于不服从他。"[1]这段引自不同著作的话的总体意思很不清楚。似乎边沁从来也没有下决心区分主权的法律限制和事实限制。上面这段话表明，边沁是多么努力通过一种直接参考社会事实的方法来解释法律现象，不过，我们不得不指出，无论如何，我们还是一头雾水。然而，在前面引用的第一句里，边沁承认一种分离的主权，而且，在接下来的段落中，边沁也承认有限主权的可能性。

当然，我们必须十分小心，免得把边沁事实上没有写的意思也归结为边沁的思想。他确实没有解释分离的主权这个概念。他也没有提出什么建议来确认某种法律权力是不是一个主权者权力的一个组成部分，而且即使有这样的建议也没有说明究竟哪种法律权力是主权的一个部分。边沁也没有解释，如果有什么联系的话，构成一种主权的不同权力之间有什么联系。同样，他也没有令人满意地解释如何从法律上限制主权。他倒是意识到某些法律现象与他的理论不能吻合，他的理论是在突出每一种法律制度内只有

---

① 边沁：《确定的法理学的限度》，英文版，第101页、第153页；边沁：《法律概论》，英文版，第18—19页、第60页。

一种没有分离的、不受限制的主权，因此，他又倾向于拒绝那种理论。

我们已经做了解释，不仅仅因为边沁的主权可分性思想一直受到忽视，而且主要因为这样的事实，即他关于（主权）可分性和有限性的思想可以防止别人把我们归结为是奥斯丁的有关（主权）身份和存在的思想强加在边沁的头上。由于边沁对于这些问题也没有别的什么想法，因此，是奥斯丁而不是边沁才是第一个为我们解答了上述两个问题，并且是提供了一种法律体系理论的分析法学家，即使他没有直接投身于相关的主题。因为，如果主权是可分的（或者，与奥斯丁和边沁相反，如果主权不必然是统一的），那么，通过追溯一种法律体系的起源，我们就一定能够发现与众不同的立法者的存在。如果没有一个与其他法律体系一样的一个立法者的存在，那么这些法律之间也就没有什么联系，除非人们在别的什么地方又发现了法律。同样，如果主权者在法律上是有限的（或者说，他可能还服从于他人），那么，这种具有限制性的法律肯定不是
主权者自己制定的，[*] 而且，也就没有其他法律体系都具有的一个 11
立法者。不过，如果说有些法律是由主权者之外的什么人制定的，那么，服从主权者和服从法律就是两码事，因而，奥斯丁的存在标准，已经预先假设了这种一致性，这就不得不重新解释了。

* 本论点会在第二章中充分说明。——译者注

二、存在标准

一条法律是主权者对其臣民的一纸普遍性的命令。与边沁和凯尔森不同，奥斯丁认为，只有普遍性的命令，例如，那些必须履行的“对某一个阶级的行为或者克制”，才是法律。他这样规定的唯一理由是“与已经确立的言论形式”[①]相吻合。一般说来，我们当然不会把特殊的命令称为规则，但是，如果它们在其他一切方面都与法律一样（例如，由有权力的法律权威当局在它行使自己权力的过程中制定），我们就会无视奥斯丁的规定，并且承认它们就是法律。

对于奥斯丁来说，一个命令可以根据如下6个条件加以界定，当且仅当如下情况时，C才是A的命令，即：A希望他人按照一定的方式行为；A表达了这样的愿望；A有意要那些不能实现他的希望的人受到伤害和痛苦；A有权力这样做；A表示他有意这样做；最后，C体现了A希望的具体内容和他的目的。此外，再没有别的了。用奥斯丁自己的话说就是：“由于权力和发布命令一方的旨在使无视他的希望的人们招致祸害和痛苦的目的，一条命令不同于希望的其他表达。一条命令只是希望的一种表示。但是，命令由于自己的特性而不同于希望的其他表现方式；命令所针对的一方有义务接受来自他方的惩罚，如果他们的行为不符合那个希望

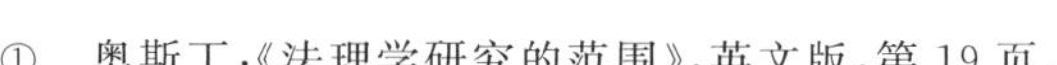

① 奥斯丁：《法理学研究的范围》，英文版，第19页。

的话。”①

无论在这里还是本书的别的地方，命令的第 5 个条件都没有
提及。另一方面，奥斯丁认为，不完善的法律，例如没有制裁规定 12
的法律，是有缺陷的，是不具有命令特点的法律。在讨论中，他指出，“虽然不完善法律的制定者也强调了一种希望，但是，他没有宣告强制服从这种希望的目的。”②若是说到这段话的力量，我提醒大家注意第 5 个条件。实际上，最后一个条件只是一个事实的结果，即命令是一个抽象的实体，它与发布命令的行为或者命令所使用的文字没有什么关系，就仿佛一个陈述与它的主张或者主张的语言没有什么一致性一样。

奥斯丁并没有说明，是不是希望、目的和执行权力只有在发布命令的当时才存在，或者，它们只要有效就可以坚持足够的时间？对这两个问题的回答可能都不能令人鼓舞。我们并不认为一个法律仅仅因为立法者对它失去兴趣就说这个法律是无效的。但是，同时，坚持如下这个认识似乎也没有什么道理，即惩罚力量在立法时就已经存在了，而不是存在于有可能出现违反法律的行为时。最合理的解决方法是，只有在立法时，希望才是某个规则成为法律的一个必要条件，与此同时，权力和目的必须加以使用，并且在法律的有效期内始终存在。③

一条命令的定义中的那 6 个要件可以分为三组。第 6 个要件

① 奥斯丁：《法理学研究的范围》，英文版，第 14 页、第 17 页。

② 同上书，第 28 页。

③ 一种不同的思考方法可能适合于非法律意义的命令。

关注一条命令的结构和内容，本章后面将对它加以讨论。第1、2、3、5要件关注发布命令的行为，或者说立法行为，下节将重新审视。第4个要件，即对不服从命令的任何人施加痛苦的能力，它也被称为命令者或者立法者对于他的命令法律所针对的臣民的最高权威，[①]涉及命令产生的外部环境。若要从关于法律的定义中抽绎一种法律存在的标志，我们就不得不将精力主要集中在这个定义中关于外部环境的方面上。我们可以非常轻松地把剩余的所有
13 要件都视为命令的组成部分，而且奥斯丁关于法律的定义可以重新组织为：一部法律就是上级对下级的一个命令，同时也是主权者对其臣民的命令。人们将会看到，确实有必要比奥斯丁本人更加仔细地区分上下级关系和主权者与臣民的关系。

现在，让我们更认真地审查一下构成最高权威的那些组成部分。它肯定包括那种通过一个机构之手而造成伤害或痛苦的力量。那么需要什么程度的最高权威呢？在某个地方，奥斯丁说过，最高性或者优势就是一种给他人以灾难或痛苦，并且，通过这种对灾难的恐惧，强制他人使自己的行为模式符合一个人的愿望。[②]很明显，我们不应该对这句话过于认真，否则我们就不能够使用奥斯丁批评帕雷的论据来反驳奥斯丁本人。“当立法机关的愿望受到轻视的时候，如果这样做的不幸后果越大，而且招致这种痛苦的机会越大，那么，毫无疑问，立法愿望不受轻视的机会也就越大。但是，也没有什么可以想到的动机能够确保这种服从，同样，也没

① 奥斯丁：《法理学研究的范围》，英文版，第24页。

② 同上。

有什么可以想到的动机可以使人们的服从成为不可避免的事情。如果帕雷的陈述是真实的，那么，命令简直就不可能。或者，如果把他的陈述作为一个明显错误的结果而归之于荒谬，命令就是可能的，但又是从来不受破坏或者违反的。”①

最高性不能等同于强迫已经违法的人们按照法律的要求行事的力量或能力。这在逻辑上和自然上并不总是可能的，而且通常，即使有可能，也没有理由坚持这一点。因此，我们必须得出的结论是，最高性仅仅需要有能力创造这样一些可能性，借此，法律中所规定的制裁将会得到强制执行。

至于制裁的严肃性，既没有最低限度也没有最高限度。奥斯丁的解释是，“真实的情况是，对于具体的行为而言，最终的惩罚和招致最终惩罚的机会这两者的重要性都是外在的。只有当招致最小惩罚的可能性最小的时候，愿望的表达才是命令，才强加一种义务。如果你愿意，这种制裁就是软弱的，不充分的；然而，这毕竟还有制裁，因此也就还是一种义务、一种命令。”② 14

由于不同的法律针对着不同的人，规定了不同的制裁，因此这些事实也就在不同情况下有不同的意义，而它们建立了构成每一种法律有效性之先决条件的最高权威。

在这里，与其他地方一样，奥斯丁的主权不同于他的最高权威。构成立法者主权的那些事实的存在是体系内每一种法律有效性的先决条件，然而，同时它们也是每一种法律所必然包括的。不

① 奥斯丁：《法理学研究的范围》，英文版，第15页。

② 同上书，第16页。

过，与奥斯丁的心照不宣的假设相反，立法者享有主权这一事实并不能导致说，在法律的制裁方面，他高于为特殊目的而制定的法律所要约束的对象。一个人可以是主权者，但是，他在某些特别制定的法律上享有高于其臣民的地位。当然，奥斯丁知道，主权的那个否定性的条件——主权者习惯上不服从任何人，并不意味着他一定就高于他的法律要约束的臣民。不过，即使是那个肯定性条件也没有这样的意思。人口中的多数习惯上服从主权者并不表明他们在每一个法律上都低于其主权者。

奥斯丁没有意识到习惯上服从的主体不同于人们所服从的对象也说明了他的一个一贯性观点，即法律必然针对着主权者所归属的那个政治社会的成员。

“法律用来约束或者指导的单个人或者多数人，必然是独立的政治社会的成员，而立法者就是这个社会的主权者。因此，除非承担义务的一方是法律的对象，否则这一方对于法律的或者政治的制裁就不会是有责任的，而正是依赖于这种制裁，权利和义务才能分别得到强制实现和保护。”[①]

当然，奥斯丁肯定知道，“在许多情况下，一个既定的独立社会的实在法会强加给陌生人一种义务。”[②]通过引入部分或者有限社
15 会成员这个概念，[③]奥斯丁解释了这个问题。一个陌生人是一个部分成员，是因为他比较容易感受到主权者权力的影响。与其说

① 奥斯丁:《法理学研究的范围》，英文版，第 283 页、第 315 页和第 350 页。

② 同上书，第 351 页。

③ 同上书，第 351 页及注释。

只有针对其臣民的命令才是法律，倒不如说只有当一个命令针对着那些有可能遭受法律制裁的人们时（万一这是不可避免的），它才是法律。不过，这也就是最高性的必要条件所已经解释的道理。因此，有可能从法律的定义中排除所谓的"针对其臣民"这样的多余内容。

我们已经看到，每一种法律的有效性都预先假设了这样几个要素：(1)最高立法者高于法律所约束的臣民；(2)最高立法者习惯上为人口中的多数所服从；(3)最高立法者习惯上不服从其他任何人。第一个假设涉及立法者与特定法律主体之间的关系。第二个假设涉及立法者与整个社会的关系。正是这种关系，现在我们要加以说明。

服从一条命令意味着知道这样一个命令存在，而且，要服从发布命令者，人们必须要知道他是谁。在某种环境下，服从命令暗示根据命令而行事。不过，奥斯丁肯定不希望涉及这后一个条件。但是，他会如何认识在不知道法律存在的情况下与法律保持一致这个问题呢？我们肯定认为，这种一致，从整体上看，趋向于支持而不是削弱权威的存在。某些人甚至会怀疑，由于了解法律而与法律保持一致会不会是服从主权和法律制度的一个过于狭隘的基础。毫无疑问，许多结论还依赖于所谓的必要知识的具体内容。奥斯丁在这个问题上着墨不多，因此，我发现人们不可能赋予它任何清楚的意思。

服从主权者意味着服从他的命令。法律的存在预先假设，主权者习惯上受到大众的服从，因此，他可以发布命令，法律还预先假设在同一个制度内还存在着其他法律。因此，根据奥斯丁的理

论，法律必然以体系而存在，任何一条法律都是法律整体中的一个
16 组成部分。当然，在法律制度发展的某些时刻，很可能没有什么法律存在。虽然下面的做法在实践上可能是荒谬的，但是，理论上是有可能的，即一个主权者经过一个短暂的时间，例如几天，废除了所有现存的法律而又制定了新法。根据奥斯丁的理论，就把法律适用于人的集团而不是个人而言，体系为什么要包括那些具有普遍性的法律，而它们也没有什么逻辑联系贯穿其中。这仅仅是方便，而且，在实践上也许是不可避免的，“为社会中的每一个个人设计一种义务体系肯定是不可能的，而且，即使是可能的，那也毫无意义。政治上的权威所制定的大多数法律都是普遍性的。”①

习惯服从主权者不仅预先假设法律是人们制定的，而且还假设它们在习惯上是服从的。只有当下列情况出现时，法律才存在：(1)法律属于一个法律体系，(2)而这个体系总体上说是有效的。只要单个法律构成其组成部分的法律体系总体上受到尊重，那么，任何特殊的法律都可能被忽视或者受到持久的侵犯。

如果单个法律存在，那么，法律体系也就存在。因此，一个人可以从上面已经说过的一切中抽绎出一种法律体系存在的标准，当且仅当如下情况时，法律体系才存在：(1)它的最高立法者习惯上为人们所服从，也就是说，总体上看，法律体系是有效的；(2)它的最高立法者习惯上不服从任何其他人；(3)它的最高立法者在法律的制裁方面高于它的法律所要约束的对象。

除了这些，我们还应该加上第4个条件，即(4)构成体系的法

① 奥斯丁：《法理学研究的范围》，英文版，第23页。

律，实际上最终都是由一个人或者数人制定的。这个条件不同于其他条件的地方在于，它涉及权力的实践，而不是义务的实际履行。一种法律制度的存在不仅意味着义务得到履行，而且还包括立法权力得到行使。这第4个条件事实上是创造法律的条件。根据奥斯丁的说法，如果一条法律最终被主权者制定出来，那么，它也就是被创造的。第4个条件仅仅指出明显的事实，也就是说，如果一个特定的法律制度被人们认为是一种现存的法律制度，那么，它的法律必须体现创造法律的这个条件。

除了这第4个条件，我们还应该说，如果一种法律体系存在的 17
标志是它的效力（功效），那么，证明法律体系存在的标准还要体现效力原则。奥斯丁的存在标准并不仅仅依赖于效力原则，虽然这个标准也把效力原则视为一个重要的组成部分。他的标准中还坚持最高立法者的至上性和独立性。而且，制度的效力也仅仅与它有助于使人们服从最高的立法者这一目的有关。

在结束这个题目之前，我们还必须对分析中所使用的一个关键概念——“社会”做一些说明。奥斯丁关于“社会”所说的就是：“处于自然状态中的一种社会，是由相互交往的人们所组成的，但是，这些人还不是任何意义上的政治社会的成员。”[①]他还提出过这样的问题，即“谁是一个既定社会的成员？通过哪些特点或者通过哪些特殊的标志，该社会的成员可以与那些在该社会中还不具

① 奥斯丁：《法理学研究的范围》，英文版，第200页；边沁：《政府片论》，英文版，第28页。

备成员资格的人们区别开来?”[①]他接着又回答说,“一个人可以通过大量的行为模式或者多种多样的原因而成为一个社会的成员,而且,这会根据不同的社会而各具特色。”[②]他继续说,“借助于不同的实在法律体系和道德,这些模式在不同的社会中得到不同程度的巩固。”这些话表明,他关于社会的定义类似于一个最高立法者所制定的所有法律的约束对象(包括最高立法者本人)。一个法律的对象就是法律所要适用的人们。这个定义面对两种反对意见。人们会得出结论说:(1)作为一个整体,世界上的所有人在许多情况下构成为一个既定的社会。根据英国法律制度,如果一个人在英国曾经犯有谋杀罪,他就必须承认。(2)假如 A 是一个对两个种族,即红种人和绿种人,享有主权的人,那么,他就必须使这些人都服从他的法律。事实上,只有红种人服从他,而绿种人则被 B 有效地管理着,而且,B 也不服从 A。这样的话,我们就会说,A 只是构成为一个独立社会的红种人的主权者。但是,根据上面的建议,绿种人和红种人属于一个社会,都是 A 的法律的对象。因此,或者他们大多数人习惯上服从 A(如果红种人大大多于绿种人
18 的话),那么,A 就是红种人和绿种人的主权者;如果他们当中的多数人并不服从 A,那么,他就哪个种族的主权者也不是。然而,这两种结果都是不能接受的。

我建议彻底放弃这个社会概念。我们将界定一个辅助的概念,即独立社会的核心,把它看作是习惯上服从一个主权者而不服

① 奥斯丁:《法理学研究的范围》,英文版,第 356 页。

② 同上书,第 358 页。

从其他任何人的若干人的集合。[1] 一个独立的社会包括一个核心群体，而所有其他人则站在他们周围，并与之建立各种各样的有意义的关系（生活在同一个国家，讲同一种语言），假设他们的数量足够大，[2]而且他们同核心群体一样只服从一个主权者。

这个定义允许一个人可以同时享有多种身份，而不仅仅限于一个独立社会成员的身份。

三、身份标准

在解释奥斯丁有关思想时，我们说过一种法律体系包括了被一个人或者一部分人制定的全部法律，然而，这并不意味着这个人或者这个群体在人身上要对这些法律的公布负有责任。根据奥斯丁的思想，主权者就是一个体系内所有法律的直接或者间接立法者。因此，重要的事实是，当我们追溯一个体系内所有法律的来源时，我们往往以一个人或者一个群体为最终来源，他或者它就是每一个法律的最终渊源。

奥斯丁的身份标准或者成员资格实际上就是我们所说的起源原则的变形。这个原则指出在一个体系内所有法律之间的成员资格，以及整个体系的特点，最终完全决定于法律的起源；由一系列事实构成的法律起源导致了法律的存在。奥斯丁的已经变形的原则有三个特点：(1)每一种法律的起源包括了一个立法行为。奥斯

① 边沁：《确定的法理学的限度》，英文版，第101页；《法律概论》，英文版，第18页。

② 奥斯丁：《法理学研究的范围》，英文版，第198页、第207页、第208页。

丁认为，这是深思熟虑的行为，它表达一种使其他人以一定方式行为的愿望。(2)每一种法律的最终起源就是一个人的或者一个群
19 体的立法行为。所有的法律都有一个最终的渊源。(3)这个最终渊源的持续存在是一个体系内所有法律能够存在的一个必要条件。奥斯丁的身份标准，我们可以说，建立在立法渊源的基础之上，并且假定了所有的法律都有一个持久的最终渊源。

当且仅当一个人能够成为一个法律的最终渊源，并且确实直接或者间接地发布这个法律的时候，他才能是一个法律的最终渊源(或者立法者)。如果一个人是主权者或者高于他制定的法律所约束的国民，他就能够成为法律的最终渊源。当且仅当一个人有能力制定法律，并且事实上也直接或间接地制定了法律时，他还只是一个非最终意义的立法者。作为一个次级立法者，一个人也有制定法律的能力，不过，条件是也只能是，这时存在着一个法律，它授予他以某种方式制定法律的权力。所谓法律的间接立法者是指，他的立法行为只是直接或者间接地行使法律授予的、由他担任直接立法者的权力。

主权者的直接立法在于：第一，它包括了一个愿望和一个目的，即某些人应该以某种方式行为，如果这些人的行为不符合这种方式，就会给他们带来伤害或者痛苦。第二，明确表达了这个目的和愿望。奥斯丁从来也没有解释授权立法究竟是如何产生的。人们有理由设想，授权立法当局也表达了这样一种愿望和目的。就问题所涉及的自由裁量权范围内而言，它肯定也包括了这样的愿望，即法律所约束的对象也应该像规则所要求的那样行为，如果他们不遵守这些规则，他们就将由于主权机关的行为而遭受痛苦。

主权者的直接立法与授权立法的主要区别在于，后者必须根据使其能够如此行事的法律来表达它们的愿望，例如根据授予他们立法权的法律行事。

主权者或者任何间接立法者是不是都表达了一种愿望，即国民将按照由自己的下级制定的法律而行事？回答在于授予立法权的法律的本质。授权立法建立在把立法的权利授予下级立法者这一基础之上。有时，这种授权立法还伴随着某些规定下级立法者将如何使用这种权利的义务，但是，附加义务的情况并非通例。有 20
时，关于以何种方式行使授权立法的决定属于权利主体的近乎绝对的自由裁量。因此，奥斯丁区分了两种代表制度，即受到信任的和没有受到信任的。[①] 他接着说，“当主权者施加了这样的信任时，这种信任就由法律的或者纯粹的道德制裁加以保障。代表机关受到一种实在法或者法律的约束；或者它受到一种担心的约束，即它有可能侵犯一个共同体内的大众。”[②]从这里，我们可以继续推论：第一，一种法律的信任也就是一种法律义务；第二，并非代表的所有权力都伴随着这样的义务，因此，这些义务还不是典型的特征。不过，也不能说，立法的权力就是另一种义务，或者是一种自由。奥斯丁公开指出，“大量的实在法实际上直接来自国民，只不过国民通过最高政治权威而授予立法者这样的权利。”[③]同样的观点还是下面两段话的根本基础：“如果（一个主权机关的）一个成员

① 奥斯丁：《法理学研究的范围》，英文版，第 229 页。

② 同上书，第 230 页。

③ 同上书，第 159 页。

部分地或者全部地免除了政治的和法律的责任，那么，这个法律上没有任何责任的个人也将受到这样两种方式的限制或者约束，以免其违宪地行使他的法律上无限的权力。第一种方式是道德责任，第二种方式是，如果他喜欢发布并未授权由他发布的命令，这个违宪的命令在法律上将没有约束力，因此，违反这样的命令也就不是非法行为。”[①]这段话非常清楚地表明：第一，奥斯丁区分了无权立法和没有义务在自己的权限范围外制定法律这样两种情况。第二，行使立法权利并不必然伴随着义务。第三，有时奥斯丁使用“法律上无限”的短语来说明“不受义务约束”的意思，虽然，在另外一些场合，也需要把这个短语解释为缺乏权利。[②] 上面第二个结论实质上证明下面这个观点，而且无须再作进一步的评论：英国国
21 王不是一个主权者，因为，“虽然他完全没有法律的和政治的义务，但是，如果他喜欢超越宪法为他的权威所划定的界限，那么，被统治者方面对他违宪命令的不服从也将不是一种非法行为；然而，如果国民不服从主权者发布的命令，那只能意味着侵犯实在法律。”[③]

总之，法律把权利授予某些人，而把义务强加给另一些人。因而，自然而然的是，立法权是法律授予的，而同一个法律则把义务强加给不是授权立法者的那些人。奥斯丁并没有详细分析这种义务的本质，以及被强加义务的人们。唯一合理的解释是，义务被强

① 奥斯丁：《法理学研究的范围》，英文版，第 265 页。

② 同上书，第 254 页。

③ 同上书，第 266—267 页。

加给次级立法所要约束的人们，而且，在授权立法者有权决定的领域内服从这种授权立法正是这些人的义务。如果立法者发布命令，立法的权力通过我所称为的服从法则而被授予，这同时也是强加一种服从义务的法则。

按照奥斯丁的说法，根据服从法则来解释授权立法具有双重好处。很明显，通过服从一种授权权威，你也就必然服从了命令你服从这个授权权威的主权者。这样解释同时也回答了我们前面提出的授权立法中主权者愿望的问题：假设市议会行使了主权者授予它的权力，命令每户居民在他们住宅的前门安装照明灯。主权者是希望居民安装照明灯吗？在我们的例子中，同样的行为可以被描述为安装照明灯和服从市议会的命令。主权者希望居民去做第二个描述中的行为。市议会希望他们去做第一种描述的行为。这两个希望并不一样，虽然实际上它们完全没有区别。

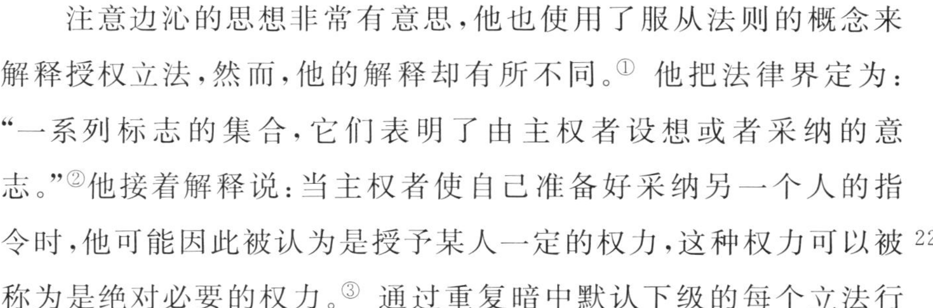

注意边沁的思想非常有意思，他也使用了服从法则的概念来解释授权立法，然而，他的解释却有所不同。[①] 他把法律界定为："一系列标志的集合，它们表明了由主权者设想或者采纳的意志。"[②]他接着解释说：当主权者使自己准备好采纳另一个人的指令时，他可能因此被认为是授予某人一定的权力，这种权力可以被 22
称为是绝对必要的权力。[③] 通过重复暗中默认下级的每个立法行

---

① 奥斯丁：《法理学研究的范围》，英文版，第266—267页。

② 边沁：《确定的法理学的限度》，英文版，第110页；《法律概论》，英文版，第27—28页。

③ 边沁：《确定的法理学的限度》，英文版，第104页；《法律概论》，英文版，第21页。

为，人们认为主权者实际上承认了他的下级独立制定的每一个法律。也就是说，主权者使他的下级的愿望成为自己的愿望。[①] 这也就是为什么边沁把授权立法看作是在本质上与事后追认的法律相同（例如，A 在一个月以前写在 X 文件中的文字，从今天起生效）。奥斯丁实际上也使用过同样的方法。例如，他写道："当习惯由于主审法官的判决而成为法律规则时，从习惯中产生的这些法律规则就是主权立法机关的默示命令。"[②]似乎，奥斯丁正在考虑，当法官第一次宣布某一个习惯具有法律约束力时，主权者也在独立地使每一个习惯合法化。很明显，奥斯丁并没有意识到他正在同时支持两个相互对立的授权立法理论。由于我始终认为，根据服从法则解释授权立法是两个理论当中比较合理的一个，因此，我将只讨论这个理论。

奥斯丁曾经写道："法律有时是通过使某种行为无效而实施制裁的。"[③]不过，如果使之无效就是制裁，那么，这个理论会与本书第 21 页* 所引用的奥斯丁在他的《法理学研究的范围》第 266—267 页的论述相互矛盾。哈特已经证明，使其无效就是制裁的观点是无法接受的。[④] 而且，奥斯丁的理论也不需要这个观点。它是被用来解释私人权力的，而他的能力（资格）理论[⑤]完全可以解

---

① 边沁：《确定的法理学的限度》，英文版，第 103—104 页；《法律概论》，英文版，第 21 页。

② 边沁：《法律概论》，英文版，第 32 页。

③ 奥斯丁：《法理学》，英文版，第 505 页。

* 指本书边码，下同。——译者注

④ 哈特：《法律的概念》，英文版，第 33—35 页。

⑤ 奥斯丁：《法理学》，英文版，第 710 页。

释这个私人权力问题。因此，人们可以根本不考虑这个理论。

四、一种法律体系的结构

关于一种法律体系的结构问题，奥斯丁说得很少。本节所说明的他的观点几乎完全是从他的书中非常少见的有关论述中推论出来的。这种非常少见的论述虽然说明了奥斯丁对这个问题的态度，但是不足以建立任何论点。我们将因此而不可避免地限于描 23
述一个模糊的轮廓。

每一个法律都是一个命令，也就是说，它不仅表达了一种对他人行为的希望，而且还表达了一种目的，即一旦他人的行为不符合这个希望将导致痛苦。就其表达了一种希望而言，每一个法律都针对着一些人——法律的对象，一种他们必须作为的一种行为，以及这种作为发生的场合。对象、行为和场合的描述由一个绝对不可缺少的专业人士将它们结合在一起，并变化成为一个要求人们在一个特定场合如此行为的命令。它可以表现为这样一种非正式的形式：如果“X”对于人们来说是个变量，“!”表示绝对需要的操作员，“A”与“C”分别对应于变化的行为和场合，那么，一个法律中的我们正在讨论的这个部分，我们也称为是绝对必要的部分，可以被公式化地表现为：X!A in C。

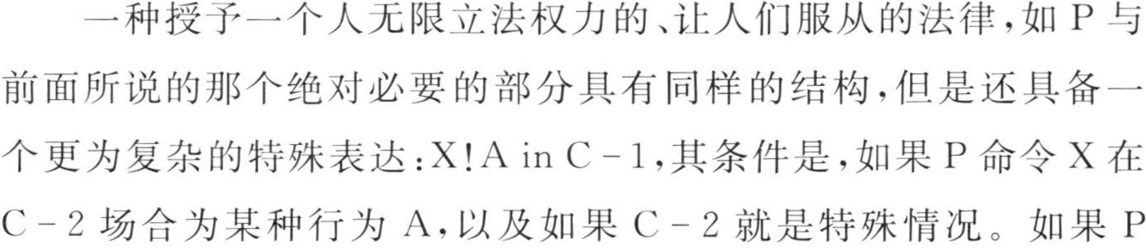

一种授予一个人无限立法权力的、让人们服从的法律，如 P 与前面所说的那个绝对必要的部分具有同样的结构，但是还具备一个更为复杂的特殊表达：X!A in C－1，其条件是，如果 P 命令 X 在 C－2 场合为某种行为 A，以及如果 C－2 就是特殊情况。如果 P

的立法权力有所限制，则公式变得更为复杂，然而，其基本结构始终如一。

人们似乎有理由把下列观点归功于奥斯丁的贡献，即引起痛苦的目的可以直接表示，例如以一种我们称为宣告的一种惩罚政策；也可以间接地得到表现，如通过命令自己的下级对侵犯法律的人们给予制裁。

若就直接表现不遵守就会引起痛苦这一目的而言，法律还包括了第二个部分，即宣告一种政策。可能是这样的，立法者自己有目的地适用惩罚，或者通过命令自己的下级在出现违法行为的每一个场合都要对每一个违法者采取行动来处理违法的问题。而通过命令下级适用制裁来表现引起痛苦的目的这个情况根本没有影响到最初法律的内容。这个目的由第二个法律来表现，我们称其为一个惩罚性法律。惩罚性法律当然是或者由其他一些惩罚性法律加以支持或者由一个制裁政策作后盾。一个制裁政策，虽然也是法律的一个部分，还不是一个独立的法律；它没有强加一种义务，因此也无须由为惩罚性法律所支持。由于这个原因，如果不是别的什么原因，奥斯丁的理论没有涉及法律中的不确定的部分，这
24 些部分的特点在于，它们不是提供对违反自身规定的制裁而是为每一个侵犯其他法律的行为提供一个制裁。*

每一个法律都有一个绝对必要的部分，而某些法律还有一个惩罚性的部分。当它们还附带有一个制裁性法律的时候，它只是规定侵犯那些绝对必要部分法律的行为成为制裁违法者的原因，

* 参见凯尔森与哈特的有关论述。——译者注

这些仅仅具有绝对必要部分的法律才是法律。一个法律与它的附带的惩罚性法律之间的关系，我们称为是惩罚关系；它是一种典型的内部关系。

在各种各样的法律之间有数不清的关系存在，多数还是利益关系。在寻求法律体系的结构时，我们只应该关注一种关系，我们将其称为内部关系。当且仅当一个法律是另一个法律存在的条件，或者一个法律严重影响另一个法律的意义和适用时，我们才说这两个法律之间存在着一种内部关系。此外的其他关系，都可以说是外部关系。一个法律体系的内部结构也就是它的内部关系的具体模式。解释法律与被解释的法律有一种内部关系，因为解释法律影响到该法律的意义。根据法律所产生的社会后果而形成的法律之间的关系是外部关系的一个非常重要的类型。一个地方上的要求当地小酒馆达到某种卫生标准的法规，以不同的方式，不仅补充了当地政府要求饭店达到某种卫生标准的法规，而且还补充了相邻地区当局关于本地小酒馆卫生标准的法规。一个强制空地地主上税的城市法令加强了该地区允许某些建筑团体免税的法令的效果，诸如此类等等。

惩罚性关系也许是奥斯丁暗中承认的最重要的内部关系。只包括一个强制命令部分的法律根本就不是一个独立的法律，除非还有一个惩罚性法律伴随其左右。往好处说，它还只是一个不完善的、需要被解释为另一个法律之组成部分的法律，而且，它的效果也不是强加一种义务，而是允许一种行为。

我们前面关于下级立法的讨论揭示了奥斯丁暗中承认的另一种内部关系：即下位法与授权它立法的上位法之间的关系。我们

25 称这种关系为一种遗传关系,这是一种一个法律与另一个起源于它的法律之间的关系,例如,前者至少也是后者得以创立的事实之一。

遗传关系给奥斯丁提出了一个问题。众所周知,每一个法律都强加了一种义务。只有当违反义务会导致来自公开的政策或者惩罚性法律所附加的制裁时,义务才存在。对于不仅侵犯下级权力机关的立法,而且还同时侵犯了授权其立法的上级权力机关的法律这种情况,只有一种制裁。人们因此会声称,一种制裁说明只有一种义务存在,因而,也只有一种法律涉及这种违法行为。这也说明,上位法在一个非常重要的方面不同于其他的强加义务的法律。

这些还不是奥斯丁式的法律中的唯一的内部关系。有一个简单的例子,服从一个法律,根据另一个法律的规定,可能就是服从者获利的机会。不过,我们的目的是发现必要的内部关系,然而,根据奥斯丁的说法,这里并没有这样的内部关系。惩罚性的法律可以根据惩罚性的政策而得以规避。如果主权者宁愿选择一个立法者,那么,上位法的授权就没有必要了。当然,惩罚性的关系和遗传性的关系存在于大多数法律体系之中,但是,它们并不是逻辑上必然的东西。是的,法律中也没有其他的什么必然关系。在《法理学的用途》中,奥斯丁指出了五个几乎为所有成熟的法律体系普遍具有的区别:第一,成文法与不成文法的区别;第二,对世权与专门制定的对人权的区别;第三,对世权又可以分为财产权和支配权,以及其他若干由此而产生的权利之区别;第四,来自于合同或者准合同的责任和来自于伤害的责任之区别;第五,伤害又区分为民事的和刑事的两种。[①] 第一种区别建立了一种外部的关系，即根据法律的起源而形成的关系。其余的都属于权利和义务的种类，而这些又是外部关系的基础，但是，这些区别并没有指出存在着任何的内部关系。

如果根据一种独立性的原则认为，法律体系的一种内部关系并没有逻辑上的必然性，那么，这个结论就是建立在这个独立性之上的。

奥斯丁的理论可以说是一种典型的、依据独立性原则的理论。26
每一个法律都是一个命令的事实意味着，每一个法律都是一个独立单位、一种独立存在，具有独立意义，甚至其适用也不受其他法律的影响。因此，奥斯丁关于法律本质的理论决定了他对于结构问题的消极认识。

① 奥斯丁:《法理学的用途》，英文版，第367—368页。

27

第二章　对奥斯丁理论的批评

根据起源和独立性原则，在某种程度上也根据效力原则，我们已经在第一章说明了奥斯丁的法律体系理论。本章试图指出奥斯丁理论所引起的某些困难问题。由于奥斯丁对于法律体系的结构问题没有很多论述，我们只有在本书的后面再来审视他的独立性原则。

本章的大部分篇幅涉及奥斯丁理论的最重要的特点，即分配给主权者的作用或角色。当然，他的主权理论已经受到了广泛的和彻底的批判。本文在此无意列举针对奥斯丁理论的所有反对意见。我的目的只是把某些最重要的反对意见与法律体系理论联系起来，然后，再揭示如此联系的某些新意。我们更多的注意力集中在仔细思考奥斯丁理论所表现的困难方面，虽然，我们也知道，对其理论的最终仲裁人只能是这种理论能不能适当地解释现实。

第一节解释奥斯丁理论中的无限权力命题为什么以及究竟怎么不能解释宪法的一个非常重要的问题。下面这个命题会在第二节中加以说明，即，使个人服从主权者的具体方式构成法律体系存在的一个条件将会导致一幅关于法律体系持续存在的扭曲的图画。奥斯丁法律存在的另一个缺陷将在本章最后说明，而余下的另外两节将研究身份理论或成员资格理论的失误。

一、主权的无限性

奥斯丁在一段非常有名的段落中曾经指出，“受到实在法限制的主权是一个有明显矛盾的术语。”[①]借此，他希望说明，一方面，主权者不是权利和义务的主体；另一方面，主权者的立法权力不能 28
受到法律上的限制。后一个论点经常被解释为是奥斯丁如下命题的直接结果，即主权者不需要履行义务。奥斯丁当时并没有使用霍菲尔德的权力概念，因此也没有得出霍氏的结论。奥斯丁当时认为，限制权力的唯一方法就是强加一种不使用权力的义务。然而，这样一来，他就混淆了缺乏权力与存在义务之间的差别。他的理论——主权者不能置身于义务之下，对他而言，也就意味着主权者的立法权力是无限的。

哈特对此指出：“奥斯丁反对通过法律限制主权者权力的可能性建立在这样的假定之上，即服从于这样的限制就是服从于义务。”[②]同样，另一位学者萨尔蒙德也指出：“这个论点，即通过法律限制国家的立法职能是不可能的，值得考虑。这个原则实际上与另一种非常不同的理论没有什么区别，后者认为国家没有什么法律义务；它们被同样看待，也都建立在相同的基础之上。而且，在一个特定的制度内，似乎也没有可以区分的任何空间。这种特定

① 奥斯丁：《法理学研究的范围》，英文版，第254页。

② 哈特：《法律的概念》，英文版，第242页。

的制度把法律视为国家的命令，把每一个法律规则都认为是创造了或者对应于一种法律义务。就这种关于法律本质的理论而言，服从法治等同于服从一种法律义务，而且，国家服从法律制裁的责任和国家立法权的法律限制之间的区别也消失了。”[①]

真的，虽然奥斯丁讨论了主权的无限性，他还给人们留下这样一种印象，即他把对立法权力的限制视为对立法者强加的义务。但是，正如我们在本书（第一章第三节）中看到的，至少有两种限制立法者的方法：不授予某些立法权力，也就是保留某些权利，或者施加某些义务以指导立法者行使自己具有的立法权力。很明显，奥斯丁认为第二种方式更加重要，但是，这点以及有时是潜伏的混淆还是使我们发现，主权者立法权力的无限性是可以通过如下两个步骤得到证明的。(1)把限制主权者的立法权视为它缺乏某些权利是不可能的，因为，大致说来，主权者根本就没有这些权利。
29 (2)由于没有法律义务，因此，主权者几乎是自由地行使他的权力。

人们很容易发现后一段言论的理由。奥斯丁解释说，“如果我们说得合适一些的话，我们就不能说一个人制定了一个法律，虽然一个人可能采纳一个原则来指导自己的行为，而且可能愿意服从它，就像出于如果不服从就会导致制裁一样的服从。”[②]我们还可以补充一段马克柏（Makby）的说明，“没有人，除非是通过一种强烈的语法修辞，能够说要对自己发布命令。”[③]如果我们允许说主

① 萨尔蒙德：《原则》，英文版，第137页。

② 奥斯丁：《法理学研究的范围》，英文版，第255页。

③ 马克柏：《法律要素》，英文版，第93页。

权者对自己发布命令，我们就应该去寻找其他的法律理论而拒绝命令理论，以及它解决结构问题而产生的所有后果，因为这也是建立在命令理论基础之上。

现在，我们再来看前面那个观点的第一部分。如果一个主权者不能享有权利，那么，缺乏权利就不是对他权力的限制。也就是说，主权者根本就不是一个可以通过授权的法律授予其权力的个人。他同样也不是一个可以通过剥夺权利而剥夺其权力的个人。这种规定权力的方法并不适合于主权者。这并不是说，主权者的立法权力就不是一种法律权利。所谓法律权力，我们是指，通过行为改变法律处境的能力，而主权者可以通过立法而改变法律。但是，他的法律权力不是一种法律权利，因为它不是来自法律的授予。要发现一个下级机关有什么样的立法权力，人们就要寻找授予它的那些法律。要确立一种法律的存在或者主权者权力的存在，人们需要寻找社会事实，以及人民的服从习惯等。奥斯丁也构思了他的概念，即主权者的立法权力不受限制。一般意义上的、对特定法律的违法并不意味着主权者没有权力制定这样的法律。如果不服从得以蔓延，而且成为对于一般意义的法律的不服从，主权者就不仅丢掉了他对某些问题立法的权力，而且还同时丧失了他的整个主权。

简言之，这个观点认为，有两种获得立法权力的方式，即通过事实和通过法律。第一种方式只能导致无限的权力。第二种方式却不适合主权者。由于第一种方式只能适用于主权者，这就表明
这两种方式彼此不能相互补充。也就是说，一个人不可能同时以 30
这两种方式获得权力。它们为什么不能互补呢？主权者为什么不

能享有权利？奥斯丁的解释相当缺乏说服力。他说："一个人能够给自己强加多少法律或者义务，他也就能够给自己授予多少权利。每一方都享有某些权利，他们必然是通过他人的意愿或者权力而获得这些权利。因而，如果一个主权政府具有反对他自己国民的法律权利，那么，这些权利就是由第三方或第三人为其国民而制定的实在法的产物。"[①]奥斯丁明显认为，他的逻辑是如此清晰，以至于不需要进行充分的解释。

韦罗璧(Willoughby)曾经提出了一个更令人满意的思路来支持奥斯丁的这个命题。"即使对于权利而言，把它们归于国家也是没有意义的。因为，无论它们的创立还是持续，无论它们的内容还是特点，都完全依赖于国家的意志。"[②]有迹象表明，奥斯丁也曾经在类似的思路上思考问题。[③] 马克柏最充分地解释了这种观点的力量所在。他说："在所谓的主权者征税的权利或者罚款的权利与公民的借债还钱的权利之间，肯定存在着某些根本的区别。公民享有他的债权，但是，他只能在另一个人，也就是授予他这些权利的主权者的高兴和个人意志下，行使和享受他的权利。另一方面，主权者的权力，即征税和罚款的权力，也就是强制实施的力量。况且，公民接受他人还债的权利，无论其行使还是享受，不仅依赖于另一个人的意志，而且还受到这个意志的制约；除了外在的主权者的权力，没有任何力量可以改变债权人与债务人之间的法律关系。

① 奥斯丁：《法理学研究的范围》，英文版，第 284 页。

② 韦罗璧：《公法的根本概念》，英文版，第 76 页；霍布斯：《利维坦》，英文版，第 173 页。

③ 奥斯丁：《法理学研究的范围》，英文版，第 291 页、第 254—255 页。

就征税或者罚款的问题而言，虽然主权者是在特定时间、特定问题上表达了国民应向自己尽义务的愿望，然而，从主权的本质看，这些义务可以根据主权者的意志而随时改变，事实上，人们不可能找到具有这样波动性的权利，因此，我们不能认为，权利可以根据其主体的意志而改变。”①

用我自己的话就是，一个人不可能具有一种他自己可以排他 31
地和全面地控制的权利。只有当没有人可以通过法律来界定这种权利的存在和范围时，他才能排他地控制这种权利。只有当一个人可以任意地创造或者废除或者改变这种权利时，他才是全面地控制这种权利。

除非人们能够排他地和全面地控制权利，否则就没有必要把权利归于他们。权利的存在服务于区分人们的行为，即法律上允许或者有效的行为与法律上不允许或者无效的行为。除非它作为一个相对持久一些的标准，借此来评价有关人士的行为，否则就没有必要引申出上述那个根本区别。因此，如果一个人可以，只要他愿意就可以改变法律上允许的或者有效的行为的界限，而别人又不能干预他这样做，那么，也就没有必要来讲这个区别了。

马克柏的说法包括如下的推论：如果主权者能够任意改变自己的权利，他就不能享有权利。既然他可以任意改变权利，那么，他也就没有权利。第二个前提来自一个关于法律的定义。主权者的每一个命令都是法律，那么，主权者废除自己前一个命令的每一个命令也是法律。

① 马克柏：《法律要素》，英文版，第93—94页。

马克柏说法背后的原则是站得住脚的。只有当一个人的权利,如果他有权利的话,可以相对地免除他自己的干预时,他才是一个潜在的(针对某类权利的)权利享有人。否则,权利就既不能限制他的行为,也不能指导他的行为。实际上,权利本来可以使行为人明确,对他或她而言,哪一种可能的行为方式才是法律允许的、有效的。不过,马克柏认为,要满足豁免性的条件,潜在的权利享有人必须能够具有某些权利,但又不能全面地和排他地加以法律的控制。这是一种不必要的严厉的条件。它证实了权利制度把人当作潜在的权利享有者的一般目的和基本假设,并使其具有意义,即使马克柏的这个条件没有满足,假定的其他条件也可以实现。也就是说,作为一个事实问题,通常并没有这样的情况,即当对一个人权利的限制得以确立时,他就会改变这个权利以避开这些限制。换句话说,一个人事实上的、针对他自己干预的豁免性,是实现其权利相对豁免性的全部必要性。这样一种事
32 实上的豁免性可以存在于这样两种情况下,或者是由于必要性被禁止而导致改变权利的代价过大(例如,以极大的代价专注于初步的阶段和机制,并使其他事业被推迟),或者由于某些压力,它有效地防止权利所有人频频使用他的法律权力(例如,公共舆论)。

这些考虑说明,人们有理由拒绝奥斯丁的理论——主权者不能享有权利,而且这些考虑也解释了权利的某些特点,它们可以与奥斯丁理论的其余部分相互一致,并被归于主权者。但是,即使主权者具有一般意义的权利,他也没有立法权利,或者说也没有什么有限的立法权利。要授予自己立法权利,主权者不得不命

令自己的国民在某些问题上服从他的命令。假设,他继续前进,并且命令:他的国民应该在P问题上不服从他的命令。假如,他后来又在同一问题上发出一道命令,那么,第二道命令将与第一道命令部分地矛盾,并因此而违背了第一道命令。例如,一个告诉人们“X要以C对待A”的法令就会部分地与另一个“X要以C对待非A”的法令相互矛盾。在这样的情况下,几乎没有任何机会可以使人们服从第一道法令而不违反第二道法令。如果在第二道法令之后,人们制定了第一个法律,那么,这就意味着它与前一个法令不能相互补充。因为,第二个法令废除了第一个法令,因此,它也是法令。因而,主权者不可能限制自己的立法权力。旨在限制这种权力的法令根本就不是法律,因为没有服从这种法律的机会。只要法律适用于这样的机会,那么,创造这种机会的条件就否定了法律自己。如果根本就没有机会指望对主权者立法权利的限制,那么,把这种权利归于主权者也就没有意义;换句话说,主权者没有立法的权利。当然,通过事实而获得立法权力也没有立法权利可言。

人们可以引申说,第一个法令,即人们可以在P问题上不服从主权者,是不能接受的,它不是一个法律,它自相矛盾。还有,主权者命令人们将来服从他的法律既可以是必要的,又可以是没有道理的。如果它是必要的,它就是一个与主权者的制定没有关系的法律。任何不希望承认不成文法可能性的人们都会把它视为是没有道理的。应该强调指出,这个观点依赖于奥斯丁的法律是命令的看法,以及主权者不能服从他人的观点。

上面这些说明解释了无限性理论的道理。奥斯丁本人当然知 33

道这种理论的后果。[①] 这意味着，根据他的理论，某些宪法性法律，也就是那些特别法，它们或是把立法权利和义务归于主权者的法律，或是决定他享有立法权利和履行义务的法律，它们根本就不是法律。也许，人们可以说，这种理论没有解释为什么我们还把它们看作是与其他法律一样的法律。

二、论个人的服从

奥斯丁背离功效原则[②]的一种方式是，他认为，只有当法律的功效构成服从最高立法者的一般习惯之组成部分时，它才与法律体系的存在有关。与法律体系的存在有关的服从是一种对个人的服从。即使立法者已经去世，或者立法机构不复存在，人们还是会服从法律，不过，这时的服从法律已经不是服从立法者了。即使奥斯丁最喜欢坚持说，当立法者健在时服从法律就是服从立法者，他肯定不反对上面的说法。不过，总的说来，当一个人死去或者一个机构不再存在时，也就没有对他或它的服从可言了。

因此，一旦主权者消失，直接或间接经他之手而形成的法律体系也就不复存在了。这在新的主权者占据了老的主权者留下的真空之时非常明显。从这时起，包括了由新的主权者直接或间接制定的由法律组成的体系产生了。不过，即使没有新的主权者能够

① 奥斯丁：《法理学研究的范围》，英文版，第257—260页。

② 根据功效原则，一种法律制度的存在依赖于它的功效。同上书，参见第一章第二节有关部分。

在政治真空时期脱颖而出，即使人们仍然服从旧的法律，这些法律也不是真正的法律，而只是一些实在道德规则。因为，这时并不存在被人们服从的一个人或者一个机构，服从也不是对个人的服从。然而，只有存在着对个人的服从，才有法律体系。

因此，对个人服从的要求意味着，一个法律体系的最高立法者的生命周期不仅决定着构成体系的法律之存废，而且还决定着体 34
系自身的存废。奥斯丁认为，即使是新的主权者已经产生，旧的法律通常还会继续存在，他继续解释说，这时新的立法者已经通过暗中的立法活动使这些旧法更新了，它们也就变成了新法。在本章第五节中，我将审视对默示命令概念的这种用法。不过，即使这个技巧可以接受，问题还是没有解决。因为，法学家们出于很好的理由已经区分了两种主权的转变。第一种是奥斯丁所谓的主权转变，当说到旧的法律体系不复存在时，这种转变意味着新的开始；第二种是合乎宪法的主权转变。当新的体系得以创立时，它通常包括了许多其内容与旧制度的法律几乎一样的新法律，而且这些新法律是根据旧的法律，由大众制定的。另一方面，当一次通常的合乎宪法的主权转变发生时，同样的法律体系还继续存在。由新的主权者所维持的法律不仅与旧的主权者制定的法律在内容上完全一致，而且，有时它们简直就是同一个东西。

奥斯丁所提及的合宪性的和违宪性的主权更迭[①]之间的区别并不影响它们最终的结果，就是每一次主权的变化都涉及法律体系的一次变化。一旦个人的服从变为法律体系存在标准的重要组

① 奥斯丁：《法理学研究的范围》，英文版，第152页注释。

成部分，这样的结果是不可避免的。从前面各章中推导出来的奥斯丁的法律体系理论，在这方面，并没有解释清楚我们现存的法律体系概念。同时，这种理论也没有提供强有力的、能够说明修改现存概念必要性的理由。

在此，引入这样一种重要的区分可能是有用的，即法律体系与临时性的法律体系之间的差别。一种临时性的法律体系是指特定时期内有效的一种制度中的全部法律。通常，它们还不是所有的法律。1906 年制定而 1927 年又废除的一部英国法律和 1948 年制定的一部英国法律同属一个法律体系。然而，并没有对应于这两部法律的同一个临时性法律体系，因为，这两部法律不可能在同一时间内有效。

35 “伊丽莎白二世时代初期的英国法律体系”这样一个短语的意思是含混不清的。它可能是指特定时代的临时体系，也可能指这种临时性体系所归属的法律制度。通常，这样的短语不适用于这两种情况，而只是针对特定时代的体系而言，也就是指，在一个长于瞬间但又短于整个法律制度存在时间的历史跨度内，这时或那时有效的法律。

临时性或瞬间性的法律体系是法律体系的子项：对应于每一个临时性的法律体系，都有一个包括这些临时性体系内所有有效法律的法律制度存在。在一种法律制度下的两个不同子项的法律可能会有所重叠，甚至具有同一性，或者它们在某些方面又都有空白。

本章提出的论点说明，奥斯丁的法律体系理论，往好说，至多包括了一种对于临时性法律体系的充分解释；而它对于完整意义的法律体系的解释则存在“硬伤”。根据他的理论，事实上属于一种法律体系的两种不同的临时性法律体系可能被证明属于两种法律体系。

在我们讨论临时性法律体系概念时，奥斯丁理论的另一个缺陷应该被提及。事实上，每一种法律体系理论都要满足下面的先决条件：从逻辑上讲，法律体系不可能包括任何空洞的临时体系。换句话说，不可能存在这样的时期，即有法律体系存在，却又没有有效的法律。这种先决条件的必要性是不言自明的。不过，奥斯丁的理论，正如我们在第一章第二节所提到的，却并没有满足这个条件。

三、主权的统一性

当奥斯丁谈到“在每一个政治的和独立的社会中，主权者都是一个人或者是一个若干人的组织”[①]，他是在指出，主权者的权力是唯一的、统一的。下面的文字要说明他的理论并不能保障主权的统一性，而且，随之而来的是，他的身份标准理论至少需要修改。

如果主权者的所有权力都掌握在一个人或少数人的组织手
里，那么主权就是统一的。如果几个人或者几个组织分别控制一 36
部分主权者的权力，那么主权就是分裂的。在这个意义上讲，如何定义若干人的组织就是一个非常重要的问题。奥斯丁这样解释：

① 奥斯丁：《法理学研究的范围》，英文版，第246页。

“如果要确定一个团体，那么，所有组成这个团体的个人就是确定的和可以指定的，或者说，每一个属于这个团体的个人都是确定的和可以识别的。但是，确定的团体具有两种形式。其中之一是通过下列记号加以识别的：(1)组成团体的个人是特殊或者个别确定的，或者说是通过分别适用于他们自己的特点或标准加以确定的。(2)每一个个别的成员是确定的团体的成员之一，而这不是因为他符合一般性的标准，而是因为他具有特殊的或适当的成员资格。另一类团体是通过下列标识加以分别的：(1)它包括了属于不同阶级的个人，或者说，这些个人分别属于两个或更多的阶级。换句话说，符合特定标准的或者符合两个或更多标准的个人同时也是特定团体的成员。(2)每一个个人都是一个确定团体的成员，其理由不是因为他具有特殊的或适合于他的成员资格，而是由于他符合特定的标准。”①

特殊的或个别的确定意味着根据一个确定的标准加以确定。而根据一个一般的标准加以确定意味着依据不确定的标准加以确定。根据这种解释，第一类确定的团体包括了仅仅根据确定标准定义的那些团体，而那些其成员资格仅仅根据不确定标准加以确定的团体则属于第二类。毫无疑问，按照奥斯丁的说法，一个确定的团体也可以同时是一个混合的团体，也就是说，它们包括了这样一些成员，他们属于这个团体或者是因为他们分享了这个团体成员的一般特点，或者是因为他们满足了一个确定的标准。因此，如果这样一个长段的引言可以被当作是团体的定义，那么，任何数量

① 奥斯丁：《法理学研究的范围》，英文版，第145页。

的个人都可以被认为是团体成员，而且，关于主权必须是统一的那个规定也根本得不到满足。

当然，这根本就不是通常的团体定义。通常，人们之所以把几
个人视为一个团体的成员，或者是因为他们参与了一系列共同的 37
行动，或者是因为他们之间具有一种比较特殊的关系。下面的讨论表明，奥斯丁根本就没有考虑到使用团体一词时应该注意的若干限制。

另外一种使主权统一的观念有意义的方式是指出，只有当主权者团体的所有成员都普遍地参与每一个立法行动时，主权才是统一的。当然，这些成员不需要在立法的每一个阶段都全部参与，但是，他们必须在这个或那个阶段参与其间。如果主权者团体的某些成员经常参加某些法律的制定，而另一些成员则经常参加另一些法律的制定，那就意味着主权是分裂的。

根据这个定义，奥斯丁实际上是拒绝了统一性的命题。当他说到在巴伐利亚，主权者团体既包括了当地政府又包括了独立的帝国上诉法院时[①]，他肯定知道这两个机构总是分别行事，而且它们从来就没有联合地制定过哪怕一个法律。同样，当他说到联邦国家的主权者是“几个联合在一起的政府组成一个集合体”时[②]，他知道，作为一条规律，它们从来没有联合制定同一个法律。如果问题在这里，奥斯丁应该知道，仅仅根据他以前所建立的这些法律构成一个法律体系的观点，几个最高的主权者也可以是一个主权

① 奥斯丁：《法理学研究的范围》，英文版，第240—241页。

② 同上书，第249页。

者的若干组成部分。

由于发现一个法律的最高立法者还不足以确定这部法律到底归属于哪个法律体系，主权统一性的概念就被放弃了。千真万确，一个最高立法者所制定的所有法律当然属于一个法律体系，但是，这些法律还不是这个法律体系的全部。可能还有属于同一个法律体系的另一个最高立法者制定的法律呢！有两个最高立法者，但是只有一个主权，人们又当如何对待它们呢？我猜想，奥斯丁可能会这样回答，当且仅当最高立法者的权力在法律上是无限时，他才是一个主权者，否则，他就只是主权者的一个部分。不过，一个人如何才能知道意在限制最高立法者的法律是法律规则而不是实在
38 道德的一个部分呢？奥斯丁给予的唯一标准是，识别的关键在于这个人是不是主权者。因此，论证陷入循环的困境。[①]

说什么奥斯丁根本就没有确立任何主权统一性的理论并不能减轻他的失误，因而，说他的身份标准建立在初始原则之上也是不能让人接受的。因为初始原则还是预先假设了最终起源的统一性。

四、论立法

奥斯丁式的初始原则，较之我们前面所揭示的问题，受到了更为严重的“硬伤”的折磨。而奥斯丁关于立法问题的解释有多

① 这个论点曾经独立地在前面提出过，见本书第 10 页。然而，前面的说法和现在的判断证明了同一个观点，那就是奥斯丁的身份标准依赖于他的主权统一性认识。

大的有效性也令人怀疑。例如，通常情况是，即使是在单独的一个人掌握主权的国家中，只有当主权者按照某种公认的立法程序工作时，法律才能产生。可是，根据奥斯丁的说法，主权者愿望的每一次以命令形式的表现都是法律，所以他就不肯承认如下事实：即主权者虽然能够不根据公认的程序而发布命令，但这时，他的命令就不是法律。当主权者是一个若干人组成的机构时，遵循公认的程序可能还是这个机构的确定特点之一。这时，如果遵循公认的程序，主权者机构中的成员就构成了一个主权机构，并像主权者那样行事。不过，由于奥斯丁没有区别作为一个主权者的单独的个人和作为一个公民的个人，因此，这样一种解决方法不能适用于主权者是单独的个人这样的场合。而且，更重要的是，在奥斯丁的理论框架内，也根本不存在令人满意的划分界限。

法律的特点来自于这样一种僵硬的和相对比较明确的关于究竟什么才能构成权威性的法律资料的定义[①]，就像它的特点也同时来自于人们关于权威性法律资料的意义和重要性的某种模糊认识一样。就法律资料的定性而言，奥斯丁关于立法的解释招致了更大的不确定性。

由于奥斯丁运用他自己的默示命令的观念，他对立法问题的 39
解释受到更为严重的破坏。不仅这个概念本身就受到反对，而且，奥斯丁也不十分清楚这个概念究竟要服务于什么目的。总之他误

① 这个表述也包括法令和条例，下面在第四章中会有更充分的解释。

用了这个概念。[①]

为了解释主权者如何通过他的机构，如法院，采纳习惯和在他之前的主权者制定的法律这些问题，奥斯丁提出了默示命令的概念。这里的困难在于，解释那些根本就不是主权者制定的法律的存在。而解决方法在于，虽然主权者没有直接制定这些法律，但是他间接制定了这些法律，并说明这样的间接立法是如何出现的。是这样的，当一个人发布了一项命令，而主权者虽然能够废除它但是没有废除时，间接立法就出现了。这里，默示命令的概念发挥了解释间接立法的作用。这个概念已经受到了正确的批评，被当作是不可接受的、虚幻的，而且本书第一章第三节已经说明这是毫无必要的。一个人除非他知道命令，并且可以被期待有能力废除这个命令，否则，他就根本不可能默默地发出命令。而第一个条件在主权者问题上却常常被忽视，而就主权者机构而言，它又往往不适用。还有，奥斯丁在他的通过法律授予下级立法权的理论中，对于间接立法提供了一种另外的解释。

但是，既然习惯于从前立法者所制定的法律肯定不能被认为是当前主权者机构的产品，这些习惯和法律就提出了一个进一步的问题。习惯当然不是依靠立法制定的，而且它也不是奥斯丁或者任何其他公认意义上的命令，从前的主权者肯定也不能被认为是当前主权者的什么机构。也许，人们可以为了克服前面提出的反对意见，尝试修改奥斯丁关于法律创制的认识，例如，这样解释：

---

① 关于这个问题，请参考奥斯丁：《法理学研究的范围》，英文版，第 30—32 页；哈特：《法律的概念》，英文版，第 45—47 页、第 63 页。

除非习惯被法院立法化,否则习惯就根本不是法律,而前朝法律则通过当前主权者的法院而得以第二次立法化,因而也就成为当前的法律了。不过,法院并不是在通常的意义上立法,也就是说,法院不是通过表达自己的愿望来立法,法院不说根据习惯某些人应该如何行为等。所以法院被认为是默默地立法,就是说,在可以选择是否强制执行时强制实施。这里,默示命令的概念也就有了第二个,同时也是更为似是而非的作用。 40

第一个作用是解释间接立法,回答我们如何能够把法院的行为当作是主权者的行为这个问题。第二个作用就是解释一种确定的然而又是不规则的直接立法模式,回答法院如何制定某类法律的问题。在第一种情况下,默示命令意味着,虽然享有废除某一法律的自由,但是没有废除它;在第二种情况下,它意味着,虽然享有不强制实施一种法律的自由,但是强制实施这个法律。

这个说法仅仅是消极的。它意在说明奥斯丁的论点并没有迫使我们把法院当作是法律的制定者。然而,它不能被用于证明法院从来不创制法律,法院总是适用已经存在的法律,对这些法律,法院有时是可以加以废除的。还需要进一步的论据来解释每一个法律范畴,以便说明它们究竟是法院制定的,还是仅仅由法院加以实施。奥斯丁所思考的两种类型的法律的命运应该根据下面的标准来安排。如果法院实施一部有特殊目的的法律,这部法律具有:(1)它是人们有目的的创制的,或者它被人们公认是法律;(2)强制实施这部法律的理由是因为这部法律满足了第一个条件,那么,法院就是在实施一部已经存在的法律而不是它们自己制定的法律。[1]

根据这个标准，前朝法律并非是本朝法院制定的，而习惯问题则比奥斯丁所想象的要复杂得多。但是，如果这是真的，前朝统治者不能被认为是当前主权者的附属机构，因此，奥斯丁关于法律的定义就不能维持了。本章的议论有可能使人们愿意用由主权者强
41 制实施的命令的法律定义来代替当前的这个定义。既然如此，则身份标准就变为：一个包括了所有被一个主权者强制实施的法律的体系。类似的前进已经由霍兰（Holland）完成，他曾经说过：法律就是“由一个主权者强制实施的外部行为普遍规则”[2]。

五、论独立性

多数奥斯丁理论的批评者都同意说，他关于主权者应该是独立的这个规定还不足以解释法律体系的独立性。基于习惯性服从的可转移性[3]，某些人表示了自己的反对意见，指出最高立法者并不必然就是最终为人口中的多数所服从的那个人。如果不考虑那个可疑的所谓的习惯性服从会转移的假设，人们还是会被迫接受那个实质结论，即虽然一个人可能会习惯性地服从一个人或一个集体，而后者则定时地指示最高立法者所发布的法律，但是，它们的指示即使是命令，也还不是法律。如果这样，接受指示的这个人

---

① 关于这个主题，请参考本书第八章以下。

② 霍兰：《法理学要素》，英文版，第 40 页。

③ 作者解释说：“也就是说，如果甲习惯上服从乙，而乙又服从丙，那么，甲就服从丙。”

或集体仍然可以是一个法律体系的最高立法者。

几乎所有的批评者都通过区分两种主权概念而得出了这个结论。例如，布赖斯(Bryce)就写道：主权者的权威是指，法律赋予一个人或一个机构的指示以法律的强制力，这个人就具有最终的权力，或者可以制定普遍的规则，或者发布一些其本身就具有法律权威的单独的命令和规则。[①] 他还说过："实际上的主权者就是，这样一个人或者一个若干人组成的团体，无论其愿望是否符合法律，他都能够使其占据统治地位。他或者它就是一个事实上的统治者，是人们习惯上服从的对象。"[②]

戴雪(Dicey)同布赖斯一样认为，只要主权这个词被准确地用于奥斯丁有时赋予的含义，就应该认真注意"主权"这个词，它只是一个法律概念。而且，它仅仅意味着不受任何法律限制的制定法律的权力。但是，有时，主权这个词还被用于政治的而不是严格法 42
律的场合。政治上的主权者或者一个国家内的最高权威是指其意志最终被该国公民所遵守的个人或者机构。很明显，在他的著作的某些章节中，奥斯丁混淆了这两种不同的含义。[③]

奥斯丁当时也知道主权者不是政治上的万能者，但是，他关于法律权力与政治权力的划分不能令人满意。他说过："在每一种君主专制制度中，君主总是对其臣民的意见和情感发出习惯性的威

① 布赖斯：《历史和法理学研究》，英文版，第2卷，第51页。

② 同上书，第59—60页。

③ 戴雪：《英宪精义》，英文版，第72—74页。持有类似观点的理论家还包括：布朗：《奥斯丁的法律理论》，英文版，第276页；巴克兰：《关于法理学的某些反思》，英文版，第62页；格雷：《法律的本质与渊源》，英文版，第79页；萨尔蒙德：《法理学的首要原则》，英文版，第131页注释。

慑。但是,在几乎每一种君主专制制度下,君主总是针对某些意见和情感,可能总是偏向某些利益和偏见,总之,他总是针对着本国某些人数虽少但却具有影响的团体。因此,人们可以得出结论说,根本就不存在正确意义上的君主专制制度。虽然动听,但这个看法是错误的。如果君主习惯上服从本国某些确定的团体的命令,那么,主权就会存在于被叫错名字的君主手里,而同时又由被误称的某些臣民团体分享;或者说主权完全排他性地存在于这些特殊的团体手里。但是,对于社会某些意见的习惯性威慑,或者习惯的或特殊的针对某些社会团体意见的威慑,与构成主权的基本条件之一的独立性并行不悖。”①

通过命令方式发出的影响一定就是法律的影响根本没有根据。例如,一个强有力的工会,一个有影响的主教,一种严重的金融或工业上的需要,或者另外一个主权者,都可以把自己的意志强加于主权者,其方法就是习惯性地命令他应该如何行为,并通过发出一旦不服从就会出现有害的后果来支持自己的意见,然而,这些人并没有成为最高立法者。

奥斯丁的批评者由于坚持一种独立性而得到了合理性,这种
43 独立性,在缺乏习惯性服从的场合,并非最高立法者的必要条件。不过,他们也许没有认识到政治上的主权者与法律上的主权者之间差别的充分含义。它意味着要抛弃边沁和奥斯丁为法理学所作出的一个重要贡献。这绝不是戴雪所说的什么混淆,而是在解释法律本质时的一个关键步骤,奥斯丁试图通过直接考虑服从习惯

① 奥斯丁:《法理学研究的范围》,英文版,第218—220页。

这个社会事实而界定最高立法者。然而，奥斯丁的尝试失败了，而这种失败严重地影响到他关于身份问题和法律体系存在标志问题的说明力。即使如此，问题也还是存在，而奥斯丁的批评者还没有一个人作出过严肃的尝试去解决问题，也许萨尔蒙德是个例外。直到凯尔森，一个新的全面解决法律体系理论问题的尝试才真正出现。

44

第三章　一种规范理论的要素

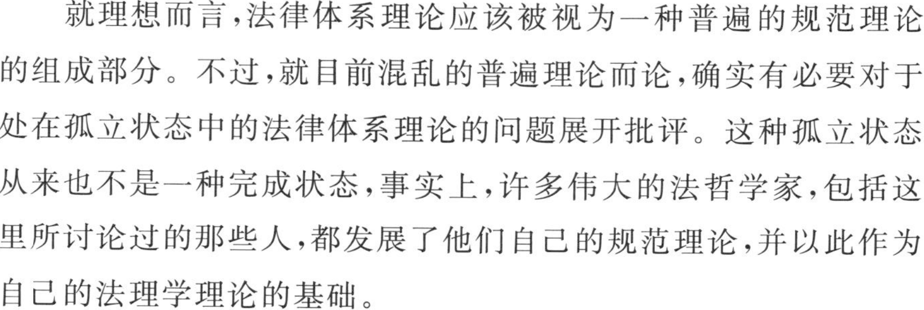

就理想而言，法律体系理论应该被视为一种普遍的规范理论的组成部分。不过，就目前混乱的普遍理论而论，确实有必要对于处在孤立状态中的法律体系理论的问题展开批评。这种孤立状态从来也不是一种完成状态，事实上，许多伟大的法哲学家，包括这里所讨论过的那些人，都发展了他们自己的规范理论，并以此作为自己的法理学理论的基础。

本章和下一章将要批判性地考察从凯尔森和边沁理论中抽绎出来的一般的规范理论的某些部分，而这些规范理论又恰恰对他们各自的法律体系理论产生了一种直接的影响。有四个主题有待研究。本章将会涉及如下三个主题：(1)凯尔森关于某类陈述，即规范性陈述的理论。(2)边沁根据行为和“意志的某些方面”而对法律结构的说明。(3)凯尔森关于法律规范存在的解释。下一章我们将会说明：(4)或公开或隐蔽地存在于这两位作者心目中的个别化的法律。

我们希望上述四个主题与前面两章所讨论的法律体系理论之间的关系会日益明显，同时也会由于将要进行的讨论而更加明显，但是，由于这些主题之间的复杂关系，以及由于深入讨论它们之间的关系将不可避免地涉及与主题本身没有什么密切联系的问题，我们有必要先简要说明一下这四个主题与法律体系理论之间的关系。

可以说，法律体系也就是法律规范的体系。这里有必要就法律的本质说些意见。“一条法律”的意义是一个特别容易产生歧义的主题，以至于很难形成一个普遍同意的共识，而且，对于法律体系理论来说，这个问题实在是太重要了，以至于最好回避法律含义这样的问题。解释法律体系的存在，它的组成要素，以及法律的个别化始终是分析法律概念的重要工作。规范地陈述就是关于法律 45
的陈述，为了避免混乱，我们有必要先就这些陈述与法律自身的关系做些提示。而且，一个法律体系的存在意味着属于这一体系的所有法律的存在，因此，法律的存在条件与理解一个法律体系的存在之间就存在着非常密切的联系。人们可以进一步指出，法律体系的结构问题和法律的个别化问题之间也具有非常密切的联系。一个法律体系的结构受到下列因素的影响：(1)关于法律个别化原则的理论选择；(2)人们正在思考的法律体系事实上经常表现的复杂性和多样性。总之，个别化的问题与法律体系的理论还真有联系。

在下面的讨论中，有一些对于凯尔森理论和边沁理论的批评。有时，他们各自理论的某些部分会被重建，或者会被结合起来，以便构成下列各章思考法律体系理论的基础。

一、规范性陈述

凯尔森的纯粹法律理论探索了社会规范科学的基础，那就是他所说的伦理学和法律科学。有时,这种探索关注于这些科学形成自己结论的语言。这种语言的特点在于,这是一种规范性的语言,因为它包括了一些被用来作出某种陈述的句子,也就是我们所说的规范性陈述。

“立法权威所制定的法律规范是规定性的。”[1]一方面,在这些法律的制定过程中,语言是表现其含义的工具[2]。另一方面,法律科学又是描述性的。“法学家,作为法律的理论解释人会通过陈述来提出规范,而这些陈述具有纯粹的描述意义。”[3]这些含义相当
46 模糊的论点都在新版的《纯粹法律理论》中得到了特别详细的讨论。“法律规范不是判断,也就是说,它们不是关于一个认识对象的陈述。根据它们的含义,它们是命令;也可以是允许和权威。”[4]由于规范并不传达信息而是秩序、允许和授权,因此,不能使用真假标准对其加以评价。“立法当局所制定的规范,只是给法律主体规定义务和授予权利,这里没有真假的问题,有的只是有效还是无效的问题。”[5]所谓的规范有约束力和规范有效是同一个事情,它们都意味着规范的存在。“有效性是指规范的特定存在。说一个规范是有效的,也就是说,我们相信它是存在的,或者还是同一个意思,我们相信它对于其规范的人们的行为有约束力。”[6]因此,规

① 凯尔森:《法与国家的一般理论》,英文版,第45页。

② 我选择“工具性”而不是“规定性”来强调法律制定过程中使用语言的特点。当然,这两个术语都是本文来不及讨论的许多争论的主题。

③ 凯尔森:《什么是正义?》,英文版,第268页。

④ 凯尔森:《纯粹法律理论》,英文版,第71页。

⑤ 同上书,第73页。

⑥ 凯尔森:《法与国家的一般理论》,英文版,第30页。

范也是实体，当然它们只是抽象意义上的实体而不是自然的实体。“作为规范，法律是一种理想，而不是自然的实际。”[①]凯尔森关于规范以及创立规范所使用的语言之间关系的评论，总的说来，是混乱的，而且不必在此多说。本章的其余部分关心规范与规范性陈述的关系。

规范性陈述传达信息，因此，它有真假问题。“对任何人而言，法律科学所规定的陈述既不授予权利也不强加义务；它们倒有真假问题。”[②]规范性陈述的结构和重要性在下面这段言论中得到了简单的解释。“人们也可以说，一个确定的事情，特别是一个确定的行为，可以具有‘是’或者‘应该’的属性。例如，在下面的两个陈述中，即‘门是关的’和‘门应该关上’，前一个陈述所指的是关门的事实，而在后一个陈述中就成为应该的行为。”[③]

这个评论与其他许多哲学家所提出的观念有非常密切的联系。[④] 但是，凯尔森并没有进一步深入讨论这个主题，而是满足于这样的一种非常模糊的叙述，而且也没有作出进一步的努力来发 47
展一种规范性陈述的逻辑。现在，我们可以暂时结束这个主题。

在下面这段话里，凯尔森提出了一种类似于解释规范性陈述真实基础的话语。“在描述的意义上，法治只是一个假设的判断，它指明根据一个国家或者国际的法律秩序，在这种秩序所决定的

① 凯尔森：“纯粹法律理论”，50 *L. Q. R.* 481。

② 凯尔森：《纯粹法律理论》，英文版，第 73 页。

③ 同上书，第 6 页。

④ 例如，黑尔在他的《道德语言》中的区分，斯坦尼乌斯的语义学分类，冯怀特在他的《规范与行为》中所提出的规范性陈述的逻辑，等等。

条件下，这种秩序所决定的某种结果应该发生。”[①]与之类似，他还讲过，“伦理学描述了特定道德的规范，教导我们应该如何行事。”[②]人们可以说，规范性陈述具有一种普遍的形式，即P应该发生，而且，当且仅当存在着某种规范性的体系时，规范才能具有P应该发生的后果。

在讨论这种理论时，下面的若干要点必须牢记在心。(1)在凯尔森看来，“应该”，与其他类似的术语一样，既可以是工具的也可以是描述的。如果是前者，就是创造一个规范；如果是后者，就是指出规范的存在。在法律科学中，“应该”只能是一种描述性的。凯尔森认为，法律规则的“应该”并不能像法律规范一样具有一种规定性的特点，它只能是描述性的。当“应该”被认为是等同于强制性的陈述时，“应该”一词的模糊性被人们忽视了。[③] (2)进而，凯尔森在较之于通常用法宽广许多的意义上使用“应该”一词。他指出，“这里所使用的‘应该’较之通常的用法具有更为广泛的含义。根据习惯的用法，虽然‘可以’往往对应于‘允许’，‘能够’对应于‘授权’，而‘应该’仅仅对应于一个命令。但是，在目前的这本书里，‘应该’包括了‘可以’和‘能够’”。[④] 事实上，凯尔森把“应该”当作是规范性模式的一种变形。规范性陈述的普遍形式因此可以被称为MP，在其中，M代表任何的规范性模式。(3)上面的引言

① 凯尔森：《纯粹法律理论》，英文版，第71页。

② 凯尔森：《纯粹法律理论》，法文版，第99页。

③ 凯尔森：《纯粹法律理论》，英文版，第75页。人们应当记住，“法律规则”等于“关于法律的规范性陈述”，而引入“强制性陈述”的说法，凯尔森希望突出它的强制性。

④ 凯尔森：《纯粹法律理论》，英文版，第5页。

清楚地表明，规范性陈述总是涉及一个特定的规范性制度（当然，也可以指更多的这样的制度）。这样的涉及可以是公开和隐蔽的。48
它可以是公开的，例如，“在英国，一个人应该如何，……”或者“根据英国法律，一个人应该如何”。它也可以是隐蔽的，例如，在创造这样的陈述时根本就不提它所针对的制度。

不过，体系是否存在的问题并没有在有关的陈述中得到确认，而只是被预先假定。如果这个体系不存在，陈述也没有错，但是，无论是说它存在也好，还是说它不存在也好，它们都不涉及真实或虚假的问题，这里没有真实性的问题。

凯尔森所讨论的规范性陈述暗中还涉及一个体系存在期间的某个特定时刻。它们所涉及的是特定时间的体系，当然，这也可以公开化，也可以指任何长一些的时间阶段。但是，根据凯尔森的理论，任何偶尔、临时的涉及都无关紧要，而且，人们可以偶尔假设，每一个陈述都只是一个针对特定时期体系的陈述。（4）凯尔森假设，典型的规范性陈述，即 MP 与如下陈述具有同样的意义，即有一个规范说，MP“主张某种法律规范有效与确认一个特定的法律规范有效的含义是一致的，这个确认正好意味着人们应该按照规定的法律规范而行为”。[①]

上面就是凯尔森对于规范性陈述这个观念的解释。在我看来，他的解释具有严重的错误，因为它目的在于适用非法律话语的“应然性”陈述。当然，它可以被当作是解释某些因素，而它们涉及法律陈述的基础，这些陈述可以被称为规范性陈述（假定它被认为

① 凯尔森：《纯粹法律理论》，法文版，第 109 页注释。

是仅仅适用于某类规范性陈述)。凯尔森认为,规范性陈述不仅具有 MP 的典型形式,而且还同时是一个描述性陈述。但是,这样一个陈述,即“门应该是开着的”并没有描述一个规范,因为,按照凯尔森的认识,每个规范只是规定人的行为,而在“门应该是开着的”
49 这个陈述中并没有提及这个事实。还有这样的陈述,如“英国法律制度在最近的一百年经历了激烈的变革”,或者“自 1936 年以来,以色列关于谋杀的法律一直没有变化”,不仅没有描述规范性陈述的内容,甚至都没有表现出 MP 的结构。然而,所有这些陈述通常却被认为是规范性陈述。

因此,凯尔森关于规范性陈述的概念应该概括如下:当且仅当一个(法律)规范的实际存在是其真实性的一个必要条件时,这样的陈述才是一种(法律)规范性陈述。也就是说,规范的存在可能是这一陈述真实性的条件之一,或者是它具有真实性意义的一个条件。

如果规范性陈述只包括一个正式的启动因素(如“应该”“允许”等)或者一个正式的指示(如“有义务”“有权利”等),那么,这样的规范性陈述就是直接的。否则,它们就属于间接的规范性陈述。因此,这样的陈述,即“1948 年以色列建立了新的法律制度”,就属于间接陈述。

真正的规范性陈述或者是纯粹的,或者是可应用的,再不就是兼而有之。如果某些规范的存在足以使一个陈述成为真实的,那么,这个陈述就是纯粹的。如果有一个规范和一个事实,而它们又共同使某一陈述成为真实的(它们两个都不能依靠自己的力量使这一陈述成为真实的),那么,这个规范就是可应用的。如果存在着两组彼此独立的条件,而每一组条件又足以使某一陈述为真;又如果根据一组条件它是真实的,而根据另一组条件它又是可应用的,那么,这样的一个陈述就既是纯粹的又是可应用的。至于一个陈述究竟是纯粹的还是可应用的,那要根据法律体系的内容来判断。这种类型的陈述,即“牛津的居民应该做某某事”,就是纯粹的,如果真有这样的一条要求牛津居民如此行为的法律。不过,如果有这样一条法律,它规定“10 万人口以上的城镇的居民都应该做某某事,而牛津的人口又确实超过 10 万”,那它就是一个可应用的陈述。

与一种法律体系有关的所有纯粹陈述的整体可以完整地描述这一体系。这种网络或系统可以被称为是这种体系的完整体系。每一套可以逻辑地包含一种体系整体的纯粹陈述就是对这一体系的全面描述。

当且仅当每一个陈述都全面而准确地对应于体系内的每一条
法律,对于这一体系的全面描述才是适当的。事实上,就描述而 50
言,不可能存在着描述同一个法律的两个陈述。

这里使用的术语使得规范某些问题有了可能性,而这些问题以一种新的方式与法律体系理论相互联系:身份的标准提供了明确的方法,以便断定任何一条直接的规范陈述,如果是真实的,究竟是不是对于一种法律体系的全面描述。一种法律体系和一条法律的存在标准都有必要提供具体的方法,以断定描述是不是真实的,也就是说,体系究竟是否存在。法律体系结构的理论,以及法律的个别化为人们提供了一种方法,借此可以确定究竟哪一种关于法律体系的描述是适当的。

这样的规范一种法律理论任务的方式初看起来似乎是奇怪的，不过，它的正确性和它的优势将在第四章中详细说明。

二、一个规范的要素

（一）边沁对规范结构的解释

边沁认为：“在一个单一的法律规范或者简单的规范中，基本的组成要素就是行为和方面。”要想从这里开始，我们必须就边沁自己精心设计的行为理论做一些说明。[1] 边沁把人的行为分为思想行为、言论行为和外在行为三个部分。[2] 在它们当中，本章只能讨论边沁所说的外在行为和它的缺陷。一般而言，行为有的复杂，有的简单。边沁认为，复杂行为在于，“每一个复杂行为都是大量简单行为的集合体。简单行为虽然数量巨大且同质，但是，复杂行为却从这些简单行为所影响的某些共同目的或设计中发现了一种统一性：类似于设晚宴、照顾儿童、炫耀胜利、体育活动、开庭等行为。”[3]

复杂行为是一些可以当作在某种背景下展现的若干简单行为
51 而加以分析。说到底，简单行为与复杂行为的范畴并非相互排斥。

① 边沁：《确定的法理学的限度》，英文版，第 178 页；《法律概论》，英文版，第 94 页。

② 边沁：《原则》，英文版，第 191 页。

③ 同上书，第 194 页。

许多行为既可以根据它是若干种表现出来的简单行为之集合而加以分析,也可以按照通常方式,将其作为简单行为而分析。边沁行为理论最重要的根本特点之一就是,它允许对同一个行为进行不同的描述。关于复杂行为这里就不再多说了。

上面提到的各类行为可以是个别的,也可以是一般的(在边沁那里,一般的也就是"一类的")。[①] 我想进一步区分,将它们分为典型的一般行为和部分的一般行为。[②] 如果一个行为可以不依赖于任何个人就可以加以描述,那它就是一个典型的一般行为。而不属于典型一般行为的那些行为也就是部分一般行为。例如,亲吻就是一个典型的一般行为,而亲吻凯撒就是部分一般行为,而现在亲吻凯撒或刺杀凯撒就是一个个别行为。也就是说,个别行为是一般行为的具体表现。

边沁认为,积极行为在于"运动或者发挥"。[③] "每一个显示运动的个人行为都必须具有一个主体。行为从主体而开始,通过主体而不断发展,并最终由于主体而终结。"[④]运动得以展开的主体也被称为是机构,通常也就是人。在每一个积极的行为中,上面提及的三个主体虽然可以是一致的,但也可以是不同的。例如,一个人可以为自己搔痒。不过,在某些而不是全部的个人行为中,第四个主体也会存在,这个主体也就是行为的结果,在其中,病理上的

① 边沁:《确定的法理学的限度》,英文版,第 126 页。不过,有关段落并没有包括在边沁的《法律概论》之中。

② 冯怀特:《规范与行为》,英文版(纽约,1963 年),第 24 页。冯怀特对于命题有一个非常类似的分类。

③ 边沁:《原则》,英文版,第 190 页。

④ 边沁:《确定的法理学的限度》,英文版,第 126 页。

后果(无论其为痛苦或快乐)得以产生。[1] 边沁认为,只有人可以属于这第四个范畴。这种描述行为的方式应该通过增加一个普遍的假定而得到修正,而这个假定就是机构或人应该可以对自己的行为有最低限度的控制。

边沁区分了两类疏忽。[2] 疏忽一种行为,可以是不做某种行为和精心禁止某一行为。根据边沁的解释,我将在第一种意义上使用这一术语,不过条件是,只有在 T 时,A 有机会做某行为而他没有做,我们才说他疏忽了这一行为。因此,如果门是关的,我就不能禁止关门,因为根本就没有机会关门。[3] 疏忽或忽略的否定
52 性特点在于行为的性质,而不是对疏忽的描述。因此,疏忽也可以根据积极的方式而得到描述,而外在行为则可以根据否定的方式而得到描述。[4] 一个人可以在一个时间做若干种彼此无关的行为,他也可以只做某事而不做其他事情。[5]

达西(D'Arcy)在他的著作《人类行为》中写道:对于这个问题,即今天下午二点你在做什么?下面的任何回答都是适当的回答。如午休,在沙发上休息,日光浴,画像,等待交通信号灯,X 光透视,理发,在白宫门前静坐抗议,绝食,等等。上面的每一个回答都可以满足边沁关于"疏忽"的定义,即疏忽就是体力上的不运动、休息状态;但是,我们不能把它们都称为排除。[6] 我认为,绝食罢工可

---

① 边沁:《确定的法理学的限度》,英文版,第 121 页;边沁:《法律概论》,第 35 页。

② 边沁:《原则》,英文版,第 191 页注释。

③ 关于机会的概念可参考冯怀特的《规范与行为》,第 37 页。

④ 边沁:《原则》,英文版,第 191 页。

⑤ 这种认识来自于边沁在他的《原则》一书中的评论,参见第 191 页。

⑥ 达西:《人类行为》,英文版,第 41 页。

能更适宜于被称为是排除，因为，很明显，这是（为了某种目的）在有条件进餐时放弃进餐。不过，人们倒是很少把绝食罢工称为是排除。不过，这可能是由于我们以前很少有机会这样讨论问题。无论如何，边沁对于日常语言习惯没有什么兴趣，相反，他更关注有用的哲学范畴和分类。

我之所以引用达西的言论是为了指出，在解释边沁时，我们应该避免一个陷阱。与达西的基本假设不同，边沁认为，并不是说与一个人有关的一切，以及不包括他移动自己身体这样的陈述就代表了他所说的排除。所谓排除并不仅仅是无运动，它暗示“对于积极行为主体的否定”。[①] 因此，在达西的例子中，只有绝食罢工符合边沁关于排除的标准。而类似于“接受 X 光透视”和“理发”根本就不是行为，它们只是状态，只是一种人正好有某事的状态。其他例子描述了特殊类型的积极行为，也就是说是一些持续性行为，如学习，保持某人的财产[②]，等等。

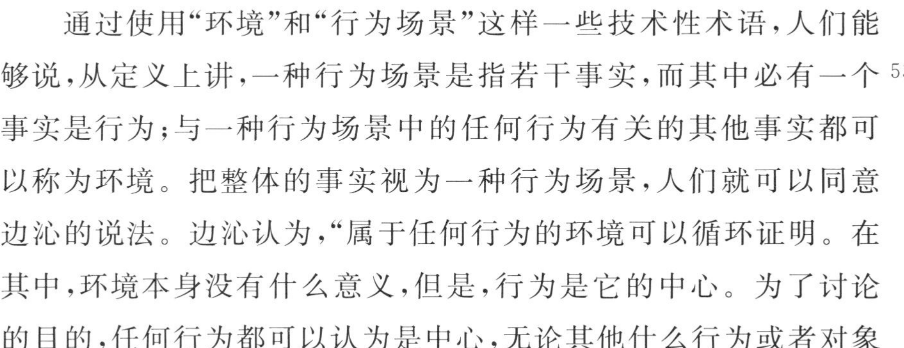

通过使用“环境”和“行为场景”这样一些技术性术语，人们能够说，从定义上讲，一种行为场景是指若干事实，而其中必有一个 53
事实是行为；与一种行为场景中的任何行为有关的其他事实都可以称为环境。把整体的事实视为一种行为场景，人们就可以同意边沁的说法。边沁认为，“属于任何行为的环境可以循环证明。在其中，环境本身没有什么意义，但是，行为是它的中心。为了讨论的目的，任何行为都可以认为是中心，无论其他什么行为或者对象

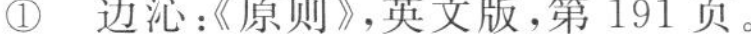

① 边沁：《原则》，英文版，第 191 页。

② 同上书，第 193 页。

都可以被视为围绕中心而存在的物体。”①

在边沁看来，任何一个行为与它的环境之间的关系类似于物体与它的实质的关系。这暗示，一种行为场景可以以不同方式加以描述，或者是行为与环境，或者简直就是行为自身。例如，毒死人，投毒，扣动子弹上膛的步枪扳机发射，还有就是开枪。正如边沁指出的：“这里也一样，它与行为和环境有关，就像物体与它的性质有关。你可以一点一点地抽绎物体的性质，直到它什么都不是为止；你也可以使行为与环境彼此分离。”他进一步指出：“如果我们没有仔细观察，这里可能就是一个非常复杂的例子。法律是否会注意到这样的一个行为与环境的关系呢，或者这样的行为是不是一个可以不受环境影响的事实呢？这些问题都依赖于，以某一种方式准确表现自己的行为与环境的关系会受到注意，而另外一种行为则不会。”②

边沁的行为理论有三个特点。第一，描述行为的极大灵活性，以及不同的描述方法之间的部分兼容性。第二，简单的外在行为构成了解释其他类型行为的基础，特别是疏忽和复杂行为。第三，解释简单外在行为的重点在于主体所推动的运动，也就是他或她的运动。就一种法律理论而言，一般而不是个别的行为具有首要的重要性。

54 边沁的行为理论可以重建，其方法就是把基本行为（而不是外在行为）当作是一种合理的基础，在此之上建立构成一种全面的描

① 边沁：《原则》，英文版，第195页。

② 边沁：《法律概论》，英文版，第43—44页。

述人们行为的方法。一种基本的、一般的行为就是，具有某种目的，并通过某种方式的活动而获得某一结果。每一种基本的一般的行为都是一种积极行为。例如，涉及主体的某种运动。不过，对基本行为的描述并没有包括对于具体行为种类的说明。同样，每一种基本行为都必须以某种方式完成，或者迅速地或者缓慢地，还有是否使用工具等，但是，这种具体方式同样没有表现在对于基本行为的描述之中。还有，就是针对界定确认一般行为而言，它部分地依赖于结果，例如引起某种事务的状态或者防止某种状态的变化等等。同时，定义一般行为的另一个因素就是某种明确的目的，获得某种结果是因为有获得这种结果的明确目的。一般而言，向往的事务状态就是希望获得的目的，当然也并不总是如此。

基本行为可以作为确定其他一般行为的基础。构成基本行为需要以某种特别方式完成，如投毒；它还需要有特殊的动作，如踢球或掷球；还需要有某种明确的结果。其他一般行为不过是已经得到描述的一般行为的具体种类（如杀人或开车都可以作为一般行为而得到分析，它们既包括基本行为也包括非基本行为），或者是行为的省略和复杂状态。

刚刚描述的基本行为的种类实际上是解释法律所关注的大多数行为的有力工具。就目前的研究而言，虽然所有的行为都可以作为例子被研究，我们设计的分析还是直接针对这种基本行为。

本章的其他部分实际上是解释边沁《法律概论》一书中第93—97页的内容，边沁在这里根据法律结构的理论说明了他的观
点。对于边沁而言，一个法律是“若干表现意志的符号之集合”。55
事实上，法律是一个句子或一组句子，虽然边沁大多数时候还是把

它当作主权者想要这样或那样行为的陈述。

边沁认为，对于每一个法律而言，有两种东西是根本的：一个是作为愿望或意志对象的这样或那样的行为，另一个是指向这种或那种行为的意志和愿望。至于具体的表现形式则对应于意志或愿望。正如关于行为的描述针对行为一样，大概关于形式的描述也就对应于意志。

通过采用下面这种虽然影响深远但却非常简单的修正，许多针对边沁观点而产生的反对意见就不需要了。与其努力识别立法者意志的形式或者术语，我们不如把它们看作是人们已经注意到的、组成规范性陈述的要素，即规范形态。但是，即使边沁法律结构理论的许多哲学基本观念可以被人们拒绝，但是，这并不意味着这一理论本身毫无意义。相反，它是来自命令学派的法律哲学家对于法律结构问题的可以使用的最佳分析框架。

法律还将继续被人们看作是非语义的抽象实体。人们还会说，法律有一个对应于规范性陈述结构的结构，而这个结构完全可以描述它的内容，甚至还只是描述这个内容。根据这种背景，我们可以解释边沁的规范结构理论。

在边沁看来，法律包括了行为和场景，或者说，像前面介绍的修改过的行为理论一样，法律也就是一种行为场景。有些法律的某些部分既具有形式又具有行为场景。这些部分被称为“规定”。一个法律中没有被称为是规定的部分就属于“条款”。

边沁认为，法律有四种形式：(1)肯定的命令；(2)否定的命令；(3)肯定的非命令；(4)否定的非命令。这里，我们分别用 C、P、NC、NP 来表示。我们用 a 表示一种肯定的行为场景，用 a^* 来表示行为被省略的行为场景。人们就可以区分四种规定：Ca 或命令，Pa 或禁止令，NCa 或非命令，NPa 或允许等。这四个形式可以 56
相互界定。“针对一种肯定行为的一种否定形式等同于针对一种否定行为的肯定形式。”也就是说：

(1)NPa 逻辑上等同于 NCa^{*}。

(2)Pa 逻辑上等同于 Ca^{*}。因此，

(3)只要 NCa 不是法律，那么，Ca 就是法律。反之，也一样。

边沁在谈到规范之间的关系时提出过这最后一个定义。他说：“在这些命令之间，还有这样一种关系，为了使命令相互尊重，有些命令必然是相互包容或者彼此排斥；而另一些命令则必然是相互伴随的。一个命令也包括了一种允许，这就同时排除了禁止和无命令(non-command)。而禁止包括了一个无命令，又同时排除了命令和允许。”①

这意味着，无论什么时候，只要 Ca 是法律，那么，NPa 必定也是法律，但是，Pa 和 NCa 都不是；只要 Pa 是法律，NCa 也就是法律，但是，Ca 和 NPa 则不是。规范之间的这种关系可以表述在下述的重要术语中：第一，NCa 与 NPa 或分别为法律，或同时为法律。第二，Ca 与 Pa 都不能是法律。

从这些资料和定义出发，所有其他的关系都可以推导出来。因此，这些方面就构成一块反对派的阵地。② 上述这些原则的一

① 边沁：《确定的法理学的限度》，英文版，第 180 页；《法律概论》，英文版，第 95—96 页。

② 边沁：《确定的法理学的限度》，英文版，第 181 页；《法律概论》，英文版，第 97 页。

个非常有趣的结果是，对任何既定的行为情况而言，通常是 NCa 和 Pa 是法律，或者 NPa 和 Ca 是法律，或者 NPa 与 NCa 都是法律。

到目前为止，a 和 a^* 一直被认为是表示了不同的行为情况。从现在起，我将要在具体的行为和行为主体之间加以划分，用 a 和 a^* 分别表示，而具体的环境则用 c 与 c^*（c 与 c^* 相反）分别表示。a/c 意味着某个主体在特定环境 c 中所履行的某种积极行为。法律中的那个部分，即表示一个行为应该或不应该进行的具体环境，
57 被称为一个“限制性条款”。如果使用 T 表示上述这四个因素，边沁所谓的“例外条款”可以这样界定[①]：Ta/c 逻辑上相等于 Ta/c^*。边沁有时把既是限制性的又是例外的一个条款称为是“限定条件”。

在如下规定中，即“未经本人同意，禁止剥夺任何人的财产”，未经本人同意就属于一个限制性条款。当本人没有同意时，禁止任何人剥夺其财产的行为。不过，同样的规定也可以这样表示，除非本人同意，否则禁止剥夺任何人的财产。这里，此规则的形成得益于一个例外条款的协助，即除非在某种特定环境中，否则某种行为总是会被禁止。一个限制性条款突出了法律将会适用的环境，而一个例外条款则强调了法律不能使用的环境，它在逻辑上表明法律适用于其他所有环境而不能在这里适用。换句话说，在这里，例外恰恰就是规则。

① 边沁：《确定的法理学的限度》，英文版，第 208—209 页；《法律概论》，英文版，第 114—115 页。

边沁补充了规则之间的四种根本关系。他说:“一个附带例外的允许,在意义上,等同于一个附带限制的禁止。一个附带例外的无命令,在意义上,等同于附带限制的命令。一个附带例外的命令,在含义上,等同于附带限制的无命令。一个附带例外的禁止,在意义上,等同于附带限制的一个允许。”[1]还可以这样表示:

Pa \c 逻辑上等同于 NPa/c;

Pa/c 逻辑上等同于 Npa \c;

Ca \c 逻辑上等同于 NCa/c;

Ca/c 逻辑上等同于 NCa \c。

这些原则在通常的法律话语中没有对应物,因为人们不能总是假设:当某个例外被公开提及时,其他例外就都不存在;或者一个条件被强调时,其他条件都不存在。因此,在通常的话语中,例外条款不能以前面提及的方式取代限制性条款。

限制性条款可以被划分为两个部分加以分析,即规定特定行为的主要条款和辅助主要条款的次要条款。次要条款本身可以是限制性的,也可以是例外性的。[2] 例如,“在夏季工作时间中,禁止 58
在政府办公大楼前停车,除非另有规定。”在这个规定中,“夏天”就是主要的限制性条款,而“工作时间”就是说明主要条款的辅助性条款,“除非另有规定”就是说明第一个次要条款的例外条款。这里没有必要作深入解释。

---

① 边沁:《确定的法理学的限度》,英文版,第 209—210 页;《法律概论》,英文版,第 116 页。

② 边沁:《确定的法理学的限度》,英文版,第 213—214 页;《法律概论》,英文版,第 120 页。

到目前为止,我们已经分析了法律规范。每一个法律都包括了一个主要规定,它可以是命令,也可以是禁止(其中法律是义务),还可以是无命令和允许(其中法律是非义务的)。义务性法律可以包括允许和无命令,使之成为具有例外条款效果的辅助规定,例如,任何人不得占有图书馆图书超过两周,但是,如遇假期则可顺延。

不过,承认非义务性法律(de-obligative laws)的存在却提出了若干理论和解释性的问题。非义务性法律已经预先假定了义务性法律的存在,而非义务性法律或者是对义务性法律的否认,或者是对它的限制。① 可疑的是,当一个废止性法律(如废除一个或几个法律的法律)所废止的法律不再存在以后,究竟有多少必要把废止性法律视为现存的法律。结合其他一些考虑,这表明,最好把法律的废除看作是由于某些行为,而不是由于其他的法律。根据这样的认识,那么,那些唯一的职能就是废止其他法律的法令就没有表达法律的要素;它们仅仅是废止性法律的构成部分或者是它的产物。

仅仅是限定义务性法律的那些非义务性法律将在第七章第二节中详细讨论。不过,在这里,人们应该记住,承认这些法律的存在会给解释边沁的理论带来一些真正的困难。目前,人们似乎认为,边沁完全不承认这样的法律的存在。因此,他提到这样一个条款,即任何人都可以按照不高于每 4 磅 44 便士的价格出口小麦。

---

① 边沁:《确定的法理学的限度》,英文版,第 259 页;《法律概论》,英文版,第 168—169 页;《原则》,第 430 页。

他说，“这样的条款还不属于非如此不可那类，因为，价格还不能构成独立法律的要素。”[①]不过，这是否意味着，非义务性法律就不是独立的法律？它们在效果上与义务性法律中的例外条款完全一致。唯一的区别大约在于，一个辅助性的例外条款是与主要规则 59
同时被制定的，而非义务性法律则是在它要加以限定的法律制定之后才出现的。然而，这将在下一章更加明显，根据边沁自己的理论，这样区分的理由非常勉强。还有，同意所谓的非义务性法律的存在还与边沁对法律的定义彼此冲突。边沁认为，法律表达了一种意志，即要求某人在某种环境下应该如何行为。[②] 这个认识似乎表明，每一个法律都是义务性的。由于这些原因，我通常认为边沁只承认义务性法律。

一个法律也可以包括下面 3 种独立的条款：

(1)解释性条款[③]，它说明法律中所使用的概念。

(2)满足性条款(赔偿性条款)，它体现了意在补救损失的政策，而这种损失是由于没有遵守法律而造成的。[④]

(3)激励性条款，它体现了这样的政策，即奖励守法行为，并制裁违法行为。[⑤]

---

① 边沁:《确定的法理学的限度》，英文版，第 248 页;《法律概论》，英文版，第 157 页。

② 边沁:《确定的法理学的限度》，英文版，第 88 页;《法律概论》，英文版，第 1 页。

③ 边沁:《确定的法理学的限度》，英文版，第 203 页、第 221 页;《法律概论》，英文版，第 302—303 页、第 127 页。

④ 边沁:《确定的法理学的限度》，英文版，第 242 页;《法律概论》，英文版，第 151 页。

⑤ 边沁:《确定的法理学的限度》，英文版，第 225 页;《法律概论》，英文版，第 134 页。

至于包括一个以上条款的法律，或者包括独立条款的法律，都被称为是“复杂的法律”。

（二）凯尔森论一个规范的结构

凯尔森关于规范结构的认识与边沁的认识没有多少区别。凯尔森认为，“一个规范表达了这样的观念，即某事应该发生，特别是个人应该依照某种方式行为。”[①]凯尔森不断提到的“应该”对应于边沁所谓的“方面”，而个人和他的某种方式的行为对应于边沁在自己的理论中加以区别的行为主体和行为。进而，根据凯尔森，规范的特点在于它们都是有条件的。它们的“条件”与边沁所说的“环境”基本一样，规范的这个部分决定着主体必须如此行为的具体条件。因此，这 4 个因素也将被称为是规范内容、规范主体、规范行为和履行条件。[②]

60 根据规范的履行条件，如果规范发布之后的下一个机会就是规范适用的唯一机会，那么这个规范就不是有条件的。如果履行规范规定的行为的每一个机会都是规范适用的一个机会，那么，一个规范也就是无条件的。[③]

由于利用了描述行为方式的极大灵活性，我将要采取一般惯例，把规范所规定的行为视为明显的普遍性行为。任何个别化的

---

① 凯尔森：《法与国家的一般理论》，英文版，第 36 页。

② 参考冯怀特：《规范与行为》，英文版，第 77 页注释。

③ 如果读者要了解凯尔森稍微有些变化的观点，请参考他的《纯粹法律理论》，第 100—101 页。

特点都将被认为是对主体描述的一个组成部分，或者是履行条件的一个组成部分。

就凯尔森与边沁在法律规定和规范的结构问题上有如此多的相似之处，我们就不多说了。同时，我们也必须知道，他们之间的相似性也就到此为止了。凯尔森根本就不承认有什么边沁所说的复杂的法律。每一个规范都包括一个法律规定。更重要的是这样一个事实，即在凯尔森看来，所有的法律都是保证自由的规范，它们允许人们做这样那样的行为。他这样一种理论的原因，将在第四章第二节详细说明。

三、规范的存在

"如果能够满足下列条件，一个规范就是一个有效的法律规范。这些条件是：第一，如果它一直就是根据它置身于其中的法律秩序所规定的方式创造出来的；第二，如果它的有效或者来自于法律秩序所规定的方式，或者通过 desuetudo 的方式，或者由于作为整体的法律秩序没有失去自己的效力。"[①]这就是凯尔森关于规范存在的标准，或者确切地说，是他关于派生性规范的定义。这个标准可以重新排列，并且结合进一个完整的存在标准之中。这个完整的标准这样表述：

假设法律规范所隶属的法律制度能够存在的话，一个规范的存在起始于一套派生性规范的产生条件得到满足的时刻，而终止

① 凯尔森：《法与国家的一般理论》，英文版，第 120 页。

于另外一套失效性条件的满足时刻，或者说，它起始于一套适当的产生条件得到满足的时刻，而终止于一套终止性条件的满足时刻。

根据规范的产生和终止方式，法律规范可以分为原初性的规
61 范和派生性的规范这样两类。[①] 所谓的存在条件包括产生条件和终止条件，这两个方面的条件共同组成一个规范的存在条件。这些后面还会解释。由于本章余下的部分将主要致力于澄清理论所依赖的原则，只要有可能，我们就会回避那些细节和特殊的组成部分。

（一）派生性规范的产生条件

一个派生性规范的存在时刻起始于至少一套适当的产生条件是得到满足了。每一个派生性规范的产生条件都包括两类：(1)一个确定的规范的存在（创制规范的存在）；(2)某些事件的发生（创制规范的事件）。

一个创制规范规定，如果某些事件发生，某种规范就应该产生。如果一个规范把某个事件规定为另一个规范产生的条件，那么，事件也就是规范创制所需要的事件。

只有能够满足下列四个条件的事件才是创制规范所需要的事件。它们必须是人的行为、自愿的行为、有特定目的的行为、以通常的方式所表现的行为。人的行为是凯尔森关于规范的根本理论

① 大致说来，原初性规范是指它们的产生条件中不包括其他规范的存在，而不是原初性规范的规范都是派生性规范。

的基本含义，即规范是某些人行为的客观意义。自愿的行为也是他的理论的题中应有之意，即行为必须是有意志的行为。最后两个条件被凯尔森表示为，创制规范的行为是“应该”的主观体现。凯尔森所说的主观体现通过下列话语而突出了一个明显的目的。“无疑，实施行为并且以合理方式行为的人，将某种意图与其行为相互结合，此意图以这种或那种方式表达或表示出来，并且为他人所理解。这就是我们所说的行为的主观意图。”[①]目的的本质，也 62
就是凯尔森所说的“应该”的主观意义是这样的：“‘应当’是一个人的意志行为的主观含义，这个人在此意图支配之下力求获得他人的某种行为。”[②]这个目的就是影响其他人的行为。

重要的是认识到，正是这样一种公开的目的决定着规范的内容。如果行为是根据要求人们按照一定方式行为的目的而履行的，那么，它的规范公式就是：X 应该做 A。

这个理论使人们强烈地联想到边沁和奥斯丁的理论，而且它也曾经出现在凯尔森在《法与国家的一般理论》中对奥斯丁的批评当中。[③] 凯尔森最重要的论点之一是，通常立法者签署或者批准法律，然而他们并不知道法律的具体内容，因而也就无意于要求规范所涉及的主体应该按照法律规定的方式行为。在法文版的《纯粹法律理论》一书中，他这样说明：“当一位议员投票赞成通过某一项他不理解其内容的法案时，他的意志内容就成为使其在法律上

① 凯尔森：《纯粹法律理论》，法文版，第 3 页。

② 同上书，第 10 页。

③ 凯尔森：《法与国家的一般理论》，英文版，第 33—35 页。

有能力实施这一行为的方式。这位投票人想要他赞成的法案成为法律，而不管其内容如何。”[1]因此，影响人们行为的目的被创造规范的目的取而代之。可是，凯尔森似乎没有意识到这样一个变化的深刻含义。它意味着严重背离了奥斯丁的概念，因为它预先假定规范和常规行为的存在，而又不能作为最终的解释。[2] 奥斯丁的立法理论主要着眼于说明独立的立法机关，即不需要预先假定规范存在的立法机关，它并不必然被要求在现成的规范体系内运作。然而，凯尔森的理论仅仅适用于在规范体系的框架内活动的立法机关。

(二)派生性规范的终止条件

如果一个已经制定的规范被明示或默示地加以废除，这个规范就不再存在了。有时，一个废除性规范规定某个规范的终止是
63 有条件的，它依赖于某个事件的发生，或者是某一个时间段之后。这些是通常的终止规范的方式。此外，(除了作为整体的法律体系的瓦解)凯尔森还增加了一种特殊的方式，即否定习惯的存在(一个可以否定规范的习惯或者惯例)。

通过主张否定性习惯总是终止规范的一种常见的和必然的方式，通过这种方式法律得以终止，凯尔森抛弃了奥斯丁的立场——

---

[1] 凯尔森：《纯粹法律理论》，法文版，第 10 页注释。

[2] 凯尔森修改后的方式类似于斯特劳森关于言论行为的一般理论中的某些部分。参见后者的“言论行为的目的和惯例”，载《哲学评论》(1964 年)，第 456—457 页。作者提及“促进或影响有疑问的实践方式和进程”的目的。

只有当一个法律影响到作为整体的法律体系的有效性，这个法律的有效性才与它的效力有关系。奥斯丁方法的优越性下章再说。下面这些议论只希望说明，即使凯尔森的立场可以被接受，否定性习惯也不能被认为是与肯定性习惯一样地创造规范。进而，如果根据肯定性习惯来界定，否定性习惯根本就不是习惯。

凯尔森这样介绍他的理论。“只有当一个法律规范所规定的人们的行为实际上与规范保持一致，至少是在某种程度上保持一致，我们才能说这个一般性的法律规范是有效的。如果有一个任何人在任何情况下都不遵守的规范，也就是说，至少在某种程度上，它是一个无效的规范，它就不能被认为是有效的法律规范。最低限度的有效性就是效力的条件之一。”[①]

凯尔森认为，一个规范在它的创制阶段并不必然就是有效的。他的这个认识表明他已经明确区分了规范的终止条件和规范的创造条件。至于无效，规范可以通过两种方式被终止：或者是由于从来就无效，或者是由于初期有效后来又失效。在凯尔森看来，这两种方式均构成否定性习惯。[②]

如果否定性习惯创造了废止性规范，那么，这些规范既可以是原初性的，也可以是派生性的。不过，根据凯尔森的理论，它们不可以是原初性的，因为只有基本规范才是原初性的规范。但是，它们又都不是派生性的规范，因为如果是派生性规范就需要预先假设创造性规范的存在。凯尔森理论的全部要点就是，即使在一个

① 凯尔森：《纯粹法律理论》，英文版，第 11 页。

② 同上书，第 213 页。

法律体系内，没有任何规范授权否定性习惯可以成为创造规范程序中的一个组成部分，否定性习惯也可以终止一个规范的存在。[①]
64 就这个方面而言，它不同于肯定性习惯，后者是在基本规范或者其他规范使它成为创造规范程序的一个组成部分时，它才可以创造规范。[②] 凯尔森暗示，肯定性规范应该被看作是每一个法律体系中规范创造程序中的一个环节这个论断，并没有逻辑上的必然性。因此，否定性习惯既可以终止规范的存在而不创造废止性规范，又可以通过凯尔森没有说明[③]的方式创造这样的规范。

否定性习惯是不是一个习惯？为了构成一个习惯，常规的行为必须伴随以规范性的压力：规劝人们使其行为符合常规的行为模式，或者批评违反常规行为的人们，以及证明与常规行为模式保持一致。不过，凯尔森的解释并没有暗示，如果由于无效而使规范终止时，规范的压力也是必要的。人们的一般印象是，在这种情况中，规范只是由于没有发挥作用而失效，也无须有什么推动背离规范的积极压力。虽然背离“习惯”是一种违法行为，如果法院的判决是要适用一种被否定性习惯所废除的规范，这是不是违法行为？这表明否定性习惯不是习惯。

另外一种使规范终止的方式也应该注意：如果事实上不再可能出现一种规范所要适用的情况或条件，这个规范也就停止存在

① 凯尔森：《纯粹法律理论》，英文版，第 213 页。

② 同上书，第 225—226 页。

③ 人们有充分的理由争论说，在任何情况下，废止规范的都不是废止性规范，而是废止性的行为。我将不会在此表示拥护这种建议，但是，与大多数讨论这个问题的哲学家一样，我将不把废止性规范包括在一个表示法律制度内容的系统体系中。

了。因此，如果有这样一个规范，张三每年拜访李四一次，那么，如果张三或李四死亡，这个规范也就自动终止了。今年夏天不得进入某个地区的规定随着秋季的来临也就不再存在了。规范存在时，任何对它的背离都可能在事后受到惩罚。在规范的有效期内，规范的继续有效使得对那些违反行为给予制裁成为合理的。

(三)原初性规范的存在条件

在凯尔森看来，基本规范是唯一的原初性规范。下面两章将会对此展开详细讨论。不过，这时做一些澄清还是恰当的。

基本规范的存在，或者说它是有效的，“基本规范被假设为一个有效的规范”。[①] 由于“它具有法律上相关的功能”，它也就是法律体系的组成部分之一。不过，它在法律体系中占据着一种独一 65
无二的地位，因为“只有它不是实在法的一个规范，也就是说，只有它不是根据立法机关的真实意志行为而产生的规范”。[②]

有时，凯尔森给人这样的印象，即基本规范是由于人们的假设而创造出来的。例如，他曾经说过，基本规范存在于法律意识之中。他还说过，“基本规范的有效性不是因为它是通过一个法律行为按照一种既定的方式创造出来的，它的有效性来自于人们假设它是有效的。”[③]但是，这种印象是错误的。凯尔森曾经特别否认

① “斯通教授和纯粹法律理论”，17 *Stanford Law Review*(1965)，p. 1143。

② 同上文，第 1141 页。

③ 凯尔森：《法与国家的一般理论》，英文版，第 116 页。

过基本规范的创立是由于假设这种说法。[①] 这里要强调这样两个观点。第一，假设一种法律体系的基本规范并不是这种法律体系存在的条件，而是把它当作法律体系加以承认和理解的条件。理论上讲，一种法律体系的存在无须依赖于任何人的关于基本规范的假设。但是，如果没有基本规范，一种法律体系就不能存在，因为没有基本规范，法律体系的存在就会缺乏统一性和有效性。第二，根据凯尔森的理论，某人承认一个规范是规范就已经意味着他预先假设了一个基本规范，可是单单这个事实还不足以确定他所假设的基本规范的内容。在凯尔森看来，要了解基本规范的内容，一个人必须要了解他承认的其他规范的内容。所谓基本规范，就是他设定的产生所有这些规范而不是那些规范的渊源。[②] 就这两种解释而言，关于基本规范的假设既不能创造它们，也不能决定它们的内容。最好把基本规范视为必须的规范，也就是说，在每一种法律体系内都有一个或者说必然只能有一个基本规范。因此，基
66 本规范的存在是不需要创造的。在一种特定的法律秩序内，一个基本规范的内容被这样的事实所决定，即“秩序是被创造，并被适用的”。它们的具体内容将根据具体的法律体系而有所不同。“总体上讲，任何实在的法律秩序的基本规范都只能根据一种秩序被创造的事实而授予权力。”[③]在法律规范的创制中，基本规范“把某

---

① 凯尔森:《纯粹法律理论》，英文版，第 204 页，特别是该页的注释。

② 因此，几乎总是这样:一种特殊法律制度的基本规范仅仅是被关于这种制度的科学认识所假设的，而且，这种假设的意义有所不同。这种令人吃惊的结论是凯尔森规范冲突理论的一个结论，而这种冲突理论这里不能论及。

③ 凯尔森:《纯粹法律理论》，英文版，第 114 页。

一个事件视为创造不同法律规范的最初事件。这是规范创制过程中的出发点”。[①] 因此，基本规范也就是创造规范的规范。它是唯一的一种创造规范的规范，因为它的存在条件不需要另一个创造规范的规范的事先存在。因此，人们有必要作出努力，以防止凯尔森的规范产生理论陷入错误的循环或者是无尽头的倒退。

被法学家们“最无意识地”假设的基本规范，仅仅是某一个真实问题的例证，这就是，“只有这种假设，它被包括在基本规范中，允许法律思维对于法律材料提供一种有意义的解释。”[②]因此，基本规范存在的意义在于，它对于理解法律是必要的。后面将要讨论它的具体功能和内容。

凯尔森关于规范产生的观念极大地改善了边沁和奥斯丁在这个问题上的认识。凯尔森对于原初性规范与派生性规范的划分，他关于大多数规范都是派生性规范的认识，派生性规范的产生依赖于创造规范的规范所规定的事件的出现等，都是任何一种关于规范形成的成熟理论的要素。凯尔森的错误在于他对原初性规范的本质的认识，以及他对于创造规范的规范之结构的解释。下一章将会详细讨论这些问题。同时，他还错在限制了能够产生规范的行为种类。

凯尔森把立法行为视为唯一的创造规范的事件。他甚至试图把习惯解释为立法过程中的一个环节。他说：“最初，构成习惯的行为的主观意义还不是‘应该’。但是，后来，当这些行为存在了一

① 凯尔森:《纯粹法律理论》，英文版，第 406 页。

② 同上。

67 段时间后，社会中的成员中间形成了这样的认识，某人应该按照社会中其他成员习惯的行为方式而行为，同时，也出现了这种愿望，即其他成员也应该如此行为。如果群体中的一个成员没有按照其他成员习惯的方式而行为，群体中的其他成员就会因为这不符合它们的意愿而不赞成他的行为。通过这样的方式，习惯就变成了一种集体愿望的表现，而它的主观意义就是应该。”[①]

凯尔森大概认为，构成常规行为的那些行为与习惯法的产生有密切的联系，因为人们也经常批评说某些人的行为没有与常规行为模式保持一致。第一类行为，即人们的行为符合一定的方式，并不需要根据创造任何一种规范的目的而实际履行。不过，即使是批评行为也无须有什么创造一种新的规范的目的。它们只是表示承认，某种行为模式（虽然不一定就是法律规范）已经存在了。即使人们不这样认为，而是坚持说这些行为应该被认为是根据创造一种新规范的目的而履行，这个新规范，可以肯定，也是说被人们批评的某人应该按照一定的模式而行为。它绝对不是一个普遍意义的、要求某一群体的成员都按照某一模式而行为的规范。往好处说，许多人以这种方式批评他人则表明，只有特殊性的规范才是这样创造的。

由于凯尔森对于那些能够成为产生规范的事件的认识持如上看法，他就不能说明习惯如何转化为法律，他也没有成功地解释司法立法问题。我指的是那些由先例所创造的一般性规范，而不是法院在处理每一个案例时解决具体争端的特殊规范。似乎没有理

① 凯尔森：《纯粹法律理论》，英文版，第 9 页、第 225—226 页。

由假设，只有当法官愿意时，他们才通过先例创造规范。他们完全可以在没有意识到创造规范时创造规范，即使他们认为自己仅仅是在宣布某些已经存在的规范的内容，他们也可能是在创造规范。

凯尔森关于创造规范的事件所需条件的说法一直被人们所拒绝，问题是它们能不能被其他一些条件所取代。我认为，问题应该分为两个部分：一个是不属于任何规范体系的规范，另一个是本身属于规范体系的规范。创造一个孤立的规范根本不同于创造一个属于现存规范体系的规范。[①] 甚至，人们最好回避讨论孤立规范 68
产生的问题，而代之以讨论它们的存在条件。因为，与法律不同，俱乐部的规则等孤立的规范并不是在一个确定的时间产生的。与法律体系一样，它们本身也是许多人在一个相当长的时期内追求的复杂行为模式的结果。（由于明显的理由，一个已经存在的法律体系的产生时期可以回溯到一个确定的时间。不过，就孤立的规范而言，人们几乎很少这样想。）进而，与法律体系的存在一样，孤立规范的存在并没有预先假定其他规范的存在。从这个意义上讲，孤立的规范也就是原初性规范。大多数法律规范，与属于规范体系的大多数其他规范一样，都是派生性规范。[②]

孤立规范存在的问题，在某种意义上，是规范体系的存在问题和属于这一体系的规范的存在问题之结合，当然，它与这两个问题不一样。只有某些种类的行为才能构成这样一些规范的存在条

① 我们这里只关注制度化的规范体系。法律体系制度化的意义将在第八章加以讨论。

② 在第八章将会看到，某些法律规范可以是原初性规范，不过，它们仅仅是例外而不是常规。

件。对于这样一些行为的最好解释就是哈特的习惯规则理论。[①]

不过，就那些有资格作为创造性规范（它们又属于规范体系）的事件而言，似乎就没有这样的限制。只有行为可以作为产生规范的事件，但是，如果被创造规范的规范授予权力，每一种行为可以产生一个规范。[②] 一个创造规范的行为必须，至少是部分的，决定着它所创造的规范的内容。如果仅仅是作为被模仿的例子，每一个行为都可以决定一个规范的内容，因为规范就是某些环境下作出某个行为的要求。这样一种规范，它赋予一种行为以创造规范的行为所具有的特点，将会指出一种具体方式，它可以解释哪一
69 个规范是由哪种行为创造的。“照他的样子去做”大概是最原始的创造规范的规范之形式。

这些评论意在说明，对于那些有资格作为创造派生性规范的规范而言，不存在一般意义上的限制。毫无疑问，就调查、澄清和分析法律实际上的产生途径而言，还存在着广泛的研究空间。不过，这样一种调查和研究却在本课题之外。

---

① 哈特：《法律的概念》，英文版，第 54 页注释。

② 不过，原初性的法律规范提出了特殊的问题。

第四章　法律的个别化

法律个别化的问题是分析一部法律与分析一种法律体系之间 70
的连结点，由于具有这样的作用，它对于法律哲学来说就非常重要。在此，我们也许可以说，除了边沁，以前的法哲学家对于这个问题重要性的认识都有所欠缺。这里将要争辩说，所有那些法哲学家，如果他们有什么个别化原则的话，他们的这些原则也完全由他们对于一个规范的解释而决定，但却忽视了这些原则与法律体系理论的相关性。人们可以进一步说，对于法律体系结构的充分解释完全依赖于人们对于个别化问题的适当研究方法。不过，这些主题需要等到下一章再作解释。本章仅仅是对于法律个别化问题的初步讨论。

一、个别化问题

前面一节对于误导读者是有责任的，因为它已经不可避免地留下了这样的印象，规范的创立类似于议会制定法令和政府部长制定规则，以及诸如此类的事情。在某种意义上而言，这种印象是不错的，因为正是通过制定法令、制定规则、作出判决等方式，规范才得以创造出来。但是，规范的创立（特别是根据边沁和凯尔森的规范理论）在下面这两个方面根本不同于法令的创造、立法、规则等等。

通过制定法令和创立规则等方式，当局仅仅是创立了规范的某些方面或某些部分，规范中所包含的其他部分和方面还需要另行创造，也许它们已经在几百年前就出现了，或者它们需要由其他权力机关创造。在边沁和凯尔森看来，一个规范的组成部分可能是由不同机关创造的，如大臣命令，地方当局的规则，甚至还包括
71 法官的判决等等。例如，市镇的对于违反停车管理条例者给予罚金的实施细则，以及议会建立特殊法院和程序以处理这类行为的法令都属于同一个规范的组成部分。

通过制定宪法、制定法令和规则，立法者不仅创造了一个规范的部分内容，它实际上也创造了许多规范的组成部分。因此，凯尔森就认为一部宪法性法律是建立在其上的几乎每一个法令的组成部分。下面我们来研究这两个特点的本质和重要性。

人们可以说，这是凯尔森的特点，即虽然注意到这两个特点的实际存在，但是，他没有充分意识到它们的意义和重要性。凯尔森知道，“一个规范的不同组成部分可能被保存在制定过程结束后的不同产品中”。[①] 然而，他的这种认识并没有像同样的事实影响边沁那样影响到自己对于问题的思考。

一部法律并不等同于一条法令，更不等同于一条法令的某一章节，而且，许多法令来自于不同的政府部门这样的特点，无论来自民法还是刑法，对于每一部法律更是利大于弊。这种认识在边

① 凯尔森：《法与国家的一般理论》，英文版，第 45 页。

沁关于法律哲学的思考中是一个非常重要的转折点。[①] 这种发现和它带来的问题结晶为一个核心问题，即一部法律的特征和它的完整性究竟在哪里？[②] 还有，“什么是法律？什么是法律的组成部分？可以看到，这里问题的主题是逻辑的、理想的和知识的整体。它不是自然的，是法律而不是法令”。[③]

让人们感到吃惊的是，法理学把法律体系纳入法律的分类中，这不同于人们所习惯的通常分类，即把法律体系纳入法令、条款、细则和地方性法令之中。它们之间的区别依赖于发布这些法令的权威机关、发布的场合、法令所涉及的主题，以及许多关于文字风格的考虑等。即使是律师和一般公众，当他们希望了解法律时，他 72
们通常宁愿查询有关书籍，而在这些书里，不同的分类标准得以共存。关于一个主题的有关资料全部集中在此，而根本不管什么发布法令的机关和制定法令的时间。人们只是期待法理学关于法律的分类更接近律师们习惯的分类而不是立法机关的分类。

关键的问题是究竟什么才是支持法理学如此分类的根本原则？这也就是我所说的个别化问题。在下面的章节里，我们将会比较详细地讨论这个问题。目前，通过引入问题本身，我们的讨论仅仅局限于边沁和凯尔森关于这个问题的意见，结果只能是把个别化问题当作法律体系理论需要考虑的一个事实。

① 这里不是评价边沁思想发展的地方。在这里，我们可以说，这种认识或者说发现使他脱离了尚未完成的《原则》一书，这种认识推动他撰写，并确认《法律概论》一书要解决的问题和具体方法，而这本书是他的主要的法理学著作。

② 边沁：《原则》，英文版，第 122 页。

③ 同上书，第 429 页。

首先，法哲学家应该决定什么是法律个别化的原则。只有通过使用这样一些以某种形式代表有关法律材料的原则，人们才能说它们是在指明一些不同的法律。不过，这些具体形式不同于我们熟悉的形式。因此，人们有可能知道一种法律体系的内容，而不知道它所包括的任何法律的特点。凯尔森已经预先假设上述的观点，他说，“法律科学的任务就是指明社会共同体的法律，例如，立法机关通过法律程序制定法律材料，使之成为具有某种结构的陈述”。[1] 人们完全有可能掌握和理解这种法律材料，但是，不知道如何把它们区分为法律。

法律哲学因此有双重任务。第一，它不得不形成一些原则，据以确定凯尔森所说的权威性法律材料的特点。第二，它不得不形成一些法律个别化的原则，以便确定整个体系内到底有多少规则可以成为法律。

因此，人们很可能说，创造法律材料的条件已经在前面一段中得到了解释。也就是说，一旦这些条件得到满足，某些权威性的法
73 律材料就可以创造出来，虽然这些材料并不必然构成一个完整的规范。不过，人们应该记得，根据凯尔森对于法律材料的理解，只有当法律的创制包括了语言行为，而且大概只有当法律的内容表现为成文的东西，并且这种成文化还是法律创制中的一个必要环节，所谓法律材料才能存在。因此，如果只有习惯法存在，人们就很难说已经创造了法律。因此，前面的章节最好理解为解释了法律的创制或者法律的组成部分。

① 凯尔森：《法与国家的一般理论》，英文版，第45页。

前面的章节提供了一种比较奇怪的解释，借此，法律体系理论的某些任务最终在第三章第一节得以形成。在那一节里，身份标准提供了一种方式，借此可以确认直接规范性陈述中的任何部分，如果是真实的，是不是对于一种法律体系的完整描述；结构理论、法律的个别化以及法律体系的结构理论也提供了一种方式，借此人们可以认定哪一个对于法律体系的描述是适当的描述，因为，每一个陈述都描述了一个完整的法律。

这种认识预先假设，即使不知道一种法律体系是否存在，人们也有可能识别一种法律体系。只有当描述是真实的时候，这种体系才存在，但是，人们有可能确认这种描述的性质而无须知道它究竟是真是假。在 1967 年，人们能够知道什么是罗得西亚的史密斯法，而且还知道在罗得西亚什么是英国法，即使人们怀疑究竟哪一个法律才是罗得西亚真实存在的法律。

这样规定法律理论的任务又预先假设，人们有可能知道什么是对于一种法律体系的完整描述，而不知道它对于法律体系的描述是否适当。也就是说，人们有可能认识一种法律体系而不知道它的具体法律。正如前面所说的，这也是一种更准确的说法，人们有可能知道法律体系的内容而不知道它的法律特性。

法律结构的问题可以当作是个别化问题的一个部分。不过，更重要的是要知道，这两个问题是不同的。假设下面的陈述都是真实的：

(1)任何成年男性应该在其住所搬迁后的两个星期内通知内 74
政部更新地址。

(2)任何成年女性应该在其住所搬迁后的两个星期内通知内

政部其新地址。

(3)如果其主要办公地址有所变更,任何公司都应该在搬迁后的两个星期内将其新地址通知内政部。

(4)在本法通过的两周内,任何其地址有变的人都应该在两周内通知内政部其新地址。

这四个陈述具有同样的结构,而正是这个结构描述了完整的法律。但是,结构本身并不意味着每一个陈述都描述了一个完整的规范。可能是这样的。第一个陈述,第二个陈述,甚至包括第三个陈述都只是描述了一个规范内容的某些部分。也许只有第四个陈述完整地描述了这个规范。也许上面四个陈述中,没有一个陈述完整地描述了规范。那么,人们应该如何决定取舍呢?创制法律材料的时间地点与即将形成的决定有关吗?或者,是否一切都依赖这些陈述之间的逻辑联系?不过,有一点是清楚的,这些问题都不可能完全依赖于法律结构的理论加以说明。

除了法律结构的理论之外,边沁也许是第一个真正理解个别化原则必要性与重要性的法哲学家。因此,在解释了他的法律结构观点之后,他对于法律个别化的其他原则开始了系统的研究。[①]
75 在没有深入了解边沁关于个别化问题的观点之前,我们需要对他的原则先加以注意。

边沁几乎仅仅关心权威性法律资料的安排,而他的观点事实上与代议制度的立法资料有关。他对于司法上的立法很少注意。

---

① 边沁:《确定的法理学的限度》,英文版,第 247—249 页、第 256—261 页;《法律概论》,英文版,第 156—158 页、第 165—171 页。

对他来说,“确认法律的个别化就是在一部完整的法律内确认立法问题的比例,即不能包括太多内容,也不能遗漏重要问题。”[1]边沁认为,“法院所创造的法律也是一种立法。”[2]然而,他从来也没有提出一种合理的司法创造法律的理论。他关于法律个别化问题的观点可以说建立在以下5个根本原则之上。

(1)每一个法律都是一个规范,它规定了某些环境中的作为义务。因为每一个法律都是主权者意志的体现,它规定某些人应该在某种情况所做的行为。边沁自己有时也说,“无论法律熟悉什么事情,它们都可以归结为一种行动,即创造义务。”[3]

这里,“一条法律规范”和“一个法律”这两个术语似乎没有什么区别。不过,从现在开始,它们将被区分开来。“一个法律”用来指明法律体系得以区分的最基本的单位,而“一条法律规范”则用来指一种通过强加义务或授予权利而指导人的行为的法律。[4] 边沁关于法律个别化的最重要的原则就是,每一个法律都是一个规范。而且,正是这种类型的规范被称为一个规定,例如,强加义务的规范。这一原则表现在他的法律结构理论中,而典型证据就是,边沁主张每一个法律必须包括一个关于命令的规定或者是关于禁

① 边沁:《确定的法理学的限度》,英文版,第247页;《法律概论》,英文版,第156页。

② 边沁关于立法的分析,见于《确定的法理学的限度》,英文版,第90页注释;《法律概论》,第3页注释。

③ 边沁:《确定的法理学的限度》,英文版,第55页;《法律概论》,英文版,第249页。同他在其他问题上的立场一样,边沁无视立法邀请的可能性。例如,法律受到报答的支持。

④ 关于规范的更多的说明,请看本书第六章。

止的规定。这意味着法律体系内的所有其他规定和条款必须根据这些主要规定而加以安排，而且，一般地说，其他条款是作为主要条款的解释、条件、警告等而与之相互联系的。

76 (2)只有当它得到了制裁的支持，无论是通过激励的或令人满意的方式还是通过制定惩罚性法律，它规定对于违反规则的给予制裁都是立法者意志的一种表现，也就是说，人们按照某种方式行为的规定等于是强加了一种义务，因此也就创造了一种法律。[①]

(3)根据第二个原则，立法者所规定或命令的每一个行为环境是一个单独的法律的核心。规定法官有权惩罚暗杀者的法律暗示，禁止暗杀的规定并没有规定只能有一个法律，事实上有两个法律，虽然它们之间一个产生了另一个。[②]

(4)在法律得到正式表达之前，它们之间的冲突就已经得到解决了。对于一种法律体系的适当描述不需要描述任何法律的冲突，它也不提供解决这些冲突的方法。在边沁看来，解决法律之间冲突的规则会涉及不同法律的制定主体和制定时间，而这些是不会在描述法律体系时得到承认的。

(5)法律的个别化部分地依赖于立法者整理法律资料的方式。例如，一个法令的制定。(甲)每一个男性应该在 C 条件下为 A，但是，如果若干年后，另一条法令(乙)又规定：每一个女性应该在 C

---

① 当然制裁并不总是法律制裁。不过，即使对于违法行为只有一种道德或宗教制裁时，法律也可以强加一种义务。参见边沁：《法律概论》，英文版，第 68—70 页、第 248 页；《确定的法理学的限度》，英文版，第 151 页。

② 参考边沁：《确定的法理学的限度》，第 234—235 页；《法律概论》，第 143—144 页；'A General View of a Complete Code of Laws', Bowring (ed.) *The Works of J. Bentham*, vol. 3, p. 159。

条件下为A,那么,根据边沁的理论,一种法律体系就应该包括这样两条法令。如果第二条法令(丙)被这样规定:每一个人都应该在C条件下为A,那么,根据边沁的理论,法律体系只包括一个法律,它既对应于第一条规则又符合第二条规则。

在前面的讨论中,我们没有涉及无义务的法律。每一个法律都是一个规范,对于边沁来说是非常根本的认识。无义务的法律 77
不是规范,但是,边沁似乎还没有认识到他自己观点中的矛盾之处。根据我在第三章第二节所解释的理由,我还是愿意把下面的观点归功于边沁,即所有的法律都是规范,他根本就不考虑无义务法律的可能性。不过,应该注意的是,同意这种法律的可能性可能会涉及对边沁法律个别化原则的深刻修改,即并非所有的法律之间的冲突都可以在正式表述之前得到解决。实际上,无义务的法律与它们加以限定的有义务的法律之间的冲突还没有解决。很明显,并非每一个法律都需要有制裁的支持,而且,法律上承认的一般义务得以免除的具体条件将会决定,它究竟属于强加义务的义务性法律还是一个独立的无义务性法律,这会增加立法的实际环境与个别化问题之间的联系。

二、凯尔森关于法律个别化问题的认识

凯尔森关于规范本质和结构的认识与边沁的认识几乎一致,因此,在法律个别化问题上也面对着几乎同样的问题和困难。不幸的是,凯尔森没有清楚地认识到那些困难的本质,而这种困难恰恰构成边沁式认识的特点。他没有承认建立个别化原则的必要

性，因而，他的理论也就没有提供对于问题的完整解答。不过，凯尔森的说明中包括了充分的材料，人们从而能够发现凯尔森对于这些问题的隐蔽的认识方式。

凯尔森与边沁一样，大概会把创造时的不同场合，以及立法机关的权威等视为与法律的个别化没有关系的问题。他很容易就得到了结论，即一个法律可以包括不同立法主体在不同场合制定的多个规范。例如，他认为，宪法性法律是每一个其他的法律的组成部分。[①] 进而，他又与边沁一样认为，人们经常建议的、法律科学
78 表现法律的具体方式也不允许表现法律之间的冲突。在凯尔森看来，适当地描述法律的方式不需要描述法律的冲突。这也就是下面一段引言的含义。“既然没有无矛盾原则，合法性观念就无从谈起，那么，无矛盾的原则就必须深深地根植于法律的观念之中。仅仅是这个假设，它也扎根于基本规范之中，也就允许法律认识对于法律材料提供一种有意义的解释。”[②]

边沁关于法律个别化问题的第一个也是最重要的原则——每一个法律都是一个规范和一个规定——没有得到凯尔森的支持，因为凯尔森本人愿意接受另外一个原则：每一个法律都是一个规范和一种允许，也就是说，每一个法律都保障一种允许。但是，对于凯尔森另一个个别化原则的讨论必须先于接受这种允许原则。

边沁的另一个原则，前面已经提及，被凯尔森用另外一个原则

---

① 凯尔森：《法与国家的一般理论》，英文版，第 143 页。

② 同上书，第 406 页。这个问题在《纯粹法律理论》一书中得到了比较详细的研究，见该书第 205 页注释。

取而代之，而它明显不相容。“一种法律秩序的所有规范都是强制性的规范，因为它们提供了制裁。”[①]对于这一原则的解释必须起始于对于凯尔森制裁概念的简单评价。

制裁是由行为完成的。能够完成制裁的行为被称为是“适用制裁的行为”，有时就简化为“制裁”。只有当一个行为导致了对他人有利或不利的结果时，它才是一个适用制裁的行为。[②] 凯尔森事实上并没有讨论基于奖励的法律。一种不利就是“剥夺了一个人的所有，如生命、健康、自由和财产”。[③] 凯尔森认为，不利或恶仅仅适用于侵犯法律的人，适用这个单词就指明，制裁是由他人而不是由本人施加的、针对违法者的行为。当然，情况也并不总是如此。例如，剥夺财产就可以通过规定侵犯法律的人自动放弃他的某些财产的方式而实现，而不仅仅是规定他人夺取该人的财产。

制裁具有“某种程度的强制的特点，但是，这并不意味着在适
用制裁时必须使用武力。只有当适用制裁遇到了抵抗时，使用武 79
力才是必须的”。[④] 人们还应该注意到，适用制裁的行为本身，而不仅仅是使用武力，在这里被称为是制裁。与上面引言的含义相反，并不是说每一个法律制裁都必须使用武力。例如，有时剥夺财产就可以通过宣布某些权利无效或已经撤销的方式来实现，而这

① 凯尔森：《法与国家的一般理论》，英文版，第 29 页。

② 同上书，第 15 页。

③ 同上书，第 18 页。在这个名单上还应该加上一些好的名声，还有伤害他人感情（杀害或伤害某人的亲属等）。按照这种方式，凯尔森理论中的有些困难倒是可以解决的，见《法与国家的一般理论》，英文版，第 55 页。

④ 凯尔森：《法与国家的一般理论》，英文版，第 18 页。

些方式完全不同于使用武力。[①] 另一方面,由于它们的本质,有些制裁必须使用武力,如鞭笞和执行死刑。当然,有可能规定自鞭或自行了断,但是,它们属于另外一类制裁。

根据前面的评论,下面应该进行这样的工作。法律制裁应该被认为是以下述方式相互联系的两种行为:一种行为是适用制裁的行为,它是侵犯法律的人自己采取的行为,并且对本人明显不利。[②] 另一种行为是,如果侵犯法律的人没有采取第一种行为,那么,就需要由他人对其采取行为,这种行为的目的是为侵犯者施加同样的或者是不同的不利。一种不能由违法者自动采取的制裁仅仅是指第二种行为。

如果允许使用武力,一种制裁就是一种强制性的制裁。与凯尔森的意见不同,我认为,并非每一种制裁都是强制性的。除非一种行为被法律规范规定为是某人行为的一种后果,否则,即使它对某人明显不利,它也不是适用制裁的行为。[③] 凯尔森认为,"在所有文明国家,行政机关都被授权强制性驱逐危房中的住户,为防止火势的蔓延而拆毁建筑物,屠杀感染某些传染病的牲畜,监禁那些由于自己的身体和精神状况而可能对其他人的生命和健康产生严重危险的人们。所有这些强制性的行为(行政机关,特别是警察常
80 常被授权进行这些方面的工作),与我们所说的制裁不同。它们并

① "剥夺其他权利有时被规定为惩罚措施"。参见凯尔森:《纯粹法律理论》,英文版,第 109 页。

② 第一种行为总的说来对于该人不利。但是,这并不意味着,这种行为在每一种具体场合都对违法者不利。

③ 凯尔森:《纯粹法律理论》,英文版,第 34 页。

不以某种人的行为为条件，而这种行为恰恰是我们所说的制裁所针对的。[①]

上述这些强制性的行为当然不是制裁，这并不是因为它们对于它们所影响的全体公众有好处（因为凯尔森假设它们肯定对某些人不利），[②]而是因为授权行政机关这样做的法律并不使其依赖于接受或面对这类强制行为的人的具体行为。

凯尔森的制裁概念还可以分为两种观念，即它是一种针对侵犯法律的行为而发生的（如果这是一种制裁的一个条件，它可以被称为是一种不法行为[③]），而且，它还是一种对于违法者本人不利的行为。还有，凯尔森的制裁概念还与责任概念有非常密切的关系。如果一个人对于他自己的不法行为负有责任，他就有责任接受一种由此而来的制裁。正如凯尔森承认的，[④]有时，一个人还会由于他人的行为而负有责任。如果一种行为的履行被法律规定是基于第一个人要对之负责的另一个人的错误，那么，它当然就是对被制裁人的一种不利。不过，凯尔森并没有解释责任的本质，[⑤]当然，这里也不是深入研究这一复杂问题的适当场所。

① 凯尔森：《法与国家的一般理论》，英文版，第 278—279 页。

② 凯尔森并没有讨论“法律父权主义”这类特殊问题。所谓的法律父权主义是指为某个人的利益而强制某人。这类行为被他认为是对被强制的人不利的。这种观点来自于这样的事实，即他认为，如果一种行为在大多数场合可能对某些人不利，那么，它也是对一个人不利的一种行为。更合理的观点应该是，仅仅考虑在一个为法律规定的、在特殊场合完成的行为，一般地说，会不会对于法律主体产生不利。

③ 凯尔森：《法与国家的一般理论》，英文版，第 54 页。

④ 同上书，第 55 页。

⑤ 关于这个问题，他所说的一切就是，在采取不法行为的人与需要对之负责的人之间有某种关系。

凯尔森对于法律制裁的解释主要基于他的《法与国家的一般理论》。在《纯粹法律理论》中,凯尔森重复了自己对于不利和强制的解释,以及他对于行政机关的强制与制裁之间的区别。[1] 但是,在《纯粹法律理论》一书中,法律制裁与法律的个别化之间的重要联系完全消失了。凯尔森曾经在某处说过,"作为一种强制性的秩序,法律不同于其他的社会秩序,而关键的区别就在于强制力因
81 素。这意味着,被法律秩序所规定、作为社会意义上不利事实结果的行为应该得到执行,即使这违反了某人的意愿,而且,一旦这人有所抵制,就使用强力。"[2]

不是强制性制裁而是这里强调的强制行为才构成法律的与众不同的特点。由于凯尔森总是暗中假设:一般地说,法律的特点也就是每一个法律规范的特点,因此,他的上述认识就导致了在法律个别化原则问题的一个根本变化。而且,他关于法律秩序与其他社会秩序区别的认识也导致了他关于法律个别化问题的变化。他认为:"如果我们认为法就是强制命令,也就是制定强制性规范的命令,那么,描述法律规范的法律提案就表现为:一旦法律规定了具体情况时,同样由法律确定的强制规范应当根据它们而制定。"[3]

在凯尔森看来,一种法律的一般形态是:当出现条件 C 时,人们应该做 A。他最初的个别化原则意味着,A 必须是一个适用一

① 凯尔森:《纯粹法律理论》,英文版,第 33—34 页、第 108 页。

② 同上书,第 34 页。

③ 凯尔森:《纯粹法律理论》,法文版,第 149 页。

种制裁的行为。一种法律体系内所有的没有规定一种制裁的有关材料或者是指适用制裁的某一特殊条件，或者就根本不是法律(这也就是所有的法律或宪法序言的命运)。[①] 不属于适用制裁的强制性行为，如行政机关的某些行为，总会出现在适用制裁的条件之中。有时，它们是强加于行政机关的义务，因此，如果不能履行还要追究有关官员的责任。它们总是那些禁止使用武力的法律规范的例外。

《纯粹法律理论》所提出的新的理论意味着，除了成为适用制裁的具体条件的组成部分，或者规定制裁的规范，行政强制行为总是得到那些独立规范的特许，这些规范并没有规定制裁。

理论变化的这些原因已经得到了大致上的说明。它首先依赖 82
于凯尔森的观念——一般意义上法律的特点会体现在每一个具体的法律之中；其次还依赖于一种信念，即法律仅仅由于规定了强制性行为而得以区别于所有其他的社会规范制度。

就以上这两种观念而言，第一个前提的错误后面再说，至于第二个信念，人们没有理由假设它是真实的。私刑和血亲复仇完全可能被规定在某些实在道德体系之中，而无须把它们转化为法律秩序。同样，非法律的社会秩序也可以允许家长打孩子、老师教训学生等。当出现对于整个社会共同体或它的某一部分有危险的情况时，非法律的社会秩序完全可以授权或甚至直接规定强制措施。

更重要的还在于这样的事实，凯尔森在他的《纯粹法律理论》中对于强制性秩序的定义与他自己所采纳的界定规范性社会秩序

① 凯尔森:《纯粹法律理论》，英文版，第 52 页注释。

的指导原则相互矛盾。凯尔森这样说过:“每一种社会秩序的功能是……产生某种人们之间的互利互惠的行为模式。……根据社会上人们向往的行为所产生的具体方式,不同形式的社会秩序才可以得到区分。这些形式……又以一种社会秩序所诉诸的、诱导人们如此行为的特殊动机为各自特点……就某种社会形态而言,塑造与已经建立的秩序一致的行为是通过规定在该秩序中的制裁而取得的。”①

根据这个区分社会秩序不同形式的原则,凯尔森认为,法律区别于其他的社会秩序是因为,法律诉诸强制性的制裁,并把它当作是一致行为的标准理由。在法文版的《纯粹法律理论》一书中,凯尔森以几乎同样的词句重复了规范秩序的分类原则。他认为:“所有社会规范都有引起处在它之下的人为某种行为的作用。这种动机作用是由对人的行为的命令或禁止的规范来实现的,而这种要求或禁止的方式之差别使得社会规范可以分为许多类别。某些规
83 范在对人的行为作出要求的同时并不使人们对它们的遵守与否发生任何后果。另一类社会规范,在最广义的范围内,在对人们的行为作出要求的同时,(对遵守的行为)给予利益或奖励,或者对于违反的行为给予不利益或处罚。”②

如果这种分类原则得以采纳,那么,法律就可以被定义为:把使用社会上有组织的强制性的制裁作为一致行为的标准动机的唯一的社会秩序,从中而产生的个别化原则就是,每一个法律都是一

① 凯尔森:《法与国家的一般理论》,英文版,第 15 页。

② 凯尔森:《纯粹法律理论》,法文版,第 34 页。

个规定制裁的规范。

无论这种定义有什么缺陷，人们必须承认，它毕竟建立在比凯尔森新的定义所依据的事实更为广泛的事实之上，凯尔森的定义仅仅假设其他的社会秩序都不规定强制性措施。凯尔森的定义对于认识法律的机制或者法律的“社会技巧”没有什么作用。

根据凯尔森自己的逻辑，我还是同意他的早期的定义，以及他早期的关于法律个别化问题的认识。本章其余的讨论将建立在他早期的原则之上，即每一个法律都是一个规定制裁的规范。[①] 不过，这个我所偏爱的个别化的原则还需要更加仔细地研究。但是，由于这种研究势必涉及凯尔森自己的法律体系的结构理论，我们不得不把它推迟到下一章。

我们一直在讨论的、凯尔森关于个别化的原则解释了每一个
法律都要加以规定的行为类型。说到底，一个法律的一般形式也
就是在某些环境下，某些人应该履行某种行为。我们已经说明，这
种行为总是一种适用制裁的行为，它限制了具体履行的条件，其中
就包括由于制裁的适用而深受其害的那些人的某些行为。[②] 在这
样的表述中，“应该”的力量究竟是什么？说每一个法律都规定或 84
提供了一种制裁是什么意思？

人们完全有理由假设，当法律所规定的适用制裁的条件出现

① 凯尔森新的法律个别化原则与他对于那些规定行政强制性的规范没有什么联系，对于后者，他几乎没说什么。讨论还是集中在规定制裁的规范上面。而且，在发表于 1966 年的一篇论文“纯粹法律理论”中，凯尔森又回到了他原来关于法律的定义和他原来的个别化原则。这些事实表明，他的新原则还是一个有待于深入思考的命题。

② 这还不是一个完整的个别化的原则。凯尔森认为，法律的个别化依赖于制裁的个别化，但是，他又没有针对这个命题说过什么。

时，法律就要求制裁，而且，这时，不适用制裁就是一种严重的违法行为。真的，一个人不能适用某一法律所规定的制裁，并不总是意味着，它是适用针对该人的第二个法律所规定的制裁的一个具体条件。根据凯尔森的认识，这表明，第一个法律的规范主体没有义务适用这个法律，因为根据一般认识，有义务为某个行为是指，不这样做就会出现制裁的适用。[①] 但是，人们不能说下面的情况完全是不可能的，即“被要求依据某种方式行为”而不涉及“有责任面对制裁”。在这种情况下，人们习惯上说，法官和其他官员应该适用法律、执行制裁等，即使他们没有这样做时，他们也不会受到法律的追究。凯尔森倒是注意到了上述这些事实。他甚至对于其中的某些事实还提供了部分的回答。人们说，当立法者制定了一部表达了立法者目的的法律，即人们应该以某种方式行为，一个人应该或者被要求以某种方式行为，即使没有制裁来实际支持这种规定。不过，凯尔森认为，这样的立法目的必须被认为是法律上合法的，[②]因此，他拒绝在“法律上要求的”和“一种法律义务”之间做任何区分。

凯尔森使用“应该”来表示“被要求做什么”“允许做什么”“有权力做什么”等。[③] 他似乎认为，在适当表达的规范中，根据具体的环境，“应该”具有上述这些含义之中的一种。[④] 他似乎随时准

① 凯尔森：《法与国家的一般理论》，英文版，第 59 页；《纯粹法律理论》，英文版，第 115 页。

② 凯尔森：《纯粹法律理论》，英文版，第 52 页。

③ 同上书，第 5 页。

④ 同上书，第 118—119 页。

备说，一个人有权力适用一种制裁。他曾经说过，当一种法律秩序把强制行为视为制裁时，那么，在该秩序所规定的具体条件下，个人就被授予了履行这些行为的权力。[1] 我愿意把每一个规定制裁的规范视为保障了一种允许。在第六章里，这些允许也可以授权 85
的问题将会得到详细的讨论。

凯尔森似乎还认为，当有一个不能执行制裁的法律成为另一个制裁适用的条件时，才有制裁。但是，在这种情况下，制裁的适用就把不能适用视为是非法行为的规范加以规定了，而不是被规定制裁的规范所规定。[2] 因而，每一个适用制裁的规范，也就是每一个法律，都是适用制裁的允许。

三、凯尔森与边沁的比较

虽然在前面两节中边沁和凯尔森的个别化原则并没有充分展示出他们各自的法律个别化理论，但它们毕竟对于我们了解有关问题的本质有所帮助，它们也可以作为某种比较他们两人有关思想观念的一个基础，而这本身就有助于我们理解与解决这一问题的种种考虑。正如后面将会看到的一样，这种比较研究有助于指出个别化原则与法律体系理论之间的明显联系。

“每一个法律规则都约束人们，使其在某些环境中按照某种方

---

① 凯尔森：《纯粹法律理论》，英文版，第 15—16 页。

② 对此，请看下节的论述。

式而行为。”[①]不过，作为一个允许，规范对于人们的约束只能是隐蔽的。这种约束意味着，允许一个人在某些环境下按照某种方式行为的规范规定另一个人有义务为或不为某个行为。

一个人“在法律上有义务不为非法行为……一个人有法律上的义务做那些一旦与其对立就会导致受到制裁的行为。”[②]由于每一个法律都是一种允许使用制裁，每一个法律也就规定了一种义务。不过，人们必须记住，凡是法律公开允许的地方，它同时就会暗中约束。严格地说，这是一种简单的允许：如果 Y 做 B，而其他条件又得到满足时，X 就可以做 A。但是，这种允许 X 做 A 也规定了法律所提及的有关各方的义务，如 Y 不得为除了 B 之外的其他行为。

86 人们可以认为，一个凯尔森式的法律等于两个边沁式的法律。边沁式的法律在凯尔森的法律观念中被结合为一个整体。边沁的主要法律，就是强加一种要求人们必须以某种方式行为的义务，也就是 A。而他的惩罚性法律，也就是给其他人，如 Y，强加一种通过 B 行为而对 X 施加制裁的义务，如果 X 不能履行他自己的做 A 的义务。这两种法律在凯尔森的法律观念中就变成一种法律：如果 X 没有做 A，那么，就允许 Y 做 B。实际上，这是他们两人在个别化原则上最重要的区别。在凯尔森看来是同样的、可以构成一个法律的法律材料，而边沁却认为它们可以分别构成两个法律。

凯尔森认为适用制裁是允许，而边沁认为适用制裁是义务或

① 凯尔森：《法与国家的一般理论》，英文版，第 3 页。

② 同上书，第 59 页。

责任，[①]但是，这并没有反映出他们所面对的大量法律材料有什么差别。它只是证明了他们两人对于同样的法律材料有不同的解释。[②] 边沁认为，假定不服从会招致某些制裁的话，立法者所表达的适用制裁的目的就使得适用成为一种义务。进一步的制裁只是适用第一个制裁的义务的必要的，但不是充分的条件。与此不同，凯尔森则使得不能适用第一个制裁所导致的制裁成为使行为变成义务的必要且充分的条件，他因此还认为，立法者的目的无关紧要。

无论如何，这也是如下评论的直接后果："个人在法律上有义务以某种方式行为"的陈述与下面的陈述简直如出一辙，即"一个法律规范规定了一个人的某种行为方式"。而且，"一个法律秩序通过对相反的行为施加制裁而规定了某种行为方式。"[③]

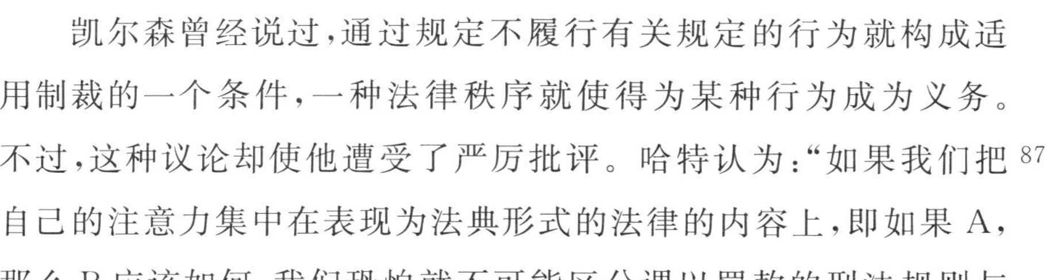

凯尔森曾经说过，通过规定不履行有关规定的行为就构成适用制裁的一个条件，一种法律秩序就使得为某种行为成为义务。不过，这种议论却使他遭受了严厉批评。哈特认为："如果我们把 87
自己的注意力集中在表现为法典形式的法律的内容上，即如果 A，那么 B 应该如何，我们恐怕就不可能区分课以罚款的刑法规则与

① 边沁认为，只有当制裁的适用被规定在激励条款之中时，制裁的适用才不是义务。

② 被上述两位法哲学家所接受的、作为存在一种法律依据的那些法律材料至少有这样两种区别：第一，凯尔森认为政策的宣布是无关紧要的，而边沁则认为它们也是有关法律材料的组成部分。第二，凯尔森认为，当一个行为没有履行时，允许适用制裁足以使履行那个行为成为义务，而边沁则认为，适用制裁必须出自规定的义务或者政策。

③ 凯尔森：《纯粹法律理论》，英文版，第 115 页。

对某些行为征税的财政法规之间的差别。当个人被课税或被罚款时,根据凯尔森的典型公式,它们是一样的。除非通过考虑到某些处于典型形式之外的因素,如罚款是惩罚那种官方谴责的行为,而课税则不是,否则我们就只能把它们都视为非法行为。人们也许会认为,课税虽然也像某些制裁那样规定了强制性的缴纳货币,但它不是一种'制裁'……但是,我认为,这并不能真正避免它遇到的困难,而只是把它推迟了。我们还得走出法律定义的局限,以便确定什么时候强制性缴纳货币是制裁而什么时候不是。"[①]

上面引言中的最后一段话表明,凯尔森的立场确实有某些模糊之处。人们不清楚的是,对某人不利的每一个行为(而履行这种行为又是法律规定的针对某些人的行为而产生的),是不是一种制裁?或者说,究竟还有哪些进一步的条件需要满足。正如哈特所指出的,如果真的还有一些隐蔽的条件,那么,凯尔森并没有为我们揭示它们到底是什么。

事实上,凯尔森在写作时没有意识到还有一些隐蔽的条件。这个结论相当惊人,因为它意味着,凯尔森虽然坚持立法者必须宣布他的旨在规范人们行为的目的,以便创造权威性的法律材料,但是,他又认为这个目的与解释创造出来的权威性的法律材料毫无关系。对他来说,这似乎还是不可避免的结论。因为这个说法还是依赖于凯尔森本人对于"一种制裁""一种义务"的定义,特别是依赖于它对于"一种不法行为"的定义。

---

① Hart,'Kelsen Visited',10 *U. C. L. A. Law Review*, pp. 720—721.

凯尔森当然明白:“不法行为,如一方没有履行合同的事实,恐 88
怕不能被充分概括为是适用制裁的一个条件。签订合同和另一方的起诉也属于这类条件。那么,‘不法行为’的构成条件究竟有什么与众不同之处呢?除了假设的事实——立法者期待人们采取那些与使用制裁的行为完全相反的行为,除了法学概念不能把握不法行为之外,难道就没有别的什么标准吗?……因为这种解释只等于说不法行为有悖于法律的目的,但是,这样说与界定不法行为的法律概念没有关系。”①

与其纠缠于什么是立法者的目的、官方的目的、法律的目的,凯尔森宁愿简单地把不法行为定义为:作为某人某种活动结果的,又制裁所针对的行为。② 然而,这个定义却不能区分作出有约束力的承诺与破坏这个承诺这样两种行为之间的差别。它使得这两种行为都成为不法行为。一个人的每一个构成适用制裁条件的都只是一种不法行为的组成部分。

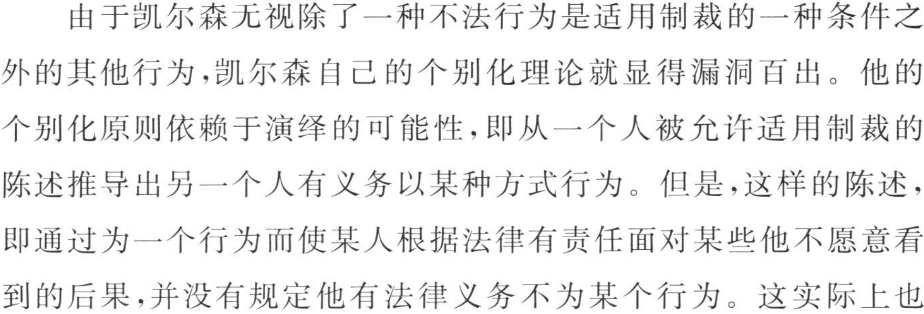

由于凯尔森无视除了一种不法行为是适用制裁的一种条件之外的其他行为,凯尔森自己的个别化理论就显得漏洞百出。他的个别化原则依赖于演绎的可能性,即从一个人被允许适用制裁的陈述推导出另一个人有义务以某种方式行为。但是,这样的陈述,即通过为一个行为而使某人根据法律有责任面对某些他不愿意看到的后果,并没有规定他有法律义务不为某个行为。这实际上也

① 凯尔森:《法与国家的一般理论》,英文版,第53页。

② 同上书,第54页;凯尔森:《纯粹法律理论》,英文版,第114页。凯尔森允许某些与本讨论无关的例外。

是前面引证的哈特批评的另一种说法。挣钱使一个人有义务缴纳所得税的事实并没有规定，一个人有义务不去挣钱。

如果不管这些针对凯尔森个别化原则的批评，人们就必须要问，为什么人们最初还要接受它呢？为什么人们还会偏爱这种理论，而不是边沁的理论呢？

89 首先，凯尔森有一个隐蔽的信念，即法律秩序的特点，也就是它区别于其他社会规范秩序的特点是，能够区分每一个法律规范与其他的非法律规范的那些特点。也许，只有这种信念才可以解释凯尔森自己在《纯粹法律理论》一书中的变化。[①] 这种信念证明，把法律的定义而不是解释法律体系的特点当作法理学研究的主要问题是一种主流。它也说明，凯尔森，他本来应该更加清醒，但毕竟还不能脱俗。凯尔森相信每一个法律规范可以区分于其他的规范，是因为法律规范而不是其他的规范规定了强制性的制裁。但是，他的这个信念又与他的另一个信念相互矛盾。他的另一个信念是，“如果我们把自己的注意力集中在单一的孤立的规范上，我们就不可能掌握法律的本质。”[②]

从某种程度上说，本书所有其他研究的目的就是致力于说服读者接受上面引言的真实性。通过揭示法律体系的特点，但这些特点可能不会全部都体现在每一个法律之中，法律当然可以区分于其他的实在道德规范。只有当采纳这个程序时，我们才有可能充分说明强制性制裁在法律中所占有的特殊地位。说只有法律能

① 参考本书第四章。

② 凯尔森：《法与国家的一般理论》，英文版，第 3 页。

够规定强制性制裁是不真实的，说每一个法律都规定了一种强制性制裁也没有什么理由。但是，如果说，法律的特点之一就是它能够系统地使用强制性制裁是不错的，说强制性制裁对于理解法律的作为一种特殊的社会技巧的本质非常重要也没有错误。这个问题还会在其他章节继续说明。

凯尔森的个别化原则还有一个原因，不过，它隐蔽在凯尔森的《法与国家的一般理论》一书之中。无论人们服从法律的动机究竟是什么，正如第三章第五节所说的，法律本身通过规定制裁而提供了一个非常标准的服从法律的原因。法律的特点在于它是一种特殊的“社会技巧”。所谓的社会技巧在于，通过规定一旦出现与之相反的行为就适用某种强制性措施这种威胁，从而塑造社会上所期待的行为。[①] 如果根据凯尔森的法律个别化的原则，法律依赖于这种标准动机的具体方式，它也是一种把制裁的责任与法律上 90
所要求的行为相互联系起来的方式，因而也就构成了实现自己义务的标准动机。

毫无疑问，澄清义务与制裁的关系是人们所期待的。问题是，凯尔森是不是选择了最好的方式澄清问题。为什么它们之间的关系是，如凯尔森所说的那样，一个法律中两个组成部分之间的关系，而不像边沁所说的是两个法律之间的关系？[②] 后面，我们还会解释说，边沁的法律概念过于复杂以至于不能成为一种法律体系合理布局的基础。不过，这样的说法可能更适合于凯尔森的相关

① 凯尔森：《法与国家的一般理论》，英文版，第 19 页。

② 我现在不考虑那些满足性和激励性的条款。

理论。人们同样可能说，凯尔森的原则不能正确地反映制裁与义务之间的关系，它只是把注意力集中在制裁与不法行为之上。义务的存在是被推测的。但是，人们都知道义务而不是制裁才是法律的主要问题。制裁因而是保证义务得以履行的措施。凯尔森的观念造成了这样的印象，即颠倒了义务与制裁之间的关系，使义务成为制裁的副产品。

凯尔森的法律实际就是允许，而根据他自己的理论，关于法律的最重要的事实就是法律规定行为，而非法律允许行为。比较而言，边沁使用的描述法律的方法比凯尔森的能够更清楚地说明义务的重要性，以及它与制裁之间的关系。

在他最后一本书《纯粹法律理论》中，凯尔森也承认规定义务的规范是完全可能的，不过，其效力的唯一条件就是，只有当另一个规定违反第一个规范规定的行为都会受到制裁的规范也存在。[1] 但是，凯尔森仍然坚持，即使有两个规范存在于法律体系之中，它们实际上也还是一个规范。他解释说，法律的特征在于，“要求某种行为的同时对与其要求相反的行为给予不利。”[2]这标志着，对于凯尔森来说，立法者的目的和法律的目的对于什么是义务这样的问题是毫不相干的。这种理论已经受到了批评，而且，即使它是真实的，也没有任何理由说明它对于法律的个别化会有什么方面的影响。

91 上面引证的凯尔森的言论，可能会涉及法律的词句。正如边

① 凯尔森：《纯粹法律理论》，英文版，第28页。

② 凯尔森：《纯粹法律理论》，法文版，第35页。

沁所指出的,如果有一个法律声称,让法官把每一个承认犯有谋杀罪的人都处以死刑吧,那么,因此而出现的禁止令就与如下的言论同样合理,即让杀人犯无痛苦地死去。[①] 凯尔森的评论是不是根据立法者通常通过指导法院惩罚那些违反法律规定的人们而构建法律规定,来论证他自己个别化原则呢?如果这真是凯尔森的本意,那他肯定是错了。针对同样事实,边沁的结论应该是正确的。

边沁认为:“语言的多种含义几乎是无穷的,而且,它的多种多样的形态也是无法穷尽的。因此,人们不能仅仅相信言辞。为了理解任何的主题,特别是法律,要清楚地理解属于法律的特点和观念,我们必须剥去覆盖在上面的虚假饰物,而根据它们本身加以说明。”[②]

在凯尔森的《法与国家的一般理论》之中,他还提出了一个论据来支持自己的法律个别化原则。“如果假设只有当一个规范附带一种制裁时,禁止偷窃的规范才是有效的,那么,在准确解释法律的意义上讲,第一个规范就是非常表面的。如果存在的话,第一个规范可能就存在于第二个规范之中,而后者才是唯一真实的法律规范。”[③]

假设,有目的强加义务的法律以法律提供一种如果不履行就给予制裁为条件,那么,这个事实是不是一个充分的理由,从而人

---

① 边沁:《确定的法理学的限度》,英文版,第 234 页;边沁:《法律概论》,英文版,第 143 页。

② 边沁:《确定的法理学的限度》,英文版,第 234—235 页;边沁:《法律概论》,英文版,第 143—144 页。

③ 凯尔森:《法与国家的一般理论》,英文版,第 61 页。

们可以认为，根本就没有强加义务的法律，而描述这种法律的陈述也就只能描述规定制裁的规范之存在的后果？对此，边沁没有同意。

他认为，“使某种行为成为犯罪的法律，以及针对这种犯罪给予惩罚的法律，都可以被适当地认为，它们既不是同一个法律，也不是同一个法律的不同组成部分……这些法律是如此的不同，以至于它们根本就针对不同的行为，它们也针对着不同的个人。第一个法律并不包括第二个法律在内，但是，第二个法律却暗中包括了第一个法律。‘你应该惩罚小偷’与禁止偷窃的法令有明显的亲密联系。根据这种观点，刑法典足以符合任何的目的。”[①]

92 在表示法律和以适当方式描述法律时，逻辑上的累赘当然是应该有意避免的，但是，这并不是压倒一切的标准。边沁提出了另一个，也许是相互重叠的标准：法律所要求的每一种事实环境都是一个单行法规的问题，除非它只是一个例子，或另外一种行为环境的特例，而它们本身又是另一个法律的主题。

① 边沁：《一种普遍的观点》，英文版，第160页。

第五章　凯尔森的法律体系理论

在第二章里，奥斯丁的主权观念已经成为我们对于他的法律体系理论批评的主要目标。主权观念是奥斯丁法律体系理论的基石。凯尔森没有使用任何与奥斯丁主权观念近似的观念，从而也就避开了后者理论的许多缺陷。不过，人们感兴趣的是，这并没有使凯尔森能够采取一种根本不同于奥斯丁的法律体系理论，这两种理论都建立在把有效性原则当作一种体系存在的基础，他们都把对于身份（特性）问题的解决建立在起源原则之上，而且最后，他们对于法律体系结构的思考都依赖于独立性原则。 93

本章对于凯尔森法律体系理论的解释致力于强调它与奥斯丁理论的同异之处。我们还会进一步争论说，凯尔森的理论是不充分的，而这些弱点来源于它们都依赖于起源原则和独立性原则。对于有效性原则的批评将推迟到下一章。我们还会建议，任何建立在有效性、起源和独立性原则基础之上的体系理论都会遭遇反对意见，这些反对意见与针对奥斯丁和凯尔森的理论的批评几乎一致。

一、一种法律体系的存在

凯尔森关于一种法律体系存在与否的意见可以归纳为：当且仅当一种法律体系实现了某种最低限度的有效性时，它才是存在的。

一种法律体系的有效性就是它的法律的有效性功能，但是，凯尔森没有论及上述这种联系的本质和如何确定有效性的程度。一种规范的有效性可以以两种方式表现：第一，服从这些强加了一种义务的规范。第二，适用规范所允许的制裁。凯尔森认为，“一种
94 法律规范的有效性问题，它附带了对于某些行为的制裁，而且把受到制裁的行为视为非法行为。这里有两个事实需要理解：(1)这种规范是由法律机关(特别是法院)适用的，这意味着具体案件中的制裁是明确规定的和必须执行的；(2)这种规范受到了隶属于这种法律秩序的个人的服从，这意味着他们能够以避免受到制裁的方式而行为。”①

凯尔森没有进一步指出，如果一个规范被认为是有效的，那么上述这两种有效性表现的方式必须是一种什么样的关系，人们也不清楚，一个规范的有效性如何衡量和如何确定。②

---

① 凯尔森：《纯粹法律理论》，英文版，第 11 页。

② 关于这些问题，请参考本书第九章。这里，值得注意的是，在确定一种规范的有效性时，凯尔森似乎平等对待制裁的不适用和违反义务这两种情况。这表明，适用一种制裁不仅仅是法律允许的，它还是法律所要求的。

凯尔森认为，人们应该记住，[1]当且仅当下列条件得以满足时，一种法律体系才是存在的。这些条件是：(1)法律的最高立法者是人们习惯上服从的；(2)法律的最高立法者不服从于任何个人；(3)法律的最高立法者高于每一个法律所规定的主体。凯尔森后来省略了这最后一个条件。如果目的是相信法律的牙齿可以咬人，那么，法律体系的普遍有效性就可以传达这个意思，反过来，这也往往意味着制裁是实际适用的。

常见的情况是，服从最高立法者也就意味着服从他的法律，但是，反过来，服从最高立法者的法律并不一定意味着服从立法者本人。由于奥斯丁使一种体系的存在依赖于对立法者的服从，又由于他不承认有适用于最高立法者的法律，他不得不被迫假设最高立法者的每一次变化意味着法律体系的一次变化，[2]当然，他没有公开承认这一理论上的结论。凯尔森没有论及主权者的问题，他假设，每一种服从法律的情况都与法律体系的存在有关。因此，最高立法者本身的变化并不会影响法律体系的继续存在。只有当最
高立法者的变化是违反宪法的，才有可能出现一种新的体系。 95

奥斯丁的第二个条件，即最高立法者的独立性，由于主权概念本身所创造的问题得以避开，也就消失了。通过法律和运用制裁而不是对主权者的个人效忠，凯尔森能够改善奥斯丁关于法律体系的存在标准。但是，他们二人之间在标准问题上也有共性，即都把效力当作是法律体系的存在标准之一。

---

① 参考本书第一章第二节。

② 同上。

二、身份的标准

奥斯丁把直接或间接由一个立法者制定的所有法律看作是一个法律体系。凯尔森除了用基本规范取代了奥斯丁的最高立法者之外，没有什么其他的改变。一种法律体系就是一套通过运用被授予的权力而创造出来的法律，它们直接或间接地来自于一个基本规范。用他自己的话就是："所有其有效性可以追溯到一个基本规范的全部规范构成一种规范体系，或者一种秩序。"[①]

奥斯丁认为，属于一种法律体系的所有法律的成员资格在于：当且仅当一个法律是由制定了本体系内所有其他法律的同一个主权者制定的时候，它才能属于这个体系。凯尔森的标准是：当且仅当一个法律是通过被基本规范授权的权力实践所创造，而这一基本规范也授权权力机关创造所有其他的法律，这个法律才具有特定体系内的成员资格。用他自己的话说就是："一个规范是否属于一种规范体系依赖于它的有效性是否来自于构成这一规范体系的基本规范。"[②]

凯尔森对于起源原则非常自信。他认为，一种法律体系的特点，一种法律体系内一个法律规范的成员资格，仅仅决定于它被创造的方式，也就是说，完全根据于它的起源。但是，统一的起源不再是同一个立法机关了，它是一种授予权力的规范。除了用基本

① 参考本书第二章第五节。

② 凯尔森：《法与国家的一般理论》，英文版，第111页注释；《纯粹法律理论》，英文版，第195页。

规范代替主权者之外，其他完全一样。

现在必须说明基本规范的内容。凯尔森愿意屈从于这样的诱惑，即把他的规范理论的全部结论体现基本规范的要求。考虑到 96
对他来说，基本规范不仅是必然的规范，而且是理解法律的基础，因此，这种诱惑是非常自然的。[①] 也就是说，所有的规范理论的结论都是必然的，所有这些都是理解法律的必要条件。由于普遍真理建立在规范之上，并且体现在规范之中，关于法律的普遍真理与关于一个规范内容的陈述就被混淆了。例如，以色列最高法院具有立法权根本就不是任何以色列法律的内容，但是，它却是来自于某一条以色列法令的结论。它直接采纳了这样的学说，即下级法院要受到最高法院判例的约束。通过相似的方式从体系内的某一条特殊的规范中获得效力的那些规范之间真的没有矛盾吗？很明显，这不可能。关于法律的普遍真理也必须平等地体现在规范之间的相互关系中，而不能厚此薄彼。

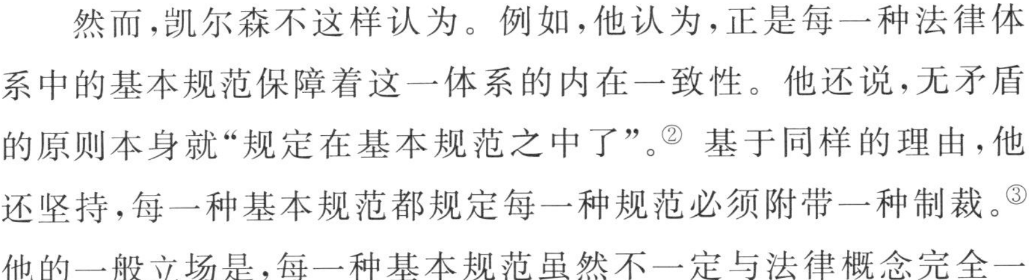

然而，凯尔森不这样认为。例如，他认为，正是每一种法律体系中的基本规范保障着这一体系的内在一致性。他还说，无矛盾的原则本身就“规定在基本规范之中了”。[②] 基于同样的理由，他还坚持，每一种基本规范都规定每一种规范必须附带一种制裁。[③] 他的一般立场是，每一种基本规范虽然不一定与法律概念完全一

① 参考本书第三章第三节。

② 凯尔森：《法与国家的一般理论》，英文版，第 406 页、第 401 页注释；《纯粹法律理论》，英文版，第 207 页。

③ 凯尔森：《法与国家的一般理论》，英文版，第 406 页；《纯粹法律理论》，英文版，第 50 页。

致，但是，它们都包括了关于法律的定义。[①]

不过，根据凯尔森所作出的另一个评论，我们的讨论从现在开始需要依赖于一个新的假设，即“基本规范的内容是由秩序被创造和适用的方式所决定的”。[②] 因此，关于法律的定义和无矛盾原则已经不再被认为是“包括”在基本规范之中了。

凯尔森认为，基本规范应该这样规定：根据历史上第一部宪法和依据该宪法而创造的规范之规定，强制性的行为应该在特定的条件下和以确定的方式得到履行。简而言之，一个人应该根据宪
97 法的规定而行事。[③] 当然，人们可能会怀疑，这样归纳究竟是不是最好的描述。我们下面还会审查这样描述的合理性。与目前的讨论有关的是，一种基本规范所欲达到的法律效果。“实证主义的最根本假定是基本规范授权历史上第一个立法者。这种基本规范的全部功能就是把创造法律的权力授予第一个立法者，以及所有来自于第一个立法者的行为。”[④]

基本规范的概念是凯尔森建立他的身份标准的两个基本概念之一。另一个概念是有效之链的概念，它可以这样解释：“作为确定的法律秩序的一个组成部分，个别的规范之所以具有效力是因为，它是按照与刑事法规同样的方式被创造出来的。说到底，既然这个刑事法规是由有能力的机关按照宪法规定的方式创造的，那么，它就从宪法中获得了有效性。如果我们问宪法为什么是有效

---

① 凯尔森：《纯粹法律理论》，英文版，第 50 页。

② 凯尔森：《法与国家的一般理论》，英文版，第 120 页。

③ 同上书，第 201 页。

④ 同上书，第 116 页。

的，也许我们应该追溯到一个更加古老的宪法。随着这个过程的不断发展，我们最终就会发现历史上第一部宪法，它也许是由某一个篡夺者或者某种机构制定的。人们假设，无论是作为个人还是集体，人们都应该按照第一个制定宪法的人所要求的那样行事。这就是目前我们正在思考的法律秩序的基本规范问题。”[①]

所谓有效之链就是这样一套规范。第一，每一种规范都被授权只能产生本体系内的另外一种规范，除了那些本身没有被授权创造规范的之外。第二，每一种规范的产生都只是其他一种规范行使权力的结果，除了那些未经本体系内任何一种规范授权的规范。[②] 有效之链可以用这样的图表1表示。每一行都代表了一种规范，而这种规范直接来自它上面的一种规范。圆圈表示立法权。[③] 98

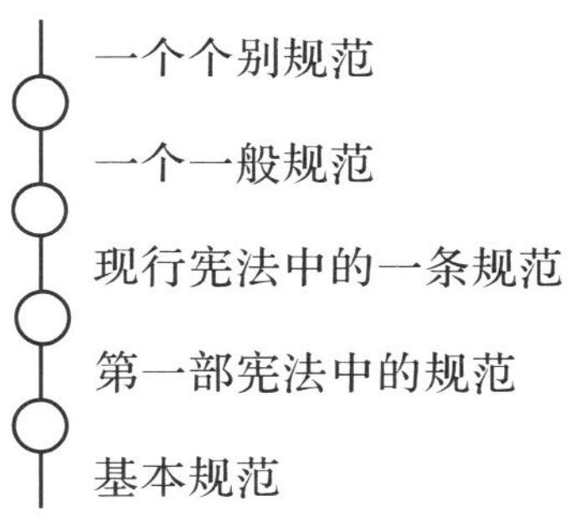

图表1

① 凯尔森：《法与国家的一般理论》，英文版，第115页。

② 这里，值得注意的是，凯尔森是在说明法律体系的身份（特点）的时候使用有效之链概念的。因此，它不是有效之链概念的组成部分。这个概念的定义是，只有属于一种体系的规范才能属于一种有效之链。它只是有效之链定义的一个必然推论，而且它只是用来说明身份的标准。由于它必须事先假定存在一种独立的身份标准，因此，它不能成为有效之链概念的组成部分。

③ 直线和圆圈，规范和立法权力，特许可以被称为是链中之联系。

任何两种有效之链都可以有自己的规范，但是，它们彼此之间还有共同点。用图表 2 这样表示。

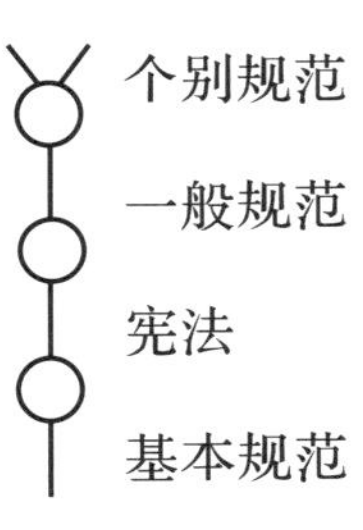

图表 2

其他形式的有效之链之间的差别也许不止是一种规范。凯尔森坚持认为，第一，属于同一种法律体系的任何两种有效之链至少也有一个共同之处。第二，在一个体系内，所有的有效之链都必须把一个规范作为自己的组成部分。第三，在每一个法律体系内，属于所有有效之链或者“有效链条”共同组成部分的规范，就是基本规范，它同时也是每一种有效之链的最后、最高级的规范。基于所

99 有这些观点，一种体系内的所有有效之链，它也就是完整的法律体系，可以这样表示：

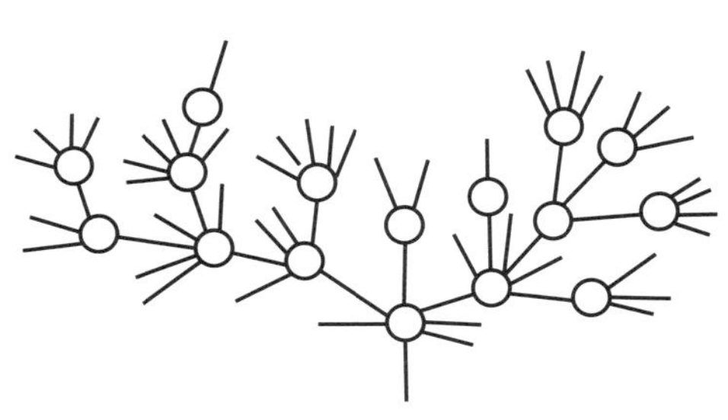

图表 3

这种表示法律体系的树形图表[①]，当然是非常简单的。事实上，在一种法律体系内，存在着多种形式的法律和不同级别的立法机关。树形图表只是表明凯尔森为了在起源原则的界限内解决身份和成员资格问题是如何把有效之链概念和基本规范概念结合在一起的。

虽然凯尔森首次系统地使用了有效链条的概念，但是，它并不是凯尔森理论的特色所在。它也可以适用与其他人的理论体系，例如奥斯丁。布赖斯(Bryce)第一次在他修正过的奥斯丁理论中使用了这个概念。布赖斯这样解释："如果镇政府需要房主缴纳铺路税，该房主就可以问为什么。人们回答说这是根据镇会议的决定。这位房主还能够继续追问镇会议这项决定的法律权威性，人们回答说镇会议征税的决定来自议会法的某条规定。如果这位房主继续追问议会授权属于哪种权利，税务官可能会回答说，每人都知道，在英国，议会制定法律，而且，根据法律规定，没有任何权威能够与议会的权威相冲突，也不能以任何方式干预议会的意志表达。议会的权威高于其他权威，或者，换句话说，议会就是主权者。"[②]

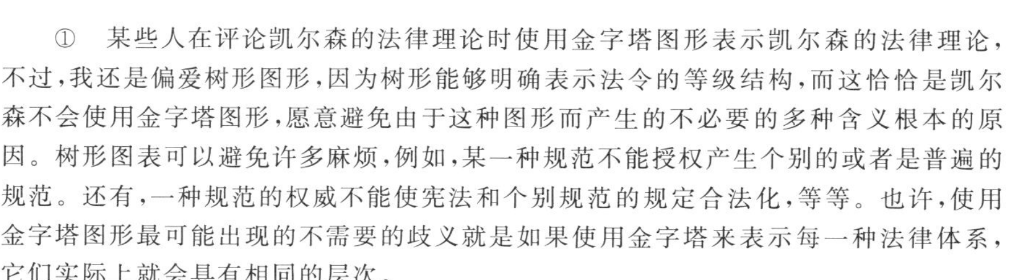

① 某些人在评论凯尔森的法律理论时使用金字塔图形表示凯尔森的法律理论，不过，我还是偏爱树形图形，因为树形能够明确表示法令的等级结构，而这恰恰是凯尔森不会使用金字塔图形，愿意避免由于这种图形而产生的不必要的多种含义根本的原因。树形图表可以避免许多麻烦，例如，某一种规范不能授权产生个别的或者是普遍的规范。还有，一种规范的权威不能使宪法和个别规范的规定合法化，等等。也许，使用金字塔图形最可能出现的不需要的歧义就是如果使用金字塔来表示每一种法律体系，它们实际上就会具有相同的层次。

② 布赖斯：《法理学研究》，英文版，第1卷，第52页。

如果把这样一种论述方法使用于奥斯丁的初始理论，人们就
100 有可能使用树形图表 4 来表示奥斯丁的法律体系结构。

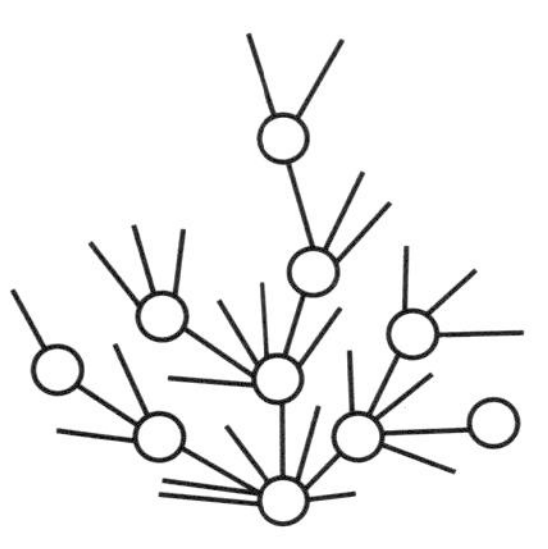

图表 4

如此说来，奥斯丁对于身份问题的解决依赖于如下两个概念的结合：有效之链和主权概念。凯尔森接受了第一个概念，以及起源原则，但是拒绝了奥斯丁的第二个概念，并用一个基本规范的概念取而代之。关键的因素，或者说联结点不是一个立法者，而是一个法律规范。

很明显，奥斯丁试图解决身份问题是没有成功，因为主权概念不成熟。下一节，我们要提出并回答这样的问题，即凯尔森提出的代替物——基本规范的概念，是不是足够成熟，以至于能够胜任凯尔森分配给它的说明身份标准的任务。接着，在第四节里，有效之链的概念对于解释身份标准的重要性将受到仔细的审视。

三、身份标准——基本规范的作用

基本规范有两个任务，也就是要对两个彼此独立的问题给予回答：第一，在一个复杂的规范体内，是什么构成一个体系？第二，

从什么时候开始，一个规范就属于某种规范体系了？这第二个问题与一个规范有效的理由密切相关。[①] 这第二个任务，基本规范是其他法律规范有效性的最终依据，一直就是第三章的主题，而且 101 在下一章还要详细讨论。本节只是关心基本规范在解决身份问题和成员资格问题中的具体功能。凯尔森反复强调，基本规范的唯一功能就是授权创造第一部宪法。因此，人们也可以认为，第一部宪法和基本规范必须是一个法律体系内每一个规范的每一个有效之链的组成部分。这也意味着，即使没有基本规范，确认法律体系的身份也不应该有什么困难。与其说把法律体系解释为基本规范，以及所有其他规范都通过基本规范获得有效性，还不如说法律体系就是由第一部宪法和所有从这部宪法中获得效力的规范所组成的。

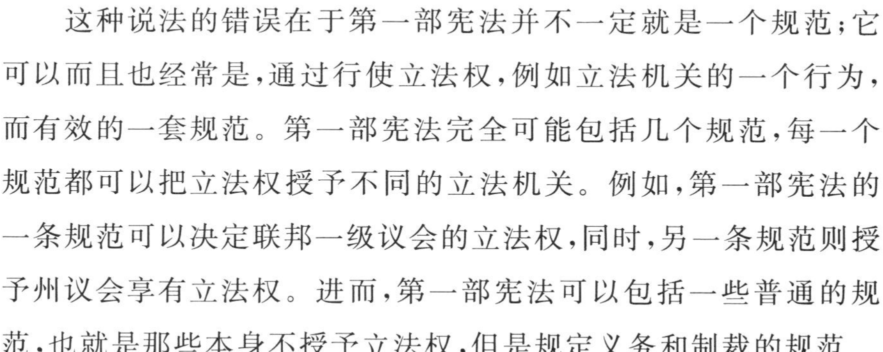

这种说法的错误在于第一部宪法并不一定就是一个规范；它可以而且也经常是，通过行使立法权，例如立法机关的一个行为，而有效的一套规范。第一部宪法完全可能包括几个规范，每一个规范都可以把立法权授予不同的立法机关。例如，第一部宪法的一条规范可以决定联邦一级议会的立法权，同时，另一条规范则授予州议会享有立法权。进而，第一部宪法可以包括一些普通的规范，也就是那些本身不授予立法权，但是规定义务和制裁的规范。

凯尔森的身份标准预先假定，在法律体系内，存在着属于每一个规范有效之链的规范。第一部宪法可能包括几个规范，它们分

① 凯尔森：《法与国家的一般理论》，英文版，第 110 页；参考《纯粹法律理论》，英文版，第 193 页。

别属于不同的有效之链。基本规范是唯一一个属于每一个有效之链的规范，因此，它对于凯尔森的身份标准理论的成功具有根本的重要性。[①]

身份标准和成员资格问题是为了提供一种方法，借此，人们有可能发现任何一个规范是不是属于一个既定的法律体系，而且，这种方法还能够用来建立一种本体系内的充分的成员资格。根据凯
102 尔森的解释，一个规范 N 究竟是否属于一个确定的法律体系，完全看这个体系中是否包括一个能够被授权创造这一规范的规范存在。如果有这样一个规范，则 N 就属于这个体系；如果没有，那就不能属于这一体系。

让我们假设，长期以来人们已经明确，没有什么派生性的规范能够有权产生规范 N。那么结论就是，N 或者依赖于一个基本规范，或者就根本不属于一定的体系。一个人怎么才能够发现基本规范的内容呢？凯尔森的回答是，这也是他一贯的想法，“基本规范的内容是由那些事实所决定的，通过这些事实，秩序得以产生并发挥作用。”[②]事实上，这意味着一旦人们知道一个规范是不是属于某一体系，他就处于能够发现规范所创造的实际行为，也就能够知道本体系的基本规范。不可能修改这样的程序，即通过参考基本规范而确定具体规范的归属。

这一点还能被另外一个论据所证实：如果 N 属于一个既定的

---

① 只有当一个人像凯尔森那样思考，那么，把身份标准建立在一个规范之上才是重要的，这个规范能够通过属于每一个规范的有效之链而把整个体系统一起来。参考下一章的论述。

② 凯尔森：《法与国家的一般理论》，英文版，第 120 页。

法律体系，那么，或者它创造了本体系内的所有其他规范，例如，它是第一部宪法的全部，或者它是由于行使立法权而产生的，通过这种行使第一部宪法得以产生。这时，它本身就是第一部宪法的组成部分。因为，如果N创造了体系内的其他所有规范，那么，任何授权于它的基本规范也同时授权了所有其他的规范。同样，如果N是由于行使权力（而这种行使权力创造了第一部宪法）而产生的，那么，任何规范这种行使权力的基本规范就可以把N与第一部宪法统一在一个法律体系内。另一方面，如果这些条件都没有得到满足，那么，就不会有任何一个基本规范能够创造规范N和本体系内的其他规范。从凯尔森的理论中，我们只能了解到在某一个既定的法律体系内规范N的成员资格，不过，我们清楚地知道，即使规范N不属于任何一个既定的法律体系，这些条件也能够得到满足。

第一个例子。假设A国过去曾经被另外一个国家B统治，而
现在A独立了。我们进一步假设，A国的贵族院通过了一个宣言 103
和一部新宪法并宣布独立，而根据这部宪法实行了大选并制定了其他的法律。在A国社会上，专家和老百姓有这样一个共识，即他们生活在一个法律体系之中，其中，新宪法的规范是首先制定的规范。可是，在A国独立之前，B国根据自己的第一部宪法N_1通过了一个法律N_2，它把凡涉及A国人的几乎无限的立法权授予A国上面提及的贵族院，该法就被认为虽然对A国具有政治效力，但对它不具有法律效力。在A国，人们普遍认为，虽然这个问题还没有被提到法院，但是，N_1和N_2都不是A国法律体系的组成部分。即使N_1确实创造了A国法律体系中的全部规范，而且满

足了从凯尔森理论中推导出来的两个选择条件中的第一个，但是，A 国上下的这个共识还是有道理的。

第二个例子。另一方面，假设权力从 B 国政府向独立国家 A 转移的过程不是和平的，而 B 在长期与 A 的解放运动作斗争之后，单方面放弃了自己在 A 国的统治。那么，某种混乱是不可避免的，因为除了解放运动中央委员会颁布的法律，一批号称革命解放运动的分裂主义者也试图夺取绝对的权力并发布几部法律，而对后者来说，N_2 是唯一一个与中央委员会制定的法律不相冲突的法律。几天之后，问题解决了。革命解放运动的首领自愿流亡，从而放弃了夺权的斗争。他曾经颁布的那几部法律的地位不是由法院来决定，然而，毫无疑问，它们，其中还包括 N_2，都不是 A 国法律体系中的组成部分。不过，许多拟议中的基本规范可能会被人们提起，而这些基本规范可以创造 N_2 和合法权威所制定的其他规范。例如，“人人应该按照解放运动领导所规定的方式行为。”因此，N_2 满足了从凯尔森成员标准理论中抽取的成员资格条件。

104 这两个例子证明，基本规范不能胜任凯尔森的成员资格标准和身份标准所分配给它们的任务，因此，他的这些标准也就不能满足自己承担的功能。基本规范的概念应该决定，有效之链何时终止，它的有效范围有多大，但是，这个概念并没有说明这些问题。事实上，它对于解释身份标准和成员资格根本就没有任何贡献。

那么，凯尔森所说的基本规范是整个法律体系统一性的基础又是什么意思？也许，回忆一下本章开始时引言的第一部分是有好处的。在这段话里，凯尔森提出了两个问题：使一个体系脱离开多种规范体系的因素是什么？一个规范什么时候开始就属于一种既定的法律体系了？这第二个问题也就是身份问题和资格问题。它也是一个确认哪个规范能够构成这个或那个法律体系的标准问题。而第一个问题则完全不同。它是一个安排法律体系原则的问题。它预先假定，身份问题已经解决了，因而体系内的组成已经清楚了；它只是要了解，考虑到它们是体系内的规范，它们怎么能够被安排进一个系统的整体之中？事实上，这个问题非常类似于体系的结构问题（而它们彼此的唯一区别是凯尔森没有把他的问题限制在体系的内部结构中）。

上面的论据说明，基本规范概念对于身份问题并没有什么影响。凯尔森之所以一直被误导去相信基本规范对于身份问题有相关性，大概是由于，至少是部分地由于，他不能区分发现属于同一个体系的规范和安排这些规范。

作为一个事实问题，与凯尔森最牢固的信念相反，基本规范对于安排一个法律体系内的规范没有什么真正的作用。在凯尔森看来，法律体系的安排和结构是由树形图表示的。树形图的先后顺序原则，以及法律体系结构的关键因素是有效之链概念。即使基本规范被省略了，树形图也能够存在。这时，它会变为奥斯丁式的树形图，这里没有基本规范而是存在着基本的立法权。如果排除了基本规范，法律体系的结构和安排，以及它的统一性，都不会受 105
到什么实质影响。

四、身份标准——有效之链

前面，我们一直争辩说基本规范与身份标准（以及结构理论）

没有什么相关性。当然，凯尔森主张基本规范重要，可是，他提出的理由对于身份标准和结构问题意义不大，这些理由来自于他的一般规范理论。下一章，我们将要批判性地审查他的有关论据。就本节其余部分而言，我们将根本不涉及基本规范。我们将要研究，虽然与凯尔森的理论相似，但要说明为什么身份标准的成功仅仅建立在有效之链的基础上。

如果我们从凯尔森的树形图中排除了基本规范，那它就会变为一个奥斯丁式的树形图，这时，与其说是建立在一个基本规范之上，不如说它是建立在一个基本(立法权)权力之上。所谓基本权力是产生第一部宪法的权力。身份标准就成为：一种法律体系包括第一部宪法和所有直接或间接来自第一部宪法授权的其他所有法律。当且仅当一个法律或者是第一部宪法的组成部分，或者是直接或间接地通过该宪法授权的权力所创造的，它才属于一种既定的体系。

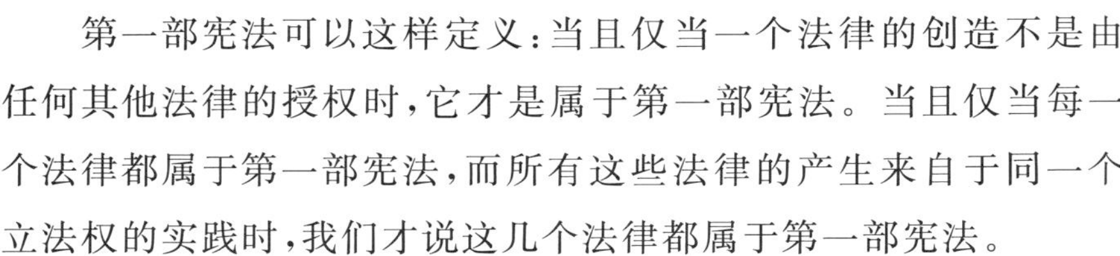

第一部宪法可以这样定义：当且仅当一个法律的创造不是由任何其他法律的授权时，它才是属于第一部宪法。当且仅当每一个法律都属于第一部宪法，而所有这些法律的产生来自于同一个立法权的实践时，我们才说这几个法律都属于第一部宪法。

这样解决身份问题类似于奥斯丁的方式，后者承认具有立法权的立法者自己不是通过法律授权才产生的。与奥斯丁的主权一
106 样，基本的权威可以被认为是无限的，因为通过行使权力而产生的法律的有效性不是决定于最初的规范，而是来自于法律的实际效力。基本的权威就是制定每一个法律的合法权力，它将会成为一种有效的法律体系的基础。

奥斯丁的标准与修改后的凯尔森的标准之间的区别，实际上只是奥斯丁的主权和凯尔森的基本权力之间根本区别的一个自然结果。奥斯丁理论的一个最混乱的特点在于他坚持认为主权是持续存在的。只要有权威，它就具有无限的立法权力(这种权力也不是来自于法律的授权)，也就有法律体系。另一方面，凯尔森的基本权力，就不必说了。即使掌握基本权力的人不再存在(第一个专制君主过世或者制宪议会被解散)，法律体系仍然会继续存在。

有时，凯尔森也认为，似乎第一部宪法总是由于一个立法行为而产生的，似乎它的存在是依赖于一个特定的机会。前面已经出现的种种议论说明，这只是偶然的。一个制宪议会可以分别制定第一部宪法的不同部分，一旦制定，这些部分就可以生效。没有任何必要把基本权力授予一个机关，并由它来制定法律。可能会有两个议会同时地或先后地制定法律。但是，即使其权威不是来自于任何法律的立法者的持续存在是可能的，根据修改后的凯尔森的学说，讨论其权威不是来自于法律的立法者这样的问题没有必要。

奥斯丁的树形图只是那些转瞬即逝的法律体系的图案。事实上，所有属于同一个体系的临时性体系图案都把同一个主权者作为它们的基础，而这意味着，只要体系存在，主权就存在。一种修改过的凯尔森式的树形图，虽然与奥斯丁式的树形图相似，因为它们都把一种权力而不是规范作为自己的基础，但是，这两种树形图之间也有一些区别。凯尔森式的树形图代表一种持续性法律体系，而不是转瞬即逝的那种。其中，基本权力必须存在，但是，不需要存在很长时间。在凯尔森的理论中，立法权力的等级与奥斯丁

107 的等级不同，它是一种水平能够延续一段时间的等级，而不是一种垂直的临时性等级。

主权与基本权力①之间的区分是凯尔森对于奥斯丁身份标准的主要改进。但是，这是付出了很大的代价才获得的成就。通过提出把服从法律，而不是服从主权者作为法律体系存在的一个条件，这种改进才是可能的。即使从其他方面看，这种改进也是值得的，但是，它具有一个麻烦的副产品。因为，从逻辑上说，它增加了有效之链概念对于身份标准的重要性。

在奥斯丁的理论中，对于同属于一个体系的两个法律来说，它们的有效之链之间的共同联系是必要的，但不是充分的条件。N_1 和 N_2 具有一种共同的联系还不足以说明它们属于同一个法律体系。一个进一步的必要条件是，不需要把主权者的权力作为它们有效之链的一种共同联系，也就是说它们之间有高有低，但是都不能低于另外一个规范。换句话说，只有当两个法律都是直接或间接地由同一个主权者制定的时候，它们才属于同一个体系。②

只要我们再考虑一下前面我们所提出的两个例子中的第一个例子，即权力和平过渡的例子，我们就能够很好地理解这种条件的价值。A 国新的法律体系中的规范 N_3 和 B 国法律体系中把立法权授予 A 国贵族院的规范，正如已经解释的，在它们的有效之链中有一种共同的联系。图表 5 的树形图能够表示这两种链条之间

① 基本权力的概念不是我的发明。虽然凯尔森把关键的任务分配给基本规范的概念，以便解释自己的身份标准和资格问题，但是，他的理论中暗含着基本权力的概念。

② 此处的文字似乎有些上下矛盾，但原文的确如此。

的关系。根据奥斯丁的认识，他们并不属于同一个体系，因为 A 国的主权者制定了规范 N_3，而不是规范 N_2。

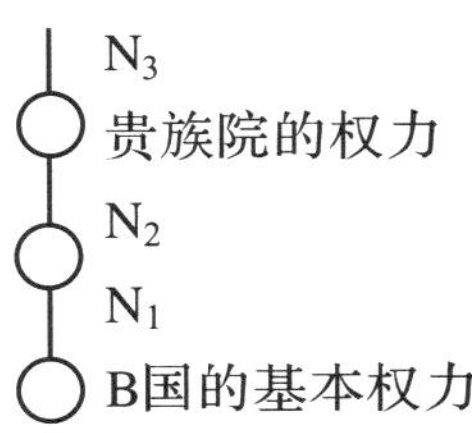

图表 5

根据修改后的凯尔森关于身份标准的认识，基本权力不是作 108
为习惯上服从的，但是，它也不是被法律所创造的，规范 N_2 把所有的立法权都授予了贵族院。因此，根据凯尔森的看法，它的立法权已经不再是基本权力了，因而，N_1、N_2 和 N_3，根据修改后的凯尔森的身份标准观念，似乎都属于同一个体系。

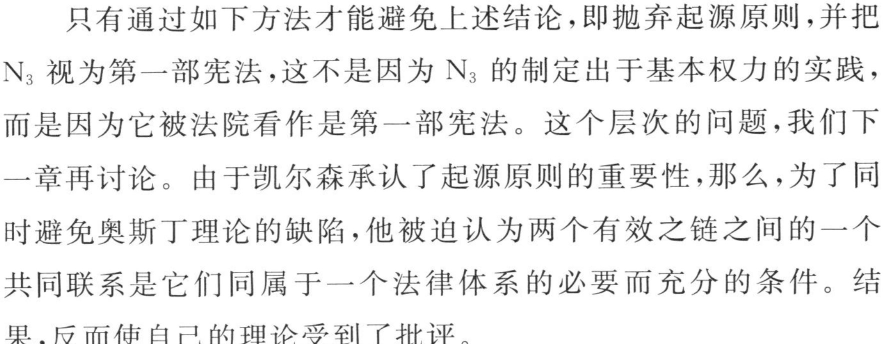

只有通过如下方法才能避免上述结论，即抛弃起源原则，并把 N_3 视为第一部宪法，这不是因为 N_3 的制定出于基本权力的实践，而是因为它被法院看作是第一部宪法。这个层次的问题，我们下一章再讨论。由于凯尔森承认了起源原则的重要性，那么，为了同时避免奥斯丁理论的缺陷，他被迫认为两个有效之链之间的一个共同联系是它们同属于一个法律体系的必要而充分的条件。结果，反而使自己的理论受到了批评。

上述的批评，实际上等于我们前面几节对凯尔森身份的起源标准所做的批评中的第一论点。不过，把身份标准的基础不是放在基本规范而是放在基本权力之上仍然不能避免这一标准的弊病，因为无论是基本规范还是基本权力，它们都与起源原则有着内在的联系。

在前面的几节里，由于第二个例子的协助才得以提出的第二个批评，即两种解放运动的例子也同样适用于修改后的凯尔森的学说。[①] 而且，还有第三个批评，它可以同样适合凯尔森身份标准的两种认识（修改前和修改后），但它还几乎没有被人们涉及。

根据凯尔森的理论，一个法律体系的持续存在并不依赖于第一个主权的不间断的存在。但是，它不能抵制人们不断追问的可
109 能性，即对于第一个宪法而言，所有法律规范有效性的最终原因。然而，凯尔森的这个观点是错误的。一个原来其先例不能创造法律的法律体系，也能够逐渐转变为先例可以创造法律的体系。人们完全没有必要去假设，创造先例的立法权已经根据第一个宪法或者根据任何其他的法律转交给了法院。法院也许会在实际享有这种权力多年之后才承认它们具有这样的权力。这时，人们也没有必要假设，一个法律体系已经消亡，而一个新的体系开始出现。而且，人们也完全不清楚，什么才能算是一个新体系的基本规范或基本权力。同样，在议会权力受到宪法限制的国家中，也完全有可能出现违宪的法律，它不仅能够得到人民和政府的支持，还能够被法院所实施。如果这样的法律没有什么宪法的意义（例如它只规范火柴的生产），那么，就没有理由得出结论说，它根本就不是法律，或者由于制定这样的法律，旧的法律体系就不再存在了，而新的体系已经产生。因而，我们可以说，恐怕不可能仅仅根据起源原

① 奥斯丁的身份标准肯定会毫发未损地产生出来，如果它能够建立在一种充分的主权个别化的概念之上。

则就可以解释法律体系持续存在的若干条件，肯定还需要考虑其他因素。

五、一种法律体系的结构

对凯尔森理论的上述解释为他展现了两种不能融合的观点。第一，由于允许使用制裁，每一个规范都强加了一种义务；第二，有些规范不强加义务而是授予立法权。凯尔森自己也承认是有这方面的困难。他说："奥斯丁提出的分析法学把法律视为一个完整的、可以适用的规范体系，但是没有考虑到规范的创造过程。这是一种静态的法律理论。纯粹法律理论认为，研究静态的法律必须辅之以动态的研究，也就是关注法律规范的创制过程。由于法律规定了自己的产生，因此，动态与静态研究相结合才是必要的。"①

凯尔森所说的静态研究是指，每一个规范由于规定了一种制
裁因而就强加了一种义务。他意识到有必要补充这种研究，并且 110
把它与另一种研究结合起来，即承认并认识授予立法权的规范。

凯尔森想实现这种结合，他说："规定一般规范的产生和它们被法院和其他法律适用机关适用的宪法规范不是独立的完整的规范。它们是法院和其他机关必须适用的所有法律规范的内在组成部分。据此，宪法性法律不能作为一个没有规定制裁的法律规范的例子被引用。纸上宪法的规范仅仅在于规定了制裁的规范彼此之间具有有机联系的意义上才是法律。从一个动态的角度看，这

① 凯尔森：《什么是正义?》，英文版，第278—279页。

究竟是怎么回事？即一个为高级规范，宪法所决定的一般规范的创造。在静态的法律存在中，变为一个具体条件，对它来说，附加的制裁是行为的结果。就法律的静态结构而言，宪法的高级规范，正如它们曾经是的那样，必须体现在低级规范之中。”①

这段话应该看作是凯尔森对于那些授予立法权而没有规定制裁的规范的一般性解释。这要分为三个阶段，而每一个阶段既补充了前者的不足又同时修改了前者。

（一）两种可供选择的个别化原则

有时，凯尔森也解释一下他的动态研究和静态研究的概念，②但是，他的解释几乎没有超出我们前面引用的那段话。凯尔森似乎认为，一种法律体系，例如属于它的全部法律资料，能够通过两种方式加以检验。这两种方式彼此之间对于如何安排和区分这些资料有很大区别；也就是说，这是两种不同的个别化原则。静态的个别化原则是我们在第四章第二节所说明的。据此，我们知道，每一个法律都是规定了一种制裁的规范。动态的个别化原则不很清楚，唯一明确的是，它同时承认授予立法权的规范和强加义务并规定制裁的规范。

111 正是由于静态的个别化原则建立在强制制裁的概念之上，动

① 凯尔森：《法与国家的一般理论》，英文版，第143—144页。楷体字为本书作者所加。

② 凯尔森：《纯粹法律理论》，英文版，第70页。

态的个别化原则就建立在立法权的概念之上。不幸的是，凯尔森对于立法权的唯一解释恰恰建立在静态的个别化原则之上，因而它不能成为一种不同的独立原则的基础。由于对于立法权缺乏独立的定义，凯尔森的动态认识从来就没有超出动态的个别化原则大纲之类的水平。不过，这一大纲本身倒是非常明确，而凯尔森本人也清楚，它实际上涉及新的法律标准："如果人们从动态的角度出发认识法律秩序，非常可能的是，人们的认识会明确区分于我们在理论上一直采取的关于法律的定义。从动态的角度认识法律，非常可能的是，我们会在界定法律时忽视强制因素的重要性。"①

(二)把一种分类延伸下去的可能性

既然动态和静态的个别化原则是两种不同的安排和区分同一种法律体系内所有资料的方式，那么，就有可能把一种分类标准或地图延伸到另一种之中，因为一与多的关系必然存在于任何一种分类的所有因素与其他分类中的某些因素之间。凯尔森指出，"在一个静态的法律体系内，宪法的高级规范会作为必要因素而进入低级规范之中。"②这意味着，一个静态的规范可以体现在两个动态规范之中，例如，一个静态规范规定，如果宪法授权议会制定刑法，而如果议会又规定对偷窃加以制裁，那么如果一个人承认犯有偷窃罪，他就应该受到惩罚。而这两个动态规范包括"议会被授权

① 凯尔森:《法与国家的一般理论》，英文版，第 122 页。

② 同上书，第 144 页。

制定刑法”和“官员被授权对这些小偷给以制裁”。或许可以说，每一个静态的法律都可以通过这种方式而体现在几个动态规范之中。如果把这样的过程颠倒过来，试图把动态规范体现在静态规范之中，也完全有可能。一个动态规范也可以体现在几个静态规范之中。例如，有这样一条动态规范，即议会被授权制定刑法就可以体现在针对偷窃行为的静态规范中，甚至还可以体现在针对故
112 意纵火的刑法条款中。如果议会被授权制定刑法，如果议会对纵火罪规定了制裁措施，那么，如果一个人被控犯有纵火罪，则制裁将接踵而至。

体现在静态法律体系中的立法权力能够胜任也有能力满足规范的制裁条件。[①] 但是，凯尔森没有提供标准，以便区分有能力立法与其他形式的能力，例如既不是违法行为又不是主张权利。因此，可以说，凯尔森没有提供关于立法权力的哪怕是静态的定义。

（三）静态原则的首要功能

上面的解释证明了把静态规范体现在动态规范之中或者反向体现的技巧，但是，这并不意味着任何情况下都可以这样体现。事实上，人们并不总是能够在动态规范中发现与之相应的静态规范的若干因素。如果一个规范授予立法权，又如果没有使用这种权力，也就是说，如果不存在通过行使这种立法权而产生的规范，那

① 凯尔森：《法与国家的一般理论》，英文版，第 90 页；《纯粹法律理论》，英文版，第 146 页。凯尔森修改了他的定义，从而可以把制裁的适用也作为一种能力。

么，它在静态法律体系内也就没有相应的代表。根据静态的个别化原则，立法权就成为适用那些通过行使权力而规定的制裁的条件。如果根本就没有规定制裁，那么，就静态原则而言，立法权就不能存在。

这意味着，动态和静态的个别化原则原来适用于不同的法律资料。只有在通过行使权力而至少规定了一种制裁之后，静态的原则才把授予立法权的法令视为法律资料的一个组成部分。凯尔森是这样协调这两种原则之间不一致的。他要求规定，只有当一个动态的法律能够延伸到静态的法律体系之中时，这种拟议中的动态规范才是一个法律规范。他说："只有在根据宪法而产生的规定制裁的规范和宪法的关系中，我们才能说宪法性规范是法律规范。"①

这种规定表明了静态个别化原则的优先性。凯尔森自己的关 113
于规范的一般理论要求他采取一种更为极端的立场。正是以他自己的法律个别化的理论为基础，才能得出结论说每一个法律都是一个规范。根据凯尔森的一般规范理论，所有的规范都具有一种模式，它们都通过以制裁为后盾而给人的行为强加义务。由于规定了强制性的制裁，法律规范就与其他规范形式划清了界限。然而，并不能说，根据这种程序创造出来的所有规范都在法律规范的意义上属于法律。只有当它通过规定一种作为制裁的强制行为，并意在规范人的行为时，它才是一个法律规范。②

① 凯尔森：《法与国家的一般理论》，英文版，第144页。

② 同上书，第123页。

从这个角度说，动态规范就根本不是规范。必然的结论是，动态的观点毕竟不能提供另外一种个别化的原则，甚至不能提供一种次级产品。它只能是一种研究，致力于把静态规则分为既不是规范也不是法律的若干部分。[①]

不过，树形图却是从动态的角度表现了法律体系。许多线条表明拟议中的不规定义务规范的存在。因此，根据这里说明的凯尔森的理论，它们不是规范而只是规范的组成部分。树形图只是规范组成要素的图案。在树形图中，不同线条之间的关系并不是规范之间的关系而只是规范组成部分之间的关系。与之相互配合，每一个有效之链只能代表一个规范。代表有效之链的线条对应于作为一个整体的有效之链所代表的规范的不同部分。树形图代表了两种关系：发生的关系，它由线条之间的、属于同一个有效之链的关系所代表；以及有效之链之间彼此部分的一致性。

114 凯尔森关于一个法律体系结构的图画是与上面所说的发生关系有关的网状线条。但是，发生关系只能存在于一个有效之链的若干部分之间，例如，在同一个规范的不同部分之间。凯尔森实际上是用单一规范的结构理论取代了法律体系的结构理论。法

① 凯尔森在他的《纯粹法律理论》中广泛地使用了依附性规范的概念，它似乎指向规范性陈述所描述的任何实体。虽然这种描述是关于一种法律体系的完整描述中的组成部分，但它不是一种合适的描述，例如，它不能描述一个完整的规范。动态规范就是一种依附性规范。虽然凯尔森本人没有明确讲动态规范是静态规范中的部分，但是，他反复使这样的结论不可避免。目前没有必要引入一种新的实体——依附性规范。规范性陈述，例如X享有立法权，本身可以是真实的，也可以是关于法律体系的完整描述中的一个部分。但是，根据凯尔森的认识，它们不能描述一个完整的规范。它们能够描述许多法律的若干方面的内容。

律组成部分之间的关系占据了原来是为不同法律关系所留下的空间。

每一个规范都是一个自足的和独立的实体，它们与其他规范没有什么必然联系。因此，在凯尔森看来，法律的独立性原则是可以接受的，而且决定着法律体系缺乏任何必要的内部结构。

在人们接受基本规范概念的范围内而言，基本规范才是一个动态的规范。它没有规定制裁，[①]因此，它必定会被认为是静态规范的组成部分。基本规范，即“谁有权力制定第一个宪法”变为“如果根据基本规范，谁有权力制定第一个宪法，那么，制裁就会接踵而至”。

这个基本部分是一个体系内所有规范的部分内容。因此，如果接受基本规范，那么，规范之间就会产生一种共同联系——一个体系内所有的规范都有某些相同之处，它们都具有一个共同的内容。

六、论独立规范

上面关于动态规范研究现状的讨论，以及对于凯尔森和边沁个别化原则的比较说明，个别化原则[②]与法律体系结构问题之间相互依赖。由于偏爱静态的而不是动态的个别化原则，凯尔森就排除了根据发生关系而产生的内部结构问题的可能性；通过拒绝

① 要想了解是不是存在着对于基本规范做不同解释的可能性，请看下一节。

② 参考第四章第三节。

边沁的原则，他又排除了惩罚性的内部关系的可能性。[①]

这种原则导致了对于一个已经排除了内部关系可能性来说的太多的各种各样的内部关系，而偏爱这种原则的决定性的理由就
115 是，只有这个原则能够发挥作用。本节的大部分将要证明为什么凯尔森的个别化原则和其他人的相似的原则不能也没有发挥作用，以及它们为什么不能成为正确而完整地描述法律的基础。不仅如此，即使根据别的理由，凯尔森和与其类似的原则也应该被拒绝。

第一，凯尔森的原则使法律的个别化非常不同于法律通常的图像。每一个法律都是一个允许，每一个法律都是针对官员的，每一个法律都是宪法和程序法的结合，也是程序法与实体法的结合。[②] 这样的法律概念与外行和专业人士都熟悉的法律概念几乎没有什么联系。

人们可以主张说，解释法律和解释人们关于法律概念的常识是完全不同的两件事情。不过，我却怀疑人们能够把它们截然分开。一种对法律的充分的解释是人们解释关于法律概念的常识的最好开端。而只有通过说明常识概念与理论形态的区别，常识的法律概念才能得到澄清。这种方式使最接近常识的理论形态的法律概念成为绝对必要。

---

① 例如，法律和与其相应的惩罚性法律的关系。参考第一章第四节。

② 而且，就财产而言，每一个创造了一种罪名或者一种民事错误行为的法律都包括了财产法和公司法的大部分内容。凯尔森的方法造成了很多重复：许多法律都包括了同样的宪法性安排，以及财产法和程序法的同样规定。这种重复也是一个人们经常拒绝凯尔森观点的理由。参考第六章内容。

第二，在决定法律个别化原则时，两种相互冲突的目的必须铭记在心，而且还必须在它们之间发现一种适当的平衡。首先，就是如何定义小的和可以操作的法律单元，这些法律单元可以在小的容易界定的法律材料中找到。其次，另一个目标就是界定那些相对自足的和可以自我解释的单元，以至于每一个这样的单元都可以包括一个重要的法律部分。自然而然的是，在一部法律中塞的东西越多，它就越是自我满足和自我解释。同时，它也就越复杂和困难，也就越难发现。

凯尔森的个别化原则没有考虑相对简单化的需要。它保障了一种最大限度的自足：与法律的存在和适用有关的一切都被包括在里面（在一个规范中，不仅有承担义务的最具体的条件、有法律 116
实施的最具体的程序规范，还有授权制定其他法律的根本法律，等等）。这当然造成复杂的规范。为了发现一个法律规范的内容，所有的法律资料都会受到严格的审视。然而，这些规范具有某些严重的怪癖，它们几乎没有机会回溯到一个完整的规范。无论人们这样的回溯有什么目的，人们总是对一个凯尔森式的规范的或大或小的部分有兴趣，然而，人们对于作为整体的规范却几乎没有兴趣。这是一个清楚的迹象，它说明凯尔森式的规范复杂性没有什么有用的目的，至少可以说，它缺乏能够决定法律规范化分类和法律个别化的目的。

这些量化考虑非常有用，而且它们的用处还不仅限于决定法律个别化的原则。这个原则必须能够提供一个对于法律体系的合理澄清和分类。更重要的是，量化考虑花费了大量精力解释为什么凯尔森的法律不同于人们常识中关于法律的认识，以及为什么常识性的认识对于他的理论有非常重要的意义。

可以这样认为，如果不把法律等同于一个规范（凯尔森这样做），而是等同于一个规范的组成部分，那么，对于克服凯尔森理论所面对的批评意见倒是一个好办法。不过，也许还是很难充分评价这种做法的利弊得失，因为凯尔森本人毕竟没有就规范的组成和它们的相互关系发表过什么意见，更没有关于什么可以称为是规范的组成部分的一般认识。很明显，这样做也许最终会失败，因为它的成功完全依赖于这样的假设，即凯尔森的个别化原则允许对于法律体系的描述作一种完整的、即便是不适当的描述。可是，有三个论据表明，这样的假设是根本错误的。

我们已经指出，根据凯尔森的理论，在行使权力并授权之前，没有任何一部法律能够授予立法权。[①] 这是一种现象，还有许多类似现象，所有这些都证明凯尔森并没有适当地解释立法权概念。由于同样的原因，当所有的建立在行使立法权基础上的被创造出
117 来的法律不再存在时，授予立法权的法律也就不再存在了，即使立法者还有权力制定新的法律。

还有一类凯尔森被迫完全不理会的法律规范，那就是废除授予立法权的法律。它们，像所有其他的废止性法律一样，并没有体现在临时性法律体系的系统解释中，但是，由于可以从目前有效的法律中排除废止性法律，它们也有自己的实际作用。可是，在凯尔森看来，根本就没有这样的事情。想象一个特殊委员会，它正在行使着市议会依法授予它的权力。该委员会规定，市所属的公寓承

① 参考第五章第五节。

租人必须在他们房间门厅前明示现住户的姓名和人数，否则将处以5个英镑的罚款。再假设市议会授权的法律被废止了，然而，该规定依然有效。在凯尔森看来，授权的法律本身只是适用罚款的一个条件。它不再是这样的条件了吗？从罚款的条件中省略这个授权的法律将导致也必须同时忽略议会的授权制定这个法律的行为，还要使授权议会行为的宪法也逐步消失。这就造成如下的印象：这些法律已经被废止了。另一方面，如果被取消的法律还被认为是罚款的一个条件，那么，废止法律的法律就没有明显的作用了。因此，在他对法律的认识中，凯尔森就根本没有考虑这个问题。

所有这些异常都来自凯尔森不能正确对待授予立法权的法律。由于把它们看作是适用制裁的具体条件，凯尔森认为它们的作用只是确立已经存在的法律的有效性。他忽视了这样的事实，即它们授予了还没有穷尽的立法权，新的法律还可以在此基础上继续制定。但是，这些法律的向前看的方面也就是它们的真实一面。通过废除一个授权立法的法律，那些曾经在此基础上制定的法律也就没有什么作用了，唯一的变化在于它不能被用来制定新的法律。

凯尔森试图把每一个规范都当作是规定自己产生的规范。这
就导致了更为自相矛盾的结果。“如果议会决定盗窃应该受到惩 118
罚，而某个有能力的法院又认定某人有偷窃行为，那么，……”[①]这
就是凯尔森提供的宪法与规范相互结合的例子。不过，上面引证

① 凯尔森：《法与国家的一般理论》，英文版，第143页。

的话语仅仅描述了宪法或者是宪法的组成部分。如果法律规定议会有权制定刑法，那么，必然的结论是，如果议会决定应该惩罚偷窃行为，如果有能力的法院又已经认定某人有偷窃行为，那么，……；正如这样的结论——如果议会决定，凡年满50周岁以上的、从来没有承认自己有偷窃行为的人应该受到惩罚，那么，……如果把基本规范附加在每个规范之上，每个规范就应该这样开始：如果谁制定了第一部宪法，并要求……每一个这样的法律都在逻辑上是基本规范的某种延伸，但这并没有为基本规范增加什么内容。与其说把宪法结合进习惯规范，凯尔森漫不经心地逐渐发展了一种关于法律的描述，这种描述仅仅承认基本规范的部分存在，或者是第一部宪法的部分存在，同时忽视所有其他形式的法律。凯尔森忽视了这样的事实，要想使一部关于反对偷窃的刑法存在，仅仅表示说“如果议会决定惩罚偷窃行为……”就不够了；另一方面，有必要指出，议会已经制定了这样的法律。但是，当这样规定时，凯尔森的规范似乎又成为了真实的规范，它不再是单独的一个规范，而是一组具有某些共同特点的规范：谁和谁有权制定第一部宪法；他们制定了一部法律，该法律规定议会有权制定刑法，偷窃应该被惩罚等。凯尔森的描述法律的方法完全不能满足他自己的目的。

最后，人们应该记住，凯尔森并没有给自己的原则以最经得起考验的解释。他所谓的每一个规范都规定一种制裁的说法，根据上面的解释，也就是每一个规范都允许适用一种制裁的意思。根据这种解释，一个典型的例子应该是：如果议会决定惩罚偷窃行为，而如果A被发现犯有盗窃罪，法院又已经认定A应该被判5

年以下有期徒刑,那么,负责任的警察应该依照法院判决把 A 监禁起来。 119

不过,凯尔森对于规定一个制裁采取了一种宽松的解释,把它看作是“允许适用一个制裁”。因此,他承认这样的规范:如果议会决定惩罚偷窃行为,如果 A 犯有偷窃罪,那么,法院应该决定 A 被判处 5 年以下有期徒刑。这种规范赋予法院的允许不是适用规范本身,而是颁发一道命令允许警察适用这个法律。

人们可能还想知道,如果凯尔森允许规范从适用制裁往前再移动一步,他为什么会反对从这个立场上移动两步或三步呢?如果他这样做了,他就会认为每一个授予立法权的法律都是独立的规范,而不是只有授权法院制定允许适用制裁的法律才是独立规范。授权议会制定刑法的宪法性法律可以被认为是允许议会允许法院允许警察适用制裁。

对于宪法性法律的解释完全可以适用于基本规范。真的,凯尔森关于基本规范的公式也支持这种方法:强制行为应该实施,如果它们是根据历史上第一部宪法关于强制行为实施方式和适用条件的规定而实施的。[①] 也可以这样解释,第一部宪法的制定者被允许适用制裁,而且还允许其他机构适用制裁等等。

不过,凯尔森的宪法理论只是众多迹象之一,这些迹象都表明他没有意识到他正在使用一种宽松的解释来说明“规定制裁”。他宣布一个法律的标准形式是“如果这样那样的条件得到满足,那

① 凯尔森:《纯粹法律理论》,英文版,第 201 页。

么，这种那种制裁就会相继出现。”[1]而且，只要实现了一种制裁，他就把这样的规范看作是得到服从的规范。[2] 他对于法律结构和
120 内容的讨论，以及他对于法律体系存在条件的讨论，完全建立在这样的立场之上，它只与严格解释“规定制裁”相互一致。

人们没有必要说，即使凯尔森的理论被重写来适应这种宽松的解释，也就是说承认法律之间存在着生成关系，凯尔森也就只能避免这里和前面章节中所提出的一小部分批评。而且，即使是这种改进的法律理论也还是会：(1)直接针对官员；(2)保障允许和间接施加义务；(3)太复杂以至于既不能认识又不能操作；(4)重复性。这在家庭法、财产法的大部分内容中，也包括着法律的绝大部分内容都很明显(全部的合同法和全部的侵权法等)。

① 凯尔森:《法与国家的一般理论》,英文版,第 45 页。

② 同上书,第 61 页。

第六章　作为规范体系的法律体系 121

到目前为止，本研究几乎一直完全排他性地集中在两个问题上：澄清和解释法律体系理论中的主要问题；批评性地说明前辈理论家为解决这些问题而进行的一些非常重要的尝试。人们有这样的印象，似乎关于法律体系的研究目前还处于它的婴儿时期。这不仅因为所涉及的问题的本质目前还没有得到充分的理解，而且还因为这些问题的重要性同样也还没有得到应有的评价。基于这个原因，我们的研究到现在为止主要还是解释和批评，但是从本章开始，我主要的兴趣将是提出一些新的和更有希望的研究方法。不过，这也只是侧重点上的变化，因为建设性的解释必然要涉及前人所做的研究。它们大部分是作为对于在凯尔森著作中所发现的强制性规范理论的修正和改进。这些修正改进利用了其他学者的一些观念，如边沁和哈特。

因此，本章第一节将试图从凯尔森著作中抽绎出一种前后一贯的强制性规范理论，而第二节则致力于把它和凯尔森理论中我们认为是不必要和令人不满的其他观念相互区分开来，特别是注意区分凯尔森的规范理论与他的非实在的基本规范这个观念。在第三节中，我们要提出每一套充分的个别化原则都应该满足的一些一般条件，并使之作为解释的最初要求。在第四和第五节中，为

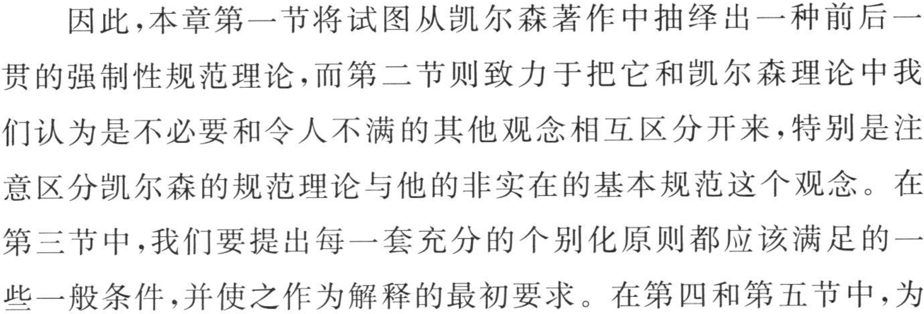

了承认两种法律规范形式，我们需要提出两种重要的规范形式和修改强制性规范理论。而在下一章中几种不是规范的法律形式将会受到注意。

在我们的讨论中，应该明确每一种法律形式的本质可以通过了解这些法律形式与其他法律的内部关系而加以认识。本章，同
122 时也是下一章的主要关注点因此就是法律体系的结构问题。第八章涉及法律体系的特性，而第九章将针对法律体系的存在标准问题做一些评论。

一、强制性规范

在讨论凯尔森的规范概念时，我们应该忽略他的关于法律规范就是一些根本性的允许的理论。法律因此被认为是直接向法律主体强加义务使之履行法律规定的行为的规范，而不是像凯尔森那样，把法律看作是直接授予允许而间接强加义务的规范。

一个规范的特殊意义在于它表示了“应该”的概念。一个规范暗示个人应该以某种方式行为。[①] 但是，凯尔森认为，“应该”是一个不能被充分解释的概念，这似乎意味着凯尔森的规范概念也是不能得到充分解释的。[②] 不过，作为一个事实，凯尔森倒是提供了对于规范的一种充分的解释。然而，这种解释一直就是从很多不

① 凯尔森：《什么是正义》，英文版，第 210 页。
② 凯尔森：《纯粹法律理论》，英文版，第 5 页。

同的，甚至是相互冲突段落中收集起来的。[①] 这里所提供的一种解释试图建立一种一贯性地理解基本观念，而这个基本观念，实际上，不仅支撑着他的观念，而且还是盘踞在他心里的某些问题的本质。

凯尔森关于规范本质的观念可以分为两个部分：第一个部分解释了作为指导和证明行为合理性的那些规范的本质。第二个部分则关注于作为被证明是标准的行为规范的本质。第一个部分，解释了在什么意义上所有的规范都是强制性规范，我们本节就要讨论这个问题。基本规范的概念是第二个部分的核心概念，下一节将要说明这个问题。

一种强制性的规范有四个观念起了很大作用，它们是：(1)评价的标准；(2)能够指导人们的行为；(3)受到标准的服从理由的支持，其形式是为不遵守法律的行为描述一种可怕的后果；(4)由意在创造规范的人们的行为所创造的。也就是说，建立行为标准，指导行为，通过描述某种可怕的后果来支持现行规范，把这种可怕的后果作为标准的守法动机。

首先，作为评价标准的规范。“使一个事件或一个行为成为合法或者违法的关键不是它的自然存在，而是它的来自于解释中呈现的客观意义。这种行为的特殊法律意义来自于一个其内容涉及它的规范，规范的功能是一个解释纲要。”[②]规范使得正规的解释

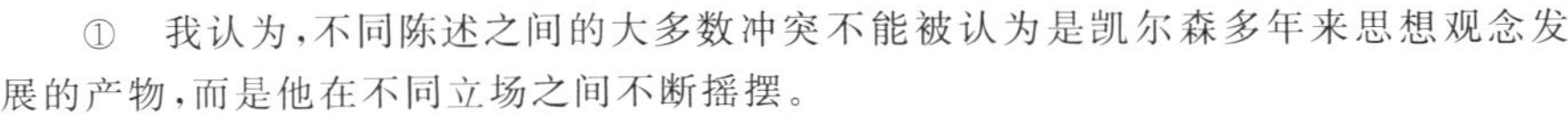

① 我认为，不同陈述之间的大多数冲突不能被认为是凯尔森多年来思想观念发展的产物，而是他在不同立场之间不断摇摆。

② 凯尔森：《纯粹法律理论》，英文版，第3—4页。

和对行为的评价有了可能:“这样的判断是一个有价值的判断,也是一个积极的价值判断,即一个实际行为是一个应该符合一种客观有效的规范的行为。这也意味着,这个实际行为是一个良好的行为,即善行。下面的判断就是一个具有否定意义的价值判断,即一个实际行为是一个与符合规范的行为完全相反的行为,这意味着这个实际行为是一个恶的或者坏的行为。”[①]

如果一个规范是一个法律规范,那么行为就会根据这个规范被认为是合法的或者非法的。“一个规范的直接范围”这个短语可以这样界定:当且仅当一个行为是由规范主体在规范所规定的条件下完成,而且这个行为还是规范允许的一般行为的一个例子,或者说是规范行为得以省略的一个例子,一个人的行为才可以说是在规范的直接范围内。只是在规范的“直接范围内”,一个规范才能成为针对行为的直接评价标准。[②] 属于规范直接范围的一个个
124 人的行为具有积极的价值(值得推荐,善行,合法等),而如果它是义务行为,那么,它就具有否定的价值。

根据法律规范所确定的标准评价人们的行为是法官和其他官员职能中非常重要的一个部分,法官和其他官员的本职工作就是

① 凯尔森:《纯粹法律理论》,英文版,第 17 页。关于凯尔森的价值观念,还可以参考他的《纯粹法律理论》,第 17 页注释;法文版的《纯粹法律理论》,第 80 页注释、第 109 页注释;《什么是正义?》,第 35 页注释、第 139 页注释;以及《法与国家的一般理论》,第 47 页注释。在上述这些地方,凯尔森介绍了评价标准概念。不过,凯尔森当然不对,因为他认为行为的价值仅仅在于它是否符合规范。

② 事实上,有很多界定一个规范的全部范围的方法。例如,它可以被界定为包括了全部的行为,而这些行为的履行逻辑上等于规范的直接范围内全部行为的履行。一个规范可以作为针对其全部范围内的所有行为的一种间接的评价标准。不过,评价的方法更为复杂,这里就不多说了。

根据法律上的评价而分别对待人们的行为。如果仅仅是根据法律判断他们自己过去或计划的行为，这就类似于一种普通人有时也可能参加的一种活动。

第二，规范是指导人们行为的原则。在凯尔森看来，规范通过规定一种特殊的行为过程而指导人们的行为。“自然科学所规定的自然法则必须符合事实，但是，人的作为和不作为应该符合法律科学所描述的法律规范。”[1]也就是说，一个规范 N 为 X 规定了一个以 C 方式做 A 事的义务，那么，这就意味着 X 被要求以 C 方式做 A 事或者说规定 X 以 C 方式做 A 事。

每一种对行为的指导也同时就是一种评价标准——根据个人的行为是否属于法律所规定的行为而评价这些行为。另外，并不是每一种评价标准同时也是行为的指导，例如，有时人们可以评价某些事务的状态，而它们既不是人的行为也不是行为的后果。一个评价标准要想成为行为指导，首先，它必须与人的行为有关；其次，标准的存在或者导致这些标准存在的事实，将能够成为其行为受到该标准评价的那些人选择这样履行（因为其有价值）而不是那样履行的一个理由。

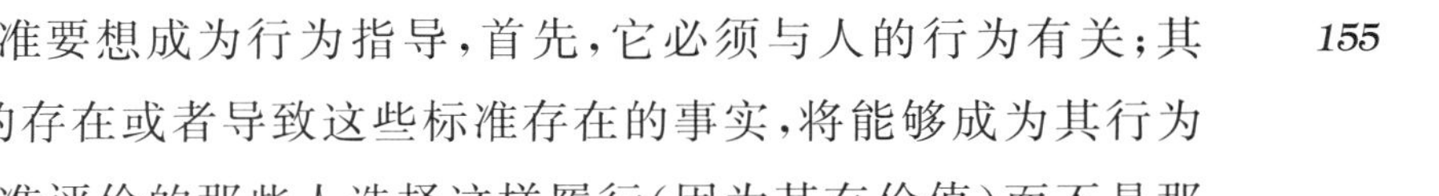

因此，对我来说，这才是哲学原则——“应该”表示能够作为和能够不作为——的根本原因。凯尔森认定：“根据万世不易和普遍适用的自然法而必然出现的、人们事先知道的规定某事应该如何进行的规范而行事，恐怕会像下面这样的规范一样没有意义，即根据自然法，这样一些人们事先就了解的规定人们应该如何行为的

---

① 凯尔森：《纯粹法律理论》，英文版，第 88 页。

规范根本就不可能。”[①]

125 这段引言和我前面提出的更为严格的必要条件留下了许多没有回答的问题。有些是普遍的哲学问题，例如有能力行为是什么意思？有能力选择又是什么意思？每一个规范主体在规范所规定的各种情况下都能够行为和选择有必要吗？有些问题与法律的联系更紧一些：有溯及既往效力的法律应该如何理解？如何解释严格责任？由于对这些问题的讨论肯定涉及许多背景和铺垫，这里就不研究了。[②]

第三，规范是根据意志行为而产生的，而这些行为就是凯尔森所说的“应该”的主观意义。这种学说的意义已经在第三章第三节得到了充分的讨论。它表明，规范 N 的存在，它规定 X 应该在 C 环境下做 A 行为的存在，意味着某人表达了这样的希望，即 X 在 C 条件下应该为 A 行为，或某人表达了这样的愿望，即规范 N 应该这样创制。我们前面一直在批评这种对于规范形成的描述（第三章第三节）。

第四，规范受到制裁的支持。人们可以争辩说，一个价值标准要想存在就必须具体化，例如，必须有一些标准的理由[③]使得人们能够适用这个标准。无论如何，只有当行为的指导原则能够与如

① 凯尔森：《纯粹法律理论》，英文版，第 11 页。

② 人们能够在凯尔森的《纯粹法律理论》第 13 页注释中发现他对于法律溯及力的观点。下一章就会非常清楚，我并不认为每一个法律都是一个规范。因此，我承认有溯及力的法律不是规范或者不是一个完全的规范，但是，我还是认为它们是法律。下面提出的个别化原则必须经过修改才能解释有溯及力的法律。

③ 在某种环境中，为某种行为的标准理由，我认为，就是只要这个环境存在就存在的如此行为理由。

此行为的标准理由相互配合时，这种指导才能存在。凯尔森明确承认这个道理，他规定行为的指导原则必须被某些标准理由加以具体化，这些理由能够使人们在若干行为选择[1]中偏爱法律规范所规定的行为模式。当凯尔森说起社会规范类型彼此区分的标志就是一个社会规范在把人们的行为压制为规范行为时所诉诸的特殊动机。[2]

根据凯尔森的意见，有三种标准理由：按照规范行事可以获得 126
本规范或另外一个规范所规定的一种利益；如果采取一种与规范规定相悖的行为就会面临本规范或另外一个规范所规定的制裁；直接诉诸规范规定的行为。[3]

凯尔森把上述第二种理由也认为是法律允许的、可以诉诸的理由。他进一步指出：(1)只有当一个法律规范已经规定了违法活动必定会受到制裁时，这个规范才是一个法律规范。(2)规定制裁的规范同时也就是服从它就是一个标准理由的规范。

人们应该记住，说规范所规定的不利也是一个标准理由并不等于说，规范的制定者希望或期待规范主体由于下列原因而服从规范。例如，由于担心制裁，或者他们习惯于如此，或者人们之所以遵守法律是因为这样做是合理的，等等。所有这些都意味着担

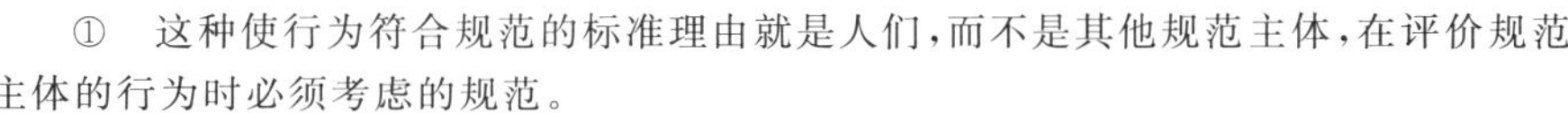

① 这种使行为符合规范的标准理由就是人们，而不是其他规范主体，在评价规范主体的行为时必须考虑的规范。

② 凯尔森：《法与国家的一般理论》，英文版，第15页。

③ 同上书，第15页。如果有一种比凯尔森目前的价值理论更为广泛的理论，人们可能就会补充说，当规范主体在特定条件下根据规范行事时，还有一种依照规范而行为的价值理论。当然，还有其他一些标准理由，其中有些也为凯尔森在某些论著中承认，例如，规范制定者所具有的个人的权威。

心因违法而导致不利是服从法律规范的一个理由。

人们还应该记住，一个法律规范的标准服从理由结合了如下两件事情：(1)一个规范所规定的制裁；(2)一个事实，即法律体系作为一个整体是有效的。[①] 这些事实传达了一种确定的或然性——如果规范主体的行为违反了规定，他们就将因受到惩罚而倍感痛苦，而这种遭受痛苦的现实可能性就是一个标准理由。很明显，通过在更广泛的基础上增加一些另外的事实和计算这种可能性，大多数案件和某些特殊的案件就会有实质性地减少。什么才可以算是这种可能性，则只能依赖于关于制裁的规定，以及法律体系的存在和普遍的有效性。

以上四个因素可以相互补充地解释凯尔森一般意义的规范概念和特殊意义的法律规范概念的第一部分。这四个因素中的
127 前两个说明不了多少，它们只是指出了某些用一种方便的模糊的短语所称的“规范性术语”群体之间的确定联系。这当然有用，但是，分类中存在的模糊却留下很多需要解释的问题。不过，这四个因素中的后两个应该被认为是对前两个因素的进一步说明。这实际上也是凯尔森对待它们的态度。因此，面对罗斯的指责，即一个真正规范或真正要求的观念是一个逻辑谬误，并且是所有道德绝对主义的根本弊病，[②]凯尔森认为：“逻辑实证主义的尝试，即将伦理学表达为一种经验论的事实科学，明显地是由这样

① 根据凯尔森的认识，还有一个事实，即规定了制裁的规范并非完全无效率。

② 关于凯尔森“什么是正义”的评论，参见 45 *Cal. L. R.* 564，568。

一种学术观念引起的，其本身正当合理地将伦理学排除在玄学的抽象研究领域之外。但是，如果我们认识到作为伦理学对象的规则就是现实世界人们提出的经验性事实，那就应该满足于这种观念。"[①]

这里，事实上他已经依赖于第三个因素，即规范来源于意志行为而解释规范本身的非形而上学的层次——这时它们可以被认为是价值的要求和标准。

后两个因素描绘了实际环境的轮廓，而根据凯尔森的理论，正是这个环境解释了讨论规范、价值标准和行为指导的合理性。关于现存规范的陈述要成为真实的，而关于规范的陈述与规范语言的其他部分之间的关系又是解释一个规范概念的本质，那么，就必须详细澄清某些必须获得的事实种类。[②]

凯尔森自己关于规范产生的规定已经得到了详细的评论，下面就不再详细讨论了，而本节提到的其他论点在本章余下的部分中将得到更为充分的讨论。虽然我们下面将要按部就班地讨论凯尔森理论中与规范本质有关的第二个观念群体，包括非实在性基本规范，但是，对于充分的分析规范而言，它们还不是必需的。

① 凯尔森：《纯粹法律理论》，英文版，第 80 页注释。

② 参考哈特的建议，即一旦关于 X 享有一项权利的陈述之真实条件得以明确，而且它指出了使用这种形式的陈述可以得出针对具体案件的法律结论，一种法律权利也就可以理解了。哈特认为，同样的解释可以适用于其他有争议的法律术语。参见哈特：《法理学中的定义和理论》，英文版，第 14—17 页。

128 ## 二、基本规范和动态论证

根据前面一节所解释的规范概念，规范就是一种由威胁所支持的秩序。规范指导着受到秩序约束的人们的行为，它是人们评价行为的标准，是由希望影响他人行为的人们制定的，而避免它威胁要实施的制裁就是人们服从的标准理由。

虽然根据其他一些标准，秩序不同于法律，但是，它们都像法律那样具有规范性。依靠上述四种因素，人们就可以获得对于规范的令人满意的解释。不过，法律与秩序的两个区别应该注意：第一，人们有大量的机会和充分的理由了解法律的内容而不是它的创造环境。因此，一个律师经常有理由查询与合同有关的各种法律条款，讨论它们的重要性，以及这些法律条文与客户利益的关系。可是，在这样的讨论中，有关法律条款之所以被创造的具体环境就成为完全不重要的了。另外，秩序的特点就在于它们往往是与自己如何产生这个问题相互联系的。因此，知道每个人在某种特殊环境中都不得不缴纳一定数额的所得税就需要了解所有有关资料，可是知道约翰先生和他的家庭被规定向李先生支付 200 元，通常需要了解很少的信息。而且，如果对于某些目的来说，资料是相关的、有用的，那么，人们还需要知道是谁规定了秩序，他是在什么时候、什么环境下做这样规定等问题。

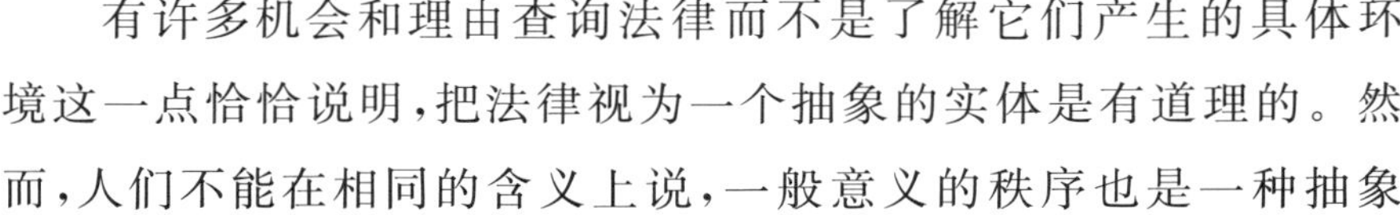

有许多机会和理由查询法律而不是了解它们产生的具体环境这一点恰恰说明，把法律视为一个抽象的实体是有道理的。然而，人们不能在相同的含义上说，一般意义的秩序也是一种抽象

的实体。[①]

为了说明这种观点，人们还应该通过规定不必要的实体就不应该遵守而补充前面所提出的四个论点。因此，秩序不是规范，而法律才是规范。 129

秩序与法律之间的第二个区别也应该指出。由于每一个法律都属于一个法律体系，因此，每一个法律也就属于一种规范体系。而秩序虽然有时属于一个规范体系，但有时又不属于。[②] 这意味着，每一个法律规范属于一个以某种方式相互联系的法律规范群

---

① 至少有两种秩序作为抽象的实体的概念需要区分。它们的区别在于，根据其中的一种观点，内容的特性对于秩序的特性而言，既是必要的又是充分的；而根据另外一种观点，内容的特性对于秩序而言，是必要的，但不是充分的。如果有 A 和 B，彼此相互独立，都规定 C 在某特定环境下做 F 事，那么，根据第一种概念，这两个规定表明了同一种秩序；可是根据第二种观点，它们虽然具有相同的内容，但是却表明了两种不同的秩序。第一种概念可以被说成是把秩序当作语义实体，因为在这个层次上，秩序可以等同于某些无须具体环境的强制性命令句的意义。目前，我还不希望就是否有必要把秩序作为语义实体而展开争论。

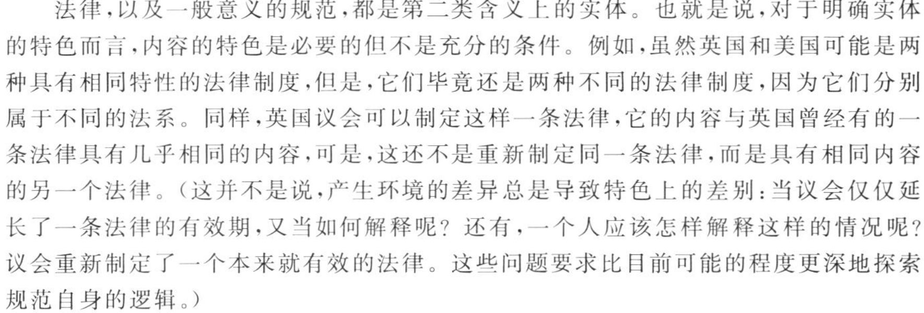

法律，以及一般意义的规范，都是第二类含义上的实体。也就是说，对于明确实体的特色而言，内容的特色是必要的但不是充分的条件。例如，虽然英国和美国可能是两种具有相同特性的法律制度，但是，它们毕竟还是两种不同的法律制度，因为它们分别属于不同的法系。同样，英国议会可以制定这样一条法律，它的内容与英国曾经有的一条法律具有几乎相同的内容，可是，这还不是重新制定同一条法律，而是具有相同内容的另一个法律。（这并不是说，产生环境的差异总是导致特色上的差别：当议会仅仅延长了一条法律的有效期，又当如何解释呢？还有，一个人应该怎样解释这样的情况呢？议会重新制定了一个本来就有效的法律。这些问题要求比目前可能的程度更深地探索规范自身的逻辑。）

正是这第二个非语言意义的秩序概念，它把秩序当作是抽象实体，具有的才是我们上面所研究的必然性。

② 属于规范性体系的秩序就被认为是规范，也被当作整个规范体系的组成部分。例如，法律秩序就在法律理论中得到研究。所谓的不可能存在有仅仅包括秩序的规范性体系的说法，也许是值得怀疑的。

体，然而，秩序并不总是属于这样的规范群体。正如前面解释过的一样，凯尔森试图使用基本规范的概念来解释法律规范的这种系统联系。这个事实，即秩序并不总是以某种方式相互联系，实际上是凯尔森认为基本规范概念对于分析秩序来说并非必要的一个重要理由。[①] 因此，凯尔森有理由在分析规范时使用他的基本规范概念，而不是使用这个概念来分析秩序。

130 根据凯尔森的理论，通过评价人在适当状态下的行为才形成了秩序（强力地位或个人权威状态）。另一方面，法律规范的存在则是人的行为与法律规范相互结合的结果。对于凯尔森而言，如果只有人的行为并不会有什么规范。每一个实在规范的存在都假定了授权其存在的规范的存在。凯尔森认为，只有通过假定每一个规范秩序内基本规范（因为它是一个必要的规范，因此它根本就不是被制定的）的存在，一个无穷尽的回溯才可以避免，也才能够避免。由于另一个秩序的存在并不是一个秩序发生的必然条件，因此，基本规范的概念在分析秩序的时候几乎没有用武之地。

可以认为，凯尔森的理论——每一个规范的产生都预先假设了另一个规范的存在——仅仅是规范之间系统关系的一个表现。事实上，凯尔森还出于另外一些理由而坚持这种学说，这些理由才是他的规范理论的最重要理由。他认为，这个理论就是如下根本原则的一个必然结论。这个原则是："任何人不能声称，从关于某

---

① 只有通过参考它们分别属于的体系的基本规范，法律秩序与属于规范体系的其他秩序才能得到充分的分析。

事实际如何的陈述得出某事应当如何的另一陈述，反过来也不行。”[①]从这里，他得出结论说，行为本身不能产生规范。“一个规范的客观有效性，它也是一个意志行为（人们应该按照某种方式行事）的主观意义，并非来自于实际行为，也就是说，它的有效性并非来自于一个‘是’，而是来自于授权如此行为的规范，来自于一个‘应该’。”[②]

凯尔森不把这个论据用于分析秩序表明，在他看来，它们虽然都是规范性的，但是，它们的规范性具有不同的意义。由于上节的四点同样地适用于规范和秩序，这就暗示上节并没有充分地解释凯尔森的规范概念。凯尔森认为，秩序属于“主观上的应该”，而规 131
范属于“客观上的应该”。对凯尔森来说，在一个力图使自己避免成为客观上应该的秩序概念中还缺少什么呢？

要回答这个问题，人们有必要认真评价一系列对于凯尔森划分主观与客观有影响的考虑，以及大量不同甚至是相互冲突的对于凯尔森基本规范理论的解释。

如此说来，人们倒是能够比较容易地发现这样一个因素，它可以带领我们区分被威胁所支持的秩序（这也是凯尔森唯一考虑过的秩序形式）和规范。无论是秩序还是规范，它们的实质化需要这种事实，即不服从的行为将导致制裁。因此，为了论证行为符合秩

---

① 凯尔森：《纯粹法律理论》，英文版，第 6 页。

② 同上书，第 8—9 页。在一个注释中，凯尔森把他的原则等同于 P 的声明（法语）见他的法语著作《纯粹法律理论》，第 12 页注释。这个原则是站不住脚的。就大多数情况而言，可以这样主张，某些规范性结论预先假设一个规范性预设。这个预设不一定是前提，它也可以是一个派生规则。根据对原则的这种解释，那么，根据适当的派生规则，规范存在的陈述可以来自于某些行为已经履行的陈述。

序或规范，人们都会诉诸秩序和规范。它们为自己所规定的行为模式提供了一种合理性，同时也在某种程度上有所论证。也许会出现这种情况，由于其他的相互冲突的考虑之存在，有时，行为本身倒得不到证明，不过，即使这时，它也具有部分的合理性。当然，这并不意味着，规范和秩序本身就是合理的。人们可能会认为，规范和秩序的区别之一就在于：规范必然总是被证明为合理的要求，而秩序，即使有时被证明具有合理性或者能够证明别的什么为合理，它们并不必然如此。也许，这样区别可以解释凯尔森理论中正式意义上的规范与秩序的区别，它们表现在理论中的特殊形式就是，“主观上应该的秩序”与“客观上应该的规范”。同样，它也可以解释为什么规范的效力来自于其他规范。可是，就秩序而言，凯尔森认为，并不存在这样的关系。就规范而言，有助于另一个规范产生的规范就是后者合理性的部分证明。这个命题具体表现如下：

(1)每一个规范都是被证明是合理的要求。

为了使自己能够与其他有关的命题相互区分，它都获得了来自凯尔森理论的某些支持，这些支持主要是：

(2)规范并不必然就是合理的，但是，“应该”陈述(X应该在C环境内做A)意味着规范的存在和它的合理性。

(3)这样的“应该”陈述并不意味着被描述的规范就一定是合
132 理的，但是，如果规范所隶属的体系中的基本规范是合理的，那么，
这个规范就是合理的。

(4)这样的“应该”陈述并不意味着被描述的规范之合理性是有条件的还是无条件的，但是，指出这个规范就表示说话人认为，某规范被社会中的多数认可为是合理的，而包括被描述的规范在

内的体系恰恰要适用于这样的社会。

(5)这样的"应该"陈述并不意味着被描述的规范是有条件的还是无条件的，但是，指出这些规范暗示说话人认为它们是合理的。

不过，凯尔森能接受这些不同却又相互联系的命题(它们能够公式化)吗？这里不可能检验凯尔森论著中的所有论点。不过，我将要尽力提出一个建立在凯尔森论著的某些关键篇章基础上的回答。我尽管只能考虑法律规范，但是，其他类型的规范也偶尔有所涉及。

第一个命题：凯尔森公开拒绝这个命题。"法律规则说。如果A是，那么，B就应该是。因此，它没有涉及任何道德和政治价值判断。对于理解经验法律材料来说，'应该'始终处于一种纯粹而优先的范畴地位。这个范畴有纯粹形式上的特点。它是一种康德哲学意义上的认识论的超验范畴，因此，它保持了自己的反意识形态的特点。"[①]由于其他一些段落的配合，这段引言的意思更明白了，凯尔森并不认为法律必然就是善的或者是可以证明为合理的。

人们有可能这样认为，虽然法律不能在抽象意义上被证明为合理，可是，只要它被自己所要适用的社会接受为是合理的，那么法律就是存在的。下面这句话可以支持这样的解释。"如果'应该'同时也是行为的客观意义，那么，行为就被认为是应该如此的。不仅从履行这种行为的个人来看是如此，从行为所针对的个人的

---

① *L. Q. R.* (1934), p. 485.

立场来看也是如此，而双方之外的第三方也这样认为。”[①]不过，凯
133 尔森没有接受这种解释。他认为，“基本规范的理论不是承认的理论。……根据承认理论，实在法之所以有效，是因为该法所适用的人们承认该法的合理性。这意味着，这些个人同意一个人应该根据实在法的规范而行为。”[②]因此，凯尔森拒绝了关于第一个命题的两种解释。

第二和第四个命题：没有什么可怀疑的，实际上凯尔森已经拒绝了上面的两种解释。只是由于其他规范理论中的存在，我才提到它们。凯尔森自己也承认，(客观的)“应该”性陈述只是描述了规范，而舍此无他。因此，他才不会接受上面的第二种解释。他同时也认识到，也有一些被其治下的人们认为是无所谓好坏或者合理与否的法律制度。不过，人们仍然可以用应该陈述来描述它们的存在。因此，提出一个应该命题暗示说话人相信被描述的规范已经作为合理的规范被规范主体接受下来，如果要想使大家都同意，必须根据特殊的环境加以修改。因为只有在这样的环境中，才有暗示能否存在的问题。不过，在凯尔森的论著中，人们很难发现这样的特殊场合。凯尔森关于语意问题的讨论表明，他还没有意识到通过指出这种行为，说话人可能会暗示一些原来的陈述中没有包括的内容。这样的考虑也适用于第五命题，而它也必须被拒绝。

从上面《法学季刊》中所引证的那句话中，凯尔森明确区分了

① 凯尔森：《纯粹法律理论》，英文版，第 7 页。

② 根据凯尔森的观点，似乎是这样的，法律规范不同于社会的道德。后者来自于习惯，因此，只有当社会共同体认为应该根据规定的方式而行为时，它才能产生出来。参见凯尔森：《纯粹法律理论》，英文版，第 218 页。

两种“应该”的观念，即实质的应该和形式的应该。实质的应该是指，被描述的规范本身是善的或者是公正的；而形式的应该则没有这样的含义。由于凯尔森缺乏一种比较充分的语言学理论来帮助他清楚地表达自己的思想，因此，人们很难明白他这样区分到底有什么意义。不过，根据凯尔森的理论，很明显，在描述法律的时候，
我们只是运用了形式上的应该。“根据本书所发展的理论，权利 134
(法律)就是某种由应该而组成的秩序。”[①]不过，法律被认为“不仅仅作为动机的形式上应该的总汇，而且，作为规范，它还是一种有效的秩序。”[②]基本规范也是这样做的，“在某种意义上，基本规范意味着，权力向法律的过渡。”[③]

由于把组织在一起的强力解释为规范体系，人们就不需要假设这个规范是不是善的和公正的了。对于有组织的秩序制度为什么没有基本规范这一事实所能提供的唯一解释是，“这种秩序没有产生任何持久的影响，因此很难预先假设什么基本规范。”[④]

所有这些段落和其他一些段落都趋向于维持前面所解释的法律规范的概念，并且支持本节开始时所提出的建议，即根据凯尔森的理论，为某种意志行为所创造的法律与秩序的区别在于，法律的相对长期的存在和法律规范相互之间的系统性联系。这些观念也证明了这样的陈述，即只有当下面的条件出现时，基本规范才可以存在。这个条件是，它们仅仅被认为是决定规范性体系的特性和

① 凯尔森:《纯粹法律理论》，英文版，第 214 页。

② 51 *L. Q. R.* 518.

③ 凯尔森:《法与国家的一般理论》，英文版，第 437 页。

④ 凯尔森:《纯粹法律理论》，英文版，第 47 页。

作为这种体系之组成部分的秩序有效性的共同基础。这些条件的最终目的是使这样的陈述成为可能，即“实在法……仅仅由一个规范或一个规范体系而加以证明。与之在一起，根据它的具体内容，实在法可以与之相符也可以不相符。因此，实在法可以是公正的，也可以是不公正的。”[1]因此，我们可以得出结论说，基本规范与法律的合理性没有什么关系。[2]

不过，凯尔森也常常偏离这种立场。他始终认为法律有效性的理由这个问题与人们为什么要服从法律几乎就是一个问题。对这些问题，他的回答是，就是由于基本规范，或者说就是因为基本规范的存在。

凯尔森还承认并比较详细地讨论了论证规范的一种特殊方法，它也被称为是动态的证成方法。它有这样两个特点：

(1)一个规范的合理性可以根据另外一个规范的存在而得到证明。

(2)可以证明其他规范为合理的规范也就是创造规范的规范
135 (原初规范)，而证明在于说明，需要证明的规范是根据原初规范所规定的方式而得到证明的。[3]

---

① 凯尔森:《纯粹法律理论》，英文版，第 214 页。

② 同上书，第 217 页。

③ 由于某些未经披露的理由，凯尔森采纳了比较陈旧的观点，即只有两种类型的规范性体系存在:动态证明，所有或几乎所有的规范都是通过动态证明而得到证明的；静态证明，当规范得到证明是因为描述它们的规范同时也可以再描述其他规范。动态体系的基本规范允许某些人或某些组织具有立法权，而且还是预先就确定的。而静态体系的基本规范并不是创造规范的规范，而且它们也没有预先明确下来，可是它们却被认为是自足的或者说是独立的规范。关于这个问题，参见凯尔森:《法与国家的一般理论》，英文版，第 112 页注释和第 399 页注释；《纯粹法律理论》，英文版，第 195 页注释。凯尔森进一步承认，没有什么规范本身可以是自足的(《纯粹法律理论》，英文版，第 196 页)。我们就不必在此深入解释了。

他自己很清楚，本身可以构成另一个规范产生条件之要素的一个法律规范也可以被称为是后者的动态的证明。可是，他没有区分一个规范的存在条件和它们被用来当作证明的可能性之间的差别，而且，由于他把这两个问题相提并论，他被迫得出这样的结论，即现存的规范必然地能够得到证明。由于已经意识到自己的矛盾会产生破坏性后果，他就通过滑向第三个命题的方法而回避上面的结论。

第三个命题："应该"性陈述意味着，如果一个规范所归属的法律体系的基本规范已经被明确下来，那么，这个规范就是真实存在的，它的合理性也是能够得到证明的。凯尔森认为，为了回答法律为什么是有效的这个问题，法律实证主义给自己提供了一个可以接受也可以不接受的假定，即论证对于法律的服从只能是有条件的。[①] 我宁愿认为，法律实证主义根本就没有论证所有的法律，但是，这种理论描述和分析了一种可以用来论证法律的方法。

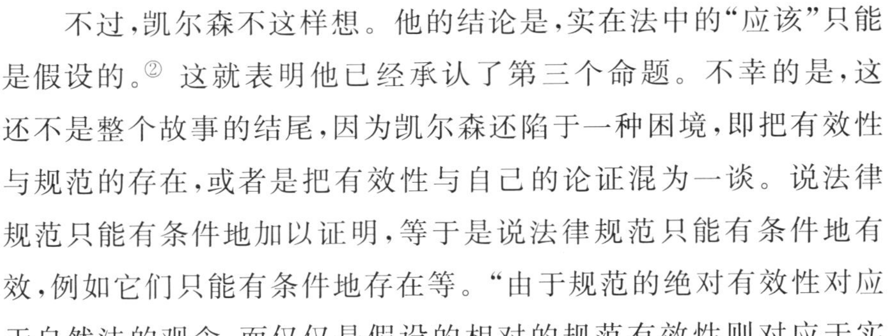

不过，凯尔森不这样想。他的结论是，实在法中的"应该"只能是假设的。[②] 这就表明他已经承认了第三个命题。不幸的是，这还不是整个故事的结尾，因为凯尔森还陷于一种困境，即把有效性与规范的存在，或者是把有效性与自己的论证混为一谈。说法律规范只能有条件地加以证明，等于是说法律规范只能有条件地有效，例如它们只能有条件地存在等。"由于规范的绝对有效性对应于自然法的观念，而仅仅是假设的相对的规范有效性则对应于实 136

① 凯尔森：《什么是正义？》，英文版，第263页。

② 凯尔森：《法与国家的一般理论》，英文版，第47页。

在法的观念。”[①]这一结论与凯尔森自己的法律的非意识形态本质的认识相互矛盾，而且其自身也站不住脚。

避开这种混淆的方法就是把规范的有效性与它的证明相互区分开来，而接受第三个命题。或者，如我所建议的那样，人们可以走得更远，把某些规范本身经常是其他规范的存在条件这个事实，不看作是在论证规范，而是仅仅当作提供了一种可能的证明方式。因此，这第三个命题也可以拒绝接受。

到目前为止的讨论已经明显说明，凯尔森关于规范证明问题的理论还需要依赖于关于基本规范的解释。基本规范能够证明法律规范吗？如果能够，又是在什么意义上说的？凯尔森认为基本规范是效力之来源，而且，它还是法律体系内在统一性的依据。实际上，前面一直就在讨论它们在统一法律体系方面的职能。我们这里所关注的就是作为法律的效力之源的基本规范。

凯尔森关于本问题的讨论由于上面的混乱而让人非常难以接受。基本规范据说是预先假定的。凯尔森通过两种方式把它当作是预先假定的。它是法律理论所预先假定的，它是“实证主义最根本的假定”。同时它还是许多把法律当作是规范体系的人预先假定的，如许多人使用规范性术语来界定法律。“基本规范真实存在于司法意识中，实际上，是简单分析一个司法陈述的必然结果。”[②]这两段引言之间并没有必然的冲突，但是，凯尔森有时趋向于把普通人关于基本规范的假设与接受这种假定或者认为这种假定很好

① 凯尔森:《法与国家的一般理论》，英文版，第394页。

② 同上书，第116页。

混为一谈。有时，他认为，无政府主义者并没有预先假设基本规范的存在，也没有把法律视为一个规范性体系，而是把法律视为权力关系。[①] 同样，“一个共产主义者可能不承认一个匪帮内部规则与他认为是残忍剥削之手段的资本主义法律秩序之间有什么根本区别。因为他没有预先假定基本规范的存在，而其他人在把强制性秩序解释为是一种客观有效的规范体系时，都会假定基本规范的 137
存在。”[②]法律理论在同样的意义上也没有假定基本规范的存在。论证法律还不是法律理论的任务，它的任务是解释法律。

如果预先假定基本规范的存在意味着把它作为经过证明的理论接受下来，那么，就会出现这样的情况，即存在的法律体系会服务于那些没有预先假定基本规范的人们。实际上，无论是法律体系的存在，还是基本规范的存在，它们都不依赖于基本规范的预先假定。[③]

尽管凯尔森也提出了一些相互矛盾的意见，但是，人们还是应该理解，无论是无政府主义者、共产主义者，还是别的什么主义者，没有预先假定基本规范存在的人也能够使用规范性语言来描述法律。规范性陈述并不意味着“对于被描述的法律规范有一种赞赏的态度”。[④] 在说下面的话时，凯尔森肯定是正确的，即“即使一个无政府主义者，如果他是一位法学教授，他也能够描述作为有效规

---

① 凯尔森：《法与国家的一般理论》，英文版，第413页、第425页。

② *Stanford L. R.* (1965) 1144.

③ 参考本书第三章第三节。

④ 凯尔森：《纯粹法律理论》，英文版，第79页。

范体系的实在法律，而不一定会赞赏它。”[①]不过，他还是没有理由把自己的前一个陈述与后一个陈述——无政府主义者没有预先假定基本规范的存在相互矛盾起来，而这后一个陈述恰恰是他在注释中提出的。

为什么法律理论被认为应该预先假定基本规范，而不是像对待其他规范那样仅仅分析和描述它？凯尔森把每一个规范都认为是来自于立法机构。对于基本规范而言，这当然不是真的。因此，凯尔森说人们应该预先假定了它们的存在。人们应该接受这样的虚构，即基本规范已经被制定了。

因此，人们可以毫无损失地抛弃所谓的法律理论预先假设基本规范的观念。我们已经看到，规范并不总是表现为经过证明了的要求。一个规范的概念就是前面已经分析过的那种（它当然要受到下节所引入的实质修改的影响）。法律体系与其他体系在规范性方面的区别可以根据如下事实而得到解释，即法律体系有一种内在的动态证明其大多数规范合理的可能性。

138 那么，基本规范的命运又当如何呢？它们并不能帮助建立法律体系的统一性和它的特殊特点，它们也不能帮助更好地安排法律体系内的规范。[②] 据说，它们是法律规范有效性的渊源，但是，即使就这方面而言，它们也不能证明规范的合理性。在所谓的基本规范之中，没有一个可以因为如下的原则而成为必要的，即任何对规范陈述的偏离都必须以某些规范性假设为基础。即使如此，

① 凯尔森：《纯粹法律理论》，英文版，第218页注释。

② 参见本书第五章第三节。

还有没有接受基本规范的理由呢？事实上，有一种理由还值得我们考虑。

在制定第一部宪法时，立法者是行使了法律权力。根据凯尔森的观点，这就意味着存在一个授予他们法律权力的规范。这个规范可能是没有立法形式的，但是，它毕竟是存在的。同样的观点可以适用于每一种法律体系，因此，这样一种规范也就是一种没有通过法律程序制定的基本规范，它必定存在于每一种法律体系之内。

不过，这种观点是建立在一种错误的假设之上，即只有当人们根据法律被授予了权力，人们才可以制定法律。实际上，立法权只是创造法律或者废止法律的能力。[①] 第一部宪法的制定者们有制定第一部宪法的权力，但这种权力不是法律赋予的。第一部宪法是法律，那是因为它属于一种有效的法律体系。

即使每一种立法权都必须由法律授予，就像凯尔森所主张的那样，他的观点也只是明确了基本规范的可能性而不是它的必然性。因为，第一部宪法的制定者们的权力可能来自于本体系内的一个普通的法律规则。凯尔森的观点只是说明，如果每一种立法权都由法律授予，基本规范就一定存在于这种体系内，在其中，没有一般性的法律授予第一部宪法的制定者们以适当的权力。

我的观点建立在如下假设之上，即法律可以间接地使自己的创造物具有权威性。在我看来，对这种法律的批评意见还没有充分包括进来。承认这样的法律有可能导致：(1)法律在事后授予立

① 参见本书第二章第一节。

法权;(2)部分的自我参照的法律。我认为这两种假设都是有根据的(第二个假设来自于哈特的思想——自我参照的法律)。让我们
139 审查一下两套不同的法律。一套,包括 A、B、C、D,它们都属于图表 6 所解释的有效之链范围。另一套则包括 E、F、G 和 H,所有它们都属于图表 7 所表现的有效之链。第一集团所属的所有法律都间接地授予自己以权威性,而第二集团中没有一个法律属于这种情况。进一步假设,A 与 E,B 与 F,C 与 D,D 与 H,只在规范的内容上有区别。

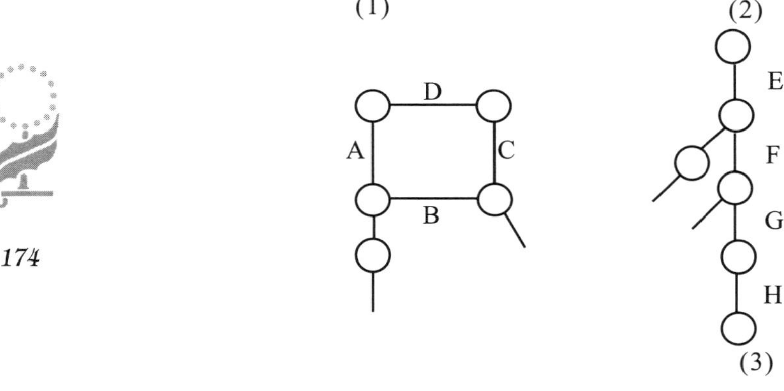

图表 6　　图表 7

我的主张是:(1)假设 A、B、C 和 D 都是有效的法律,并没有产生什么矛盾。(2)归根到底,只要其他法律的有效性被假定而不是被证明时,在上述这些法律当中,每一个法律的有效性都可以得到证明。对于其他的法律,如 E、F、G 和 H 来说,这也是真实的。(3)没有争议的是,A、B、C 和 D 法律中的这个部分,即授权其产生的部分,是多余的或者是完全没有意义的。这个多余具体指的是,一个纯粹自我证明的法律,例如“这个法律是有效的”,是没有什么

意义的，因为它的存在或者不存在并没有什么根本的不同。因此，法律当中的第一集团，在内容上，与第二集团（不能自我证明的那些法律）大致是相同的。

由于内容上的区别，这两个法律集团之间至少有这样两处差别：(1)如果 A、B、C 和 D 当中有任何一个不存在的话，那就意味着其余法律的不存在，因为每一个法律都假定其他法律的存在。（当 140
然，我们假设已经完成了必要的立法行为。）而其他集团中任何一个法律的不存在只能表示，在有效之链系列中排在该法前面的法律并不存在。在这个系列中，通过不断地援引其他的规范，但不同时承认不存在的法律为存在的，排在后面的法律，如果有的话，就可以被假设为存在或者其有效性就可以得到证明。(2)因此，如果与凯尔森一样，假设规范的存在既可以被通过援引其他规范而证实或预先假定其存在，同时也没有什么其他的实在法授权其产生；如果第二集团的所有法律都得到了法律的授权，并且还同属一个法律体系，那么，一个授权 E 产生的非实在法必须被预先假设。这样一种授权性的法律就是一个基本规范，例如一个预先假设的非实在的法律。另一方面，第一集团的所有法律都必须被预先假设，其结果是它与本集团内的其他法律共存，并且还属于同一个体系，所有的法律就可以视为得到了某些实在法的授权。这就不需要再假设基本规范（如非实在的法律）的预先存在了。

这种议论的要害在于，即使是在凯尔森的理论框架内，每一个法律体系都包括一个基本规范的陈述也不是必然的。

三、一种体系的结构和它的法律的个别化

在一种法律体系内，不同种类和不同模式的法律之间的内部关系最终依赖于两个因素：(1)个别化的原则；(2)法律体系内容上的丰富性、完整性和多样性。无论一种法律体系的具体内容是什么，如果它的法律是根据凯尔森的原则个别化的，那么，内在关系的模式就将会与根据边沁的原则处理个别化问题而形成的内在关系模式有所不同。另外，如果这一体系在某些方面是无力的，那么就会影响它的内在关系的具体模式。例如，如果一个法律体系不是以制裁为后盾的，那么，它的法律之间就没有一种惩罚性的关系。

141 个别化的若干原则是由法律理论决定的，而一个体系的内容则依赖于与该体系形成有关的偶然因素。因此，也可以说，个别化的原则使得某种形式的内在关系之存在成为可能，而体系的复杂性则决定着这种内在关系是不是真的存在于该体系之中。

当且仅当一种体系具有最低限度的复杂性时，这种规范性体系才是法律体系。因此，在第八章里，我们还会争论说，每一个法律体系都必须规定某些法院的存在和发挥作用，每一种法律体系也必须规定制裁。这个问题与下面的问题密切相关，即是不是存在着为所有的法律所共享的因素。所有法律体系的最低限度的内容和复杂性，与个别化原则一起，决定着存在于每一种法律体系内的必然内在关系，它也是所有法律体系必然共同具有的内在结构。

解释法律体系最低限度的复杂性将会涉及一些与法律体系的

最低限度内容有关的问题。因此,这个任务在这里还不可能解决。相反,本章和下面一章将审视人们可以接受的个别化原则的形成过程,以及由于个别化原则才可能出现的重要形式内在关系之普遍特点。

就本研究的目的而言,似乎没有必要规定这些原则究竟是些什么。所有需要做的就是,确定一种大致上的指导原则,并以一种普遍要求的形式详细检验一种已经提出的个别化原则。这些要求可以分为两类:指导性的和限制性的。所谓指导性的原则提出了一些个别化原则应该达到的目标;而限制性要求则明确必须避免的陷阱。限制性要求通过排除某些有“硬伤”的提议而限定可能出现的原则的大致范围。指导性要求帮助我们选择那些已经通过了限制性要求检验的最好的原则。没有什么限制性的要求会规定一种准确的和几乎绝对的标准,以便确定人们可以接受的那些个别化原则。最终结论的确定需要看它能不能满足上述这些要求,看 142
它能不能成功地平衡其他方面的要求。如果说,限制性要求主要是排除原则,那么,指导性要求主要就是选择原则。

(一)限制性要求

(1)被个别化原则所个别化的法律不应该严重偏离,或者没有过硬理由就背离通常的法律概念。人们应该记住,[①]这种要求主要依赖于人们的一种愿望,使法律的理论概念成为解释常识上的

① 参考本书第五章第六节。

法律概念的出发点；而常识上的法律概念又得根据它与理论概念的离合而得到说明，理论上的法律概念又成为分析法律的最好工具。

(2)被个别化原则个别化的法律不应该是过分重复的。当一个法律条款包含有不同的法律规定时，它可以有某些重复。例如，如果每一个法律都包括了议会有无限的立法权这样的条款，那么，所有的法律都会相互重复。

重复虽然不够优美，但是，它也许不是什么大不了的缺陷，因为它并没有引起实践上的严重困难。毕竟，凯尔森没有建议，法学著作应该全部加以改写，以便使每一个论点的表达都像法典一样。实际上，这个任务会使法学著作的篇幅猛增数千倍。边沁倒是非常彻底，他描绘了一幅相互依存的体系图画的轮廓，它能够在很大程度上解决由于重复而引起的大多数实践上的麻烦。

不过，在我看来，这种可能性并不能影响我们所说的限制性要求的重要性。避免实践上麻烦的方式很多，例如，仅仅清除法律中那些本身没有什么用处的法律规范也能够避免这种麻烦。关键在于，人们需要接受一种理论上的法律概念，它可以使那些脱离实际需要和没有理由的重复本身就成为不能接受的。这种概念应该这
143 样塑造，它应该能够最好地满足关心法律的那些人(甚至是所有人)的实际活动和需要。

(3)被个别化原则个别化的法律不应该是多余的。也就是说，如果一种法律的存在对于某一规范性陈述的真实性来说就足够了。那么，这样一种陈述就不应该被认为是在描述另一个完整的体系，而只能被认为是在描述前一个法律的内容。

当然，这种要求也可以被认为是克服重复的更为一般的要求

的组成部分。由于人们一般不接受没有必要的抽象概念，这实际上也是在证明没有必要重复。凯尔森承认这个原则。[①] 在讨论他如何使用这个原则时，我们已经注意到，它并不具有绝对的作用。换句话说，如果确实有必要的理由，某些重复也是可以允许的。

(二)指导性要求

(1)被个别化原则个别化的法律应该是比较简单的。这也许是指导性要求中的最重要部分。把法律体系划分为具体法律的主要目的就是要创造一些比较小的、简单的单元，以便有利于针对法律体系内不同部分的讨论和参照，同时可以促进对于法律的分析。

不过，我们还是应该区分至少有两种同样重要的简单性。一种可以被称为是概念的简洁。法律在概念上应该是简洁的，它应该具有相对简单的结构，易于为人们所把握，而且它的含义应该比较容易理解。理解凯尔森式的法律的含义就应该像理解一部法学教科书一样，而且，事实上，它们也真的具有大致相同的篇幅。类似于“不得偷窃”这样一种规范的含义和结构就非常容易了解。

另一种简单是认识上的简单。也就是说，人们应该能够比较容易地发现法律的内容。一个法律概念应该根据这样的方式加以设计，即在大多数情况下，人们可以通过了解少数的法令、规定、判决等而发现法律的内容。它不应该这样设计，正如边沁和凯尔森那样，通过详细审查一种法律体系内构成法律材料的大部分内容 144

① 参见本书第四章第三节。

来发现某一个具体的法律的内容。[1] 还有,虽然比发现本身更加困难,但是明确法律的内容经常是一种发现,因此,这应该是比较简单的。根据边沁和凯尔森的意见,一个法律体系的全部内容都应该得到审查,以便明确。任何法律的具体内容一直都是被发现的。

(2)被个别化原则所个别化的法律应该是相对自足的。每一个法律都应该构成法律体系中的一个完整的组成部分。而法律体系应该根据自然的方式划分。例如,不要结合毫无关系的观念,不要在没有明显理由时把有关的法律分为几个部分。正如一直注意的,这种要求与前面的要求简直针锋相对。法律应该是简单的,但是不能过于简单。了解某一个法律的内容应该有助于了解整个法律体系的内容。

(3)人们一直在期待,每一种被一个法律体系所指导的行为环境(例如,在某种环境下,某人应该履行某种行为)都应该是一个法律的核心,除非这种行为环境是另一种行为环境的例子,或者除非它属于另一种环境。[2] 而后面所提及的行为环境也受到法律的几乎相同方式的指导,或者它本身就是一个法律的核心。

这种要求只是边沁原则的普遍化和修正版。只有当“法律所指导的行为环境”这一短语的意义得到说明,这个要求的重要性才能变得清楚起来。不过,我们可以通过回忆什么是边沁的原则而

---

① 边沁自己实际上已经意识到这个事实。参见他的《确定的法理学的限度》一书的第 293 页。

② 这里,同在其他地方一样,我有意识地模糊对于是否把生成性的行为与行为环境视为同一类。

说明这种要求的一般本质。[①] 边沁认为，被立法者命令或禁止的每一种行为环境都应该是一个单独的法律之核心。命令和禁止一种行为实际上是法律指导的两种方式。本章后面还要解释，这两种方式绝不是法律指导人们行为的唯一方式。

如果一种行为环境是一种规范性的方式（“应该”“必须”“可 145
以”等）或是一种规范性论断（有一种权利，或有一种义务等），那么，它就是一个法律的核心（正如第七章所说，它不一定就是规范）。

论证这种要求几乎是不言而喻的。法律被普遍地视为是通过以不同的方式和方向指导人们行为的一种特殊社会规范方式。法律的功能，这也是人们了解和诉诸法律的主要理由，应该在理论分析中得到充分地说明。同时，也应该通过采取这个指导性原则的方式而使追求这种功能的方式得到最好的说明，并被置于法学研究的前沿。

（4）被个别化原则所个别化的法律应该尽可能地说明同一法律体系内不同法律部分之间的重要联系。

对于理解下一章的主题而言，这一原则具有重要的作用。通过简单地考虑一个下章没有讨论的案例，它的一般意义和目的就可以被揭示出来。有一个例子，它可以说明存在着某些可以决定法律规范适用条件的法律，如“本体系的所有法律规范只能适用于在某一领土范围内的行为。”这样的法律不是规范，因为它们既没有授予权力，也没有强加义务。不过，它们至少与该体系内的某些

① 参见本书第四章第一节和第三节。

法律规范具有内在的联系，因为它们可以影响对这些法律规范的解释和适用。虽然不全面，但是，它们可以使法律规范的某些履行条件更加具体化。规定一种“不得偷窃”义务的法律仅仅适用于在某一领土内被认定的偷窃行为。

通过允许这种法律的存在，在许多法律中分别被重复的履行条件就可以避免，而且许多法律还会因此而变得更为简洁。另一方面，由于这些法律也依赖于其他法律的增加，因此它们就会变得更不那么自足，不那么能够自我解释。这也就是前面那些要求所不得不考虑的。不过，也要看到，允许决定法律规范得以适用的必要条件的那些法律也还有一些进一步的后果。这些法律突出了法律的共同特点，也使得法律体系内的某些联系更加清楚了。并非法律中的每一种联系都具有重大的法律意义，只有那些重要的联
146 系才会在不同的法律中被凸显出来。在这种情况下，它们都有助于理解法律。例如，这些法律可以用来区分同一法律体系内某些法律的种类。在某一法律体系内，规定婚姻地位和后果的法律可能与该体系内的所有其他法律不一样，因为它还会根据人们的宗教信仰而划分人们。这种特点就可以作为不同司法管辖权的基础，这样的法律可能由宗教法院来适用。因此，某一类法律的一个特点就可以，以不同的方式，把它自己与同一体系内其他法律的实际运行相互联系在一起。而且，它还有利于把这一特点作为某一独立的法律规范之核心，还可以使它自己与某一类法律形成一种它努力把握的内在联系。下一章我们就会看到，分类只是法律的一种目的，它的意义在于指出法律之间的重要联系。

对这些要求的形而上学的描述必然是模糊的。就选择不同的

理论而言，这里并没有界线清楚的划分。这样一种选择总是出于临时理由，总是需要在不同的考虑之间相互斟酌。然而，公开地规定形而上学的标准的确是对理论进行合理比较的一个条件。这样的比较在前面关于边沁和凯尔森个别化原则的讨论时已经做过了，而且，我也一直在论证，边沁的原则优于凯尔森的原则。[①]

不过，边沁的原则也还不能令人满意。被边沁的原则个别化的法律过于重复，它们与普通的法律概念也几乎没有什么区分，而且，最重要的是，这些原则过于复杂。边沁之所以被迫选择了这些原则，是因为他的理论建立在两个假设之上：(1)每一个法律都是一种规范；(2)每一种规范都是规定义务的规范。由于这样两个假设，边沁的个别化原则就不会有什么大的进步。通过研究和发展服从性法律，并把它视为是对于那些授予立法权的法律的一种解释，这些原则也许才可以获得某种改善。不过，这尽管是一种真实的改善，但还不是一种充分的改善。我认为，对于法律个别化的任
何一种令人满意的解释都必须拒绝上述那两个假设。本章其余部 147
分将集中在对于第二个假设严格审查上面。而下一章将说明第一个假设。

四、义务性法律

考虑到人们的这样一种渴望，即人们的每一种行为都应该受

① 参见第四章第三节和第五章第六节。

到法律的指导才是一种法律的核心，[①]那么，很明显，每一种可以接受的法律个别化原则都必须允许义务性法律的存在。凯尔森在解释规范本质[②]的第一阶段里指出的四种观念中的三种（除了他提出的所有的法律皆由意在创造法律的行为所创造的）都为解释义务性法律（也被称为 D 类法律）的本质提供了坚实的出发点。我们准备在本节里，通过借用哈特的观念[③]来补充和稍微修正凯尔森的观念。我们需要考虑的一般性问题是：什么时候法律强加了一种义务？在什么环境下，法律材料可以被解释为提出了一种义务？不过，这里只能提供一些非常一般性的评论。

对于分析 D 类法律而言，最适宜的出发点就是那些非法律的但同样强加义务的规范。哈特一直在比较详细地研究社会义务的概念和强加这种义务的规则问题。他对于一种强加社会义务的规则的认识可以概括为：在一个特定的群体中，人们应该在 C 环境中做 A 事的规则，当且仅当如下条件时才能存在于一个社会群体之内：

（1）在大多数情况下，该群体的成员会在 C 环境下做 A 事；在该群体内，在 C 条件下做 A 事是一种固定的行为模式。

（2）其行为不符合这种行为模式的该群体成员通常会受到群体内其他成员的批评。这种批评性反应会表现为针对这些乖悖行为的言词批评，表现为敌视和孤立的言词或其他方式的反感，甚至

① 参见第六章第三节。

② 参见第六章第一节。

③ 参见哈特的《法律的概念》，英文版，第 79—88 页、第 163—176 页、第 211—215 页。另外还需要参考麦尔登（Meldon）编辑的《道德哲学论文集》中哈特的论文“法律和道德义务”。

是暴力的制止。偏离这种行为模式有时就是被批评的理由，虽然这种偏离并不总是引起同样的批评。[①]

(3)群体内大多数成员，甚至包括被批评者本人都认为，这种 148
批评意见一般说来是合法的，是不能拒绝的，而表达了批评意见的人不会受到被批评者的反唇相讥。[②]

(4)前面提到的条件在特定群体内是广为人知的。[③]

当下面的条件存在时，这种规则就会强加一种义务：

(5)这些批评意见所表示的社会压力是相对严厉的，而且

(6)规则所规定的行为通常与承担义务者的愿望相互冲突。[④]

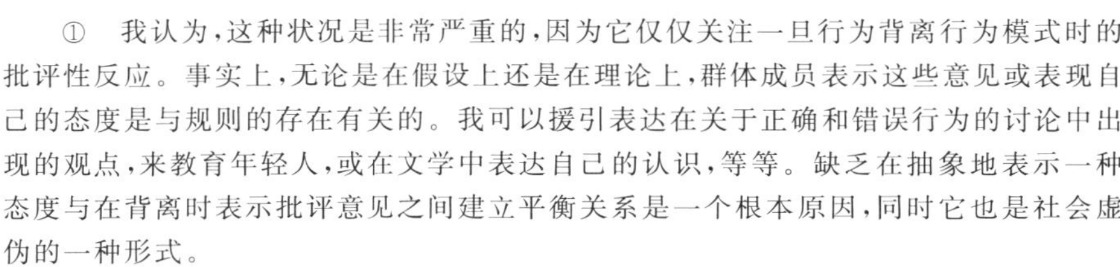
① 我认为，这种状况是非常严重的，因为它仅仅关注一旦行为背离行为模式时的批评性反应。事实上，无论是在假设上还是在理论上，群体成员表示这些意见或表现自己的态度是与规则的存在有关的。我可以援引表达在关于正确和错误行为的讨论中出现的观点，来教育年轻人，或在文学中表达自己的认识，等等。缺乏在抽象地表示一种态度与在背离时表示批评意见之间建立平衡关系是一个根本原因，同时它也是社会虚伪的一种形式。

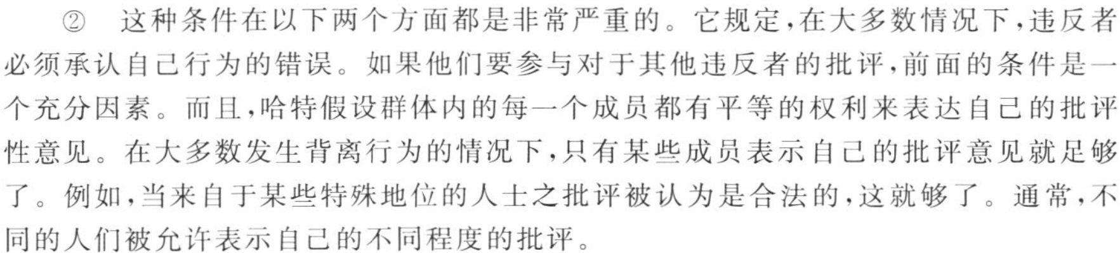
② 这种条件在以下两个方面都是非常严重的。它规定，在大多数情况下，违反者必须承认自己行为的错误。如果他们要参与对于其他违反者的批评，前面的条件是一个充分因素。而且，哈特假设群体内的每一个成员都有平等的权利来表达自己的批评性意见。在大多数发生背离行为的情况下，只有某些成员表示自己的批评意见就足够了。例如，当来自于某些特殊地位的人士之批评被认为是合法的，这就够了。通常，不同的人们被允许表示自己的不同程度的批评。

③ 哈特的《法律的概念》就是对于这些条件的解释。参见《法律的概念》，英文版，第 54—55 页。

④ 参见哈特的《法律的概念》，英文版，第 84—85 页。我一直在努力解释哈特关于社会规范的概念，但同时我不采取他的关键性的“一种内在的观点”。我认为，哈特使用上面那个短语有三种不同的、但又相互联系的目的：第一，它可以指明某些构成规范存在条件的事实。第二，它可以指明某些陈述的某种真理性条件或作出这些陈述的某些含义。第三，它可以指明某种对待规范的态度，这种态度可以被称为是“接受规范”的态度。为了避免可能出现的混淆，我不得不限制自己接受这个短语。

这只是针对一种简单形式的社会规则的分析。大多数社会规范在下面两个方面可是复杂多了。

(A)许多社会规范都允许个人对于义务的发生有某种控制力。个人可以把义务强加给那些处于其权威之下的人们(如父母与子女、教师与学生的关系等)。他们当然也可以把义务附加到自
149 己身上(通过承诺,邀请客人,在某种环境下表达自己的某个目的等)。一个人可以通过另一个人放弃权利而摆脱自己原来承担的义务。一个人也可以通过赔偿的行为而使自己完全地或部分地摆脱他人对于自己破坏义务的批评。另一个人也可以通过放弃索赔的主张而使违反义务者摆脱全部或部分的批评。

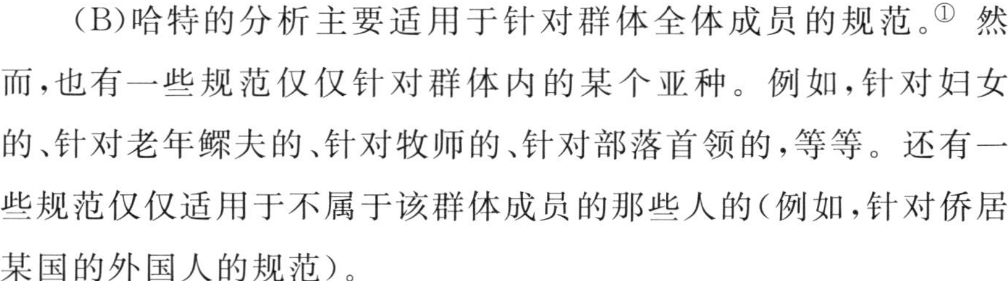

(B)哈特的分析主要适用于针对群体全体成员的规范。[①] 然而,也有一些规范仅仅针对群体内的某个亚种。例如,针对妇女的、针对老年鳏夫的、针对牧师的、针对部落首领的,等等。还有一些规范仅仅适用于不属于该群体成员的那些人的(例如,针对侨居某国的外国人的规范)。

尽管,可能是由于哈特所分析的规范的简单性,它们可以被认为是基本的规范形式,但针对它们的分析为分析其他形式的规范提供了一个很好的出发点。哈特分析的三个特点对于理解 D 类法律特别重要:

(1)无论何时,只要一个行为被作为社会义务强加到某些人身上,就会出现一个因素,它使得不履行这个义务比履行这个义务更

---

① 人们公认,只有当在某种环境内,它们才对于行为有约束力,但是每个人都可以发现自己也处于这种环境中。

难，也就是说，强加的义务实际上提供了一种履行的标准理由。这个因素也提供了解释批评性反映的可能性。

(2)构成履行义务标准理由的事实的存在依赖于自愿的人类行为，它甚至部分地是由如下事实所引起的，即义务还没有履行。

(3)强加义务规范的存在依赖于持久和复杂的，包括群体内大多数成员的行为模式，而规范也就存在于这个模式之中。这个规范也包括被大多数成员认为是合法的批评性意见。

只要存在着一个持久的事实，它使得某种行为方式对于某个群体成员来说更难，第一个特点就存在了。例如，人若把自己的手放在火上，其手指必定被烧的事实就是一个人们不把自己的手放在火上的理由。[①] 只有当第二个特点存在时，人们才有可能讨论 150
规范问题。当赞成履行某种行为的标准理由而不是不履行被预测为是人们的正常反应时，也就出现了使用前面第一节所解释的规范概念的空间。在这种意义上，被威胁所支持的秩序就是规范，[②] 但是，它们并没有强加一种义务。只有当第三个特点出现时，才有强制的义务。

在法律中，第三个特点的存在可以说是理所当然的。每一个法律的存在都依赖于它们所归属的法律制度的存在，而法律制度的存在又依赖于针对人口中大多数人(法律恰恰适用于他们)的持久的和有说服力的行为模式的存在。

批评性反映的功能被有组织的制裁提高到相当的程度，而这

① 边沁把这类事实称为“自然的制裁”。

② 参见第六章第二节的解释。

就是法律的特点。这些明显符合前面提及的两个特点,也就是说,它们被人们自愿地视为侵犯法律义务的结果,而且它们明显不利于它们所适用的对象,这些都构成了履行义务的标准理由。[①]

就制裁而言,它在以下四个方面不同于批评性反映:

(1)制裁是指剥夺法律权利或地位,强加法律义务,甚至包括剥夺生命、自由、健康和占有,以及其他一些与之类似的措施。每个社会的制裁或有不同。而批评性反映,正如上面所说的,只包括各种各样的(态度或言论上的)表现。

(2)法律制裁的特点在于,通过使用武力来防止可能出现的破坏,相当数量的制裁的实现都应该得到保障。这可能是,但不一定就是社会规范的情况。

151 (3)制裁的本质是由相对准确的法律规定决定的,只有很少的和事先确定的制裁可以普遍地适用于每一种违反义务的行为。社会规范的特点在于,针对违反义务的批评性反映的本质仅仅由规范本身模模糊糊地规定,而且对于这些批评性反映也没有固定的限度。当然,是有一些社会有例外情况。可是,每个社会大概都会有一些事先确定的关于批评性反映的规范(处死罪犯,普遍的抵制行为等)。

(4)法律制裁的适用是有组织的,有义务或被允许实施制裁的人们是由法律严格规定的(这种严格远远超过社会规范的严格)。更重要的还在于,制裁的适用是由人们特别(当然也并不总是如

① 参见第四章关于制裁的论述。凯尔森经常在广义上使用这个术语,它也包括了批评性反映。根据哈特的观点,我将在狭义上使用这一概念。

此）规定的，而这些人的社会职能就是规定制裁的适用。[①] 就社会规范而言，就没有这种专门机构，它不能把适用惩罚性制裁的权力授予受害者，或与受害者有特殊关系的第三方，或与加害人有特殊关系的第三方，或者社会大众。

我们应该记住，这些特点还不足以充分区分每一种法律制裁与社会规范中的每一种批评性反映。实际上，也根本不存在这样严格的区别。它们的区别仅仅在于法律制度中的多数制裁都有这样的特点。虽然在法律中，制裁已经在很大程度上取代了批评性反映而成为伴随义务而出现的特殊事实，但是，制裁并没有彻底取代批评性反映。侵犯法律义务会遇到批评性反映仅仅因为它们破坏了法律义务。这也是法律的特点。法律的特点还在于，侵犯法律义务会导致来自于认为法律不好（虽然法律也不是残暴的）[②]的那些人的批评性反映。毫无疑问，缺乏这样的批评性反映并不意味着法律义务还不存在。可是，普通公民中批评性反映的存在可
能会是一个可以决定 D 类法律性质的因素，例如，通过区分禁止 152
一个行为和使某种行为缴纳税款的方式。

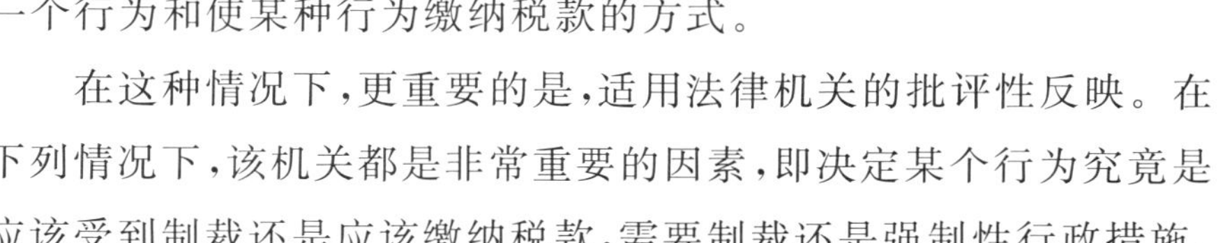

在这种情况下，更重要的是，适用法律机关的批评性反映。在下列情况下，该机关都是非常重要的因素，即决定某个行为究竟是应该受到制裁还是应该缴纳税款，需要制裁还是强制性行政措施。例如，强制购买，基于卫生原因而毁坏某物，或者为了医疗的考虑

① 参见本书第八章。

② 当然，人们可以了解到，有时即使是侵犯好的法律也是值得尝试的，例如，为了推翻一个恶劣的政府或改变现行制度，人们需要修改某些重要的宪法规则。

而限制某人的行为，等等。在现代法律制度中，适用法律的机关所表示的批评性反映非常典型地体现在法院在判决中所提出的理由。正是通过法院所授予的重要性，其他机关，如议会辩论、关于政府法案的解释性附录才在这样的环境中获得了它们各自的相关性。

在议论法律适用机关的批评性态度时，人们应该非常谨慎地注意到，实际上不止一种态度有助于明确义务和制裁的存在。无论什么时候，只要某种适当种类的不利被当作是行为的后果而强加到某个个人身上，而且被认为是必要的，不管是为了恢复原状、为了赔偿由某人之行为所引起的损害，还是作为对该人行为的惩罚，这种不利就是制裁，而该个人的行为就可以被视为违反义务。[①] 从这个角度看，无论是刑事惩罚还是各种各样的民事救济都是伴随义务而来的制裁。

D 类法律的本质依赖于法院和其他法律适用机关的批评性态度，这意味着，法律材料的特点和它们的解释可以在不涉及该材料最初作者本意的条件下得到改变。

能不能存在着没有得到制裁支持的法律义务呢？就事物的本
153 质而论，虽然通过强加得到制裁支持的义务来规范人们的行为在许多情况下是有效的，但是，并不是在一切条件下都有效。（在今天的英国，劳资关系可以在什么程度上得到类似的规定?）有一个

① 法院的态度并不是唯一的可以区分制裁与其他强制性措施的根据。它也不是唯一的可以帮助区分不同形式的制裁的根据。但是，它是确立这些区分的一个重要因素。

不能通过强加制裁的方式而得到有效规范的领域，它就是高级的法律适用机关和立法机关的行为。其原因不在于逻辑上的不可能，而是在于这些方式在这些领域内的不实用。在许多社会共同体内都有这样一种共识，处于这种地位的人们需要一种相对的豁免，从而使他们可以免除被追究判断错误的后果，或者是免除被追究由于错误使用权力而招致的严厉而恶毒，以及夸大的批评。还有，通常这些官员有权力保证自己可以获得这种豁免。结果，在许多法律制度内，只有当那些高级官员犯下全面而严重的错误时，他们才受到制裁。不过，这并不意味着他们可以在不涉及全面而严重的错误时就可以享有完全的自由裁量权。

因此，在许多法律体系中，只要当一个人经过一定的法律程序可以废除或撤销一种官方的措施，而且，当他可以因为某些官方措施而带来的损害而从国家或某些公共机构获得赔偿时，这样说才是适当的，即采取了上述那些措施的官员实际上是侵犯了义务。这就等于确认如下规范的陈述：在许多法律体系中，立法和司法官员有一种普遍的义务，即不得尝试获得、使用他们自己所不具有的权力，而且，他们还有义务根据社会的普遍原则而行使权力（例如，充分调查有关事实，听取当事人各方的意见，基于相关考虑而作出具体判决等）。

在许多法律体系中，总会有强加给政府部长和其他官员的、不得为什么行为的义务，这些只是针对这些行为的不同的批评性反映之后果。在许多法律体系中，官方的某些形式的滥用权
力肯定会遭遇到公众和立法机关中公众代表、法院，以及行政机 154
构本身的批评。当这样的批评能够通过批评的效果、判断的对

错、政策是否合理而区别开来时，当行为被视为是“违反规则的”而根本不考虑它们的实际后果时，批评和法律救济的存在似乎就指出强加法律义务法律的存在，虽然它们没有得到任何制裁的支持。

在下面的四五页里，我将要对法律义务与D类法律之间的关系，以及制裁、法律救济与批评的关系作出几点说明。这些都意味着是对那些与D类法律有关的、可以被大众所接受的法律个别化原则的总体说明。还有，作为一种总体说明的具体方式，它所包含的法律材料应该得到重新解释。当然，我们也忽略了许多问题，这里所给出的说明也非常一般化。对于D类法律的全面调查应该是一项独立研究的合适主题。在一种彻底的研究中，有些因素是不得不考虑的，其中有两点特别值得一提：

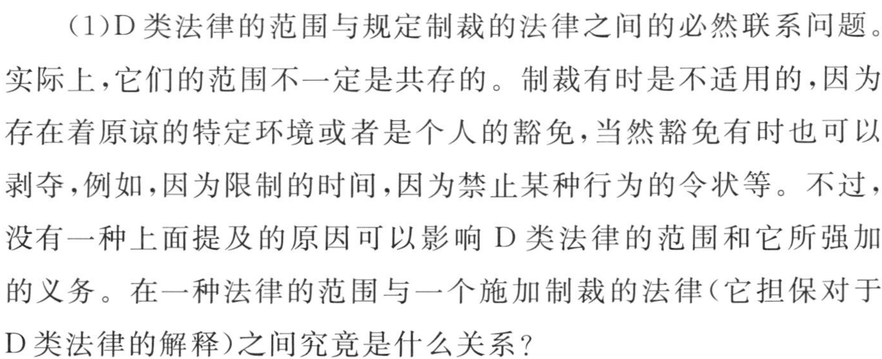

(1)D类法律的范围与规定制裁的法律之间的必然联系问题。实际上，它们的范围不一定是共存的。制裁有时是不适用的，因为存在着原谅的特定环境或者是个人的豁免，当然豁免有时也可以剥夺，例如，因为限制的时间，因为禁止某种行为的令状等。不过，没有一种上面提及的原因可以影响D类法律的范围和它所强加的义务。在一种法律的范围与一个施加制裁的法律（它担保对于D类法律的解释）之间究竟是什么关系？

(2)在某种程度上，相似的义务与责任的关系问题。例如，审查代理责任、绝对责任等。在理解一种责任或承认一种错误时，共同行为是如何影响持久性义务的，以及它如何影响责任？当然，还有许多类似的问题。

155 制裁的使用可以被明文规定（例如它就是一种义务），也可以表现为允许。在这两种情况下都可以依赖于同意、主动性和不同个人的自由裁决(受伤害的个人、公共检察官、法院,甚至监狱委员会等)。在下面一章,我们将会争论说,允许适用制裁可以单独构成一个法律。规定制裁的法律可以被称为是 S 类法律,由此适用一种制裁成为义务的法律被称为 DS 类法律。仅仅允许适用制裁的法律可以被称为 MS 类法律。

一种法律体系在它的 S 类法律中可以仅仅包括 DS 类法律,而不包括 MS 类法律,而且也不会因此而创造一种不确定的后退。首先,由于并非每一个 D 类法律都会产生一种对应的 S 类法律,因此,并非每一个 DS 类法律都需要得到对应的 S 类法律的支持。其次,由于一种 DS 类法律规定制裁那些对它自己和其他法律的侵犯。[①] 还有最后,法律中法律规范可以相互依赖的特点。请考虑一种法律内的下面四种法律规范,它们可以区分 A 义务与 B 义务:

1. 每个人都有一种 A 类义务,即不得偷窃。

2. 每个人都有一种 B 类义务,即养育自己的孩子。

3. 每一个 A 类法院都有一种惩罚每一种侵犯 A 类义务的 B 义务。

4. 每一个 B 类法院都有一种惩罚侵犯 B 类义务的 A 义务。(原文如此。)

这些法律所强加的每一种义务都得到了制裁的支持,而且没有一种法律会规定制裁那些侵犯自己所强加的义务的行为。

---

① 参见哈特“自我规定的法律”。

考虑到一种大家都可以接受的法律的个别化原则，下面两个与法律体系结构有关的命题叙述如下：

（Ⅰ）每一种法律体系都包括D类法律。[①]

（Ⅱ）每一种法律体系都包括S类法律。

第一个命题几乎无须证明。强制性的义务是主要的，而且在很多方面，它还是法律实现自己职能的最重要的方式。当然，这种职能还不仅仅是规定和指导人们的行为。下一节将要说明，法律实现自己职能的所有其他方式都严重依赖于强加义务。第二个命

156 题直接来自上面我们从第一个命题中得出的结论。当然，人们不能说，每一个D类法律的存在都依赖于与之相应的每一个S类法律的存在，因为它不是事实。但是，每一个其主体不是官员的D类法律的存在还真是依赖于对应的S类法律的存在。而且，可以说，除非已经有了针对非官员的D类法律，否则也就无官员可言。因此，在每一个法律体系中都必须有一些针对非官员的D类法律存在，而且，在每一个法律体系内都必须有与这样的D类法律相对应的S类法律的存在。

至于S类法律可以不依赖于对应的D类法律而存在，那么：

（Ⅲ）每一种惩罚关系都是一种内在的关系。

① 命题：这个系列可以在第156页、第164页、第169页、第170页和第171页中找到。

（Ⅳ）在每一个法律体系中都有内在的惩罚关系。

指导官员行为，并且没有得到S类法律支持的D类法律与所有法律具有一种内在关系，因为它提供了对于D类法律存在来说是必要条件的补救措施。不过，这样的内在关系并不必然存在于每一个法律制度之中。

五、授权性法律

规范是指导人们的行为的。边沁、奥斯丁和凯尔森都认为，法律指导人们行为的唯一方式就是通过对其加以规定。上节对于D类法律的解释也就是对规范人们行为的法律规范的解释。D类法律只是规范性规范之中的一类，它们本身就是法律的规定性规范。我之所以把D类法律和与之类似的规范称为规定性的而不是强制性的，是为了特别指出它们不需要由意在创造法律的行为而产生。边沁、奥斯丁和凯尔森都采纳了一种强制性的规范理论，他们都认为每一种规范都是强制性的规范。我们是根据哈特的理论才勾画了一种规定性规范的理论，它们并不必然就是强制性的规范，
不过，通过提出某些标准的服从理由，它们可以使用大致相同的方 157
式实现规定性规范理论所要完成的任务。这些标准理由的本质，以及它们得以施展的具体方式一直就是前面说明的主要问题。本节将说明那种指导行为，但又没有对其加以规定的规范概念。考虑到这样一种人们向往的情况，即受法律指导的每一种行为状况都应该被认为是一个独立的法律的核心，那么，这些规范的存在使

得其他类型的规范的存在成为可能，后者也常常被称为是授权性法律或者P类法律。所有的P类法律都是规范，因为它们能够指导人们的行为。这里所提出的“P类法律的本质在于它就是规范”这一论断，建立在哈特自己提出的几点看法之上。这些看法可以在哈特的《法律的概念》一书中找到。[①]

在讨论某一类规范是否存在的时候，人们应该区分两种考虑。本体论的考虑决定着是否有充分的理由来规定抽象的实体。规范的考虑则决定着这样一些实体是不是规范。例如，在第二节和第三节里，我们一直在争论说，就规范性考虑而言，秩序可以被视为是规范，但是，人们也完全可以怀疑，对于把它们看作是有关的实体能不能得到本体论的证明。本体论的考虑和规范的考虑应该得到语义考虑的某些补充，这种语义考虑决定着哪些术语比较适合于描述规范，并且能够描述适当的场合。在其中，规范完全可以得到通俗的表达。不过，通过这样的研究，我对于语义的考虑目前没有什么可说的。

哈特解释说，“有这样一些法律类型，……由于它们履行了不同的社会功能，它们与受到威胁支持的秩序之间的一致性也消失了。规定有效法律行为成立的法律规则并不要求当事人必须根据与自己意志无关的某种方式而行事。这些法律并没有强加义务或责任。相反，它们为个人实现自己的愿望提供了便利……。”[②]哈特在这里实际上提出了两个重要的论点，即，存在着一些授权性的
158 法律，但是，它们是规范，它们通过为个人实现自己的意愿提供便

① 特别是该书的第27—33页、第40—41页、第78—79页、第92—94页。

② 哈特：《法律的概念》，英文版，第27页。

利而指导人们的行为。第二个论点由于哈特自己对于下列规范的区分而蒙受巨大损失，即确定实现权利的能力或资格的规则，规定实现权利的程序和形式的规则，以及规定由行使权利而产生关于权利义务结构的持续性的规则。[①] 后来，哈特又把下列三种法律规则当作与前面规则类似的范畴，它们分别是规定立法者在哪些问题上有权力制定法律的规则；规定立法机关组成人员资格和身份的规则，以及规定立法机关工作程序和形式的规则。[②] 对我来说，所有这些法律规则都不是规范，它们也没有讲清楚什么是法律个别化的原则，以及究竟基于什么理由，我们才应该把它们当作法律而不是法律的组成部分。如果它们是法律，它们也是那种本身不属于规范，但又与法律规范保持内在联系的法律，而且，它们的法律相关性还是来自于它们对于这些法律规范解释和适用的具体影响。这些法律将在下一章详细说明。本节仅仅关心那些不属于D类法律的法律规范。

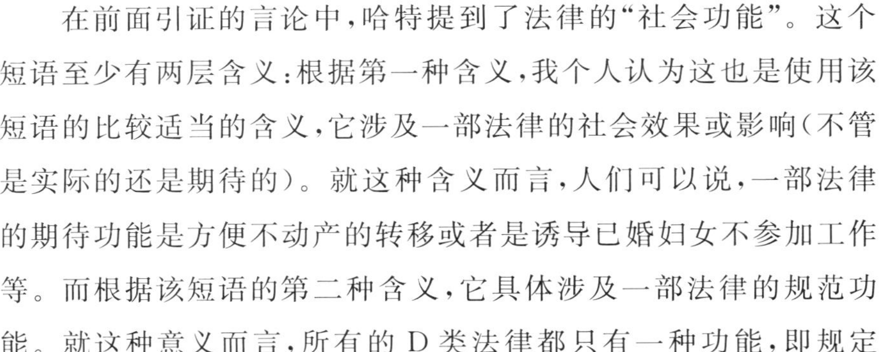

在前面引证的言论中，哈特提到了法律的“社会功能”。这个短语至少有两层含义：根据第一种含义，我个人认为这也是使用该短语的比较适当的含义，它涉及一部法律的社会效果或影响（不管是实际的还是期待的）。就这种含义而言，人们可以说，一部法律的期待功能是方便不动产的转移或者是诱导已婚妇女不参加工作等。而根据该短语的第二种含义，它具体涉及一部法律的规范功能。就这种意义而言，所有的D类法律都只有一种功能，即规定

① 哈特：《法律的概念》，英文版，第28页。

② 同上书，第31页。

某种行为方式。P类法律的规范功能就是为个人提供可以实现他们愿望的便利。规定程序的法律(在其中也可以使用某些权力)也有某些社会功能,如防止赤字等,但是,它们并没有任何规范功能,因为它们本身并不提供任何便利。它们并没有授予权力,也不是规范。本节所关心的就是如何解释P类法律的规范功能。

159 D类法律和其他的规定性规范通过规定具体的行为方式而指导人们的行为。它们可以规定行为是因为它们的存在也包括了如下事实的存在,而这些事实,第一,构成了在特定适用这些法律的环境中人们服从这些规定的理由;第二,这些事实又是由人们对于该服从而没有服从规定的反应而引起的。它们的存在当然也依赖于人口中大多数人的行为。这是所有规定性规范的特点,而不管它们是不是强加了义务。

规定性规范可以被当作是O类规范的一个特殊种类。下面就是关于O类规范的三个阶段的局部分析的一个简略的介绍。让我们把Z当作是某些人在 C_1 条件下做 A_1 事的行为环境,把Y当作是某些人在 C_2 条件下做 A_2 事的行为环境;而把P当作是事物的一般状态。那么,关于一个O类规范的普遍公式就可以表达为Z+P。它还可以这样读:通过在 C_1 条件下做 A_1,一个法律主体就有一种对于P(或得到P)的O类权力。也就是说,一个O类规范可以赋予主体一种O类权力。

第一阶段:标准理由的存在。假设下列条件已经得到满足:

(1)Z状况的发生对于后面的P的出现提供了相当程度的或然性。

(2)主体(例如完成Z的个人)通常知道(1)。

(3)随着 Z 而出现的 P,对于主体而言,既可以是盼望的也可以是不愿意见到的。

当这三个条件得到满足时,人们就可以说,P 就是履行或不履行 Z 的一个标准理由。重要的是,P 有时是一个履行 Z 的理由,而有时又是一个不履行 Z 的理由。假设,P 是一个正在加热的卧室,而 Z 是一个电热器的开关。P 有可能跟随在 Z 之后,有时就是做 Z 的一个理由,有时又不是一个理由。基于两个原因,这是一个非常简单的例子。第一,做 Z 没有会被法律主体视为有利或不利的其他结果。第二,在大多数法律主体的心目中,在大多数场合,P
的有利与不利只涉及一个问题,即人在他们的生活环境中需要某 160
种程度的热量。在这些条件得到满足的其他环境内,虽然可能更为复杂,但是,其问题完全一样。

第二阶段:前规范状况。假设前三个条件和下面的条件都得到了满足:

(4)P 与履行 Y 的每一个情况一致或者是如此履行的结果,Y 又可能伴随着每一次 Z 的履行。

(5)Z 的完成是实现 Y 的一个理由或部分动机。

(6)对于完成 Z 的法律主体而言,他或她知道条件(4)和(5)。

当这些条件得到了满足,人们可以说,Z 的完成导致了 Y 的实现,又因此而导致了 P 的实现。当 P 被 Z 的主体视为是有利的,一旦当 P 对于他不利时,一个 Y 的完成对于 Z 的主体而言,又被认为有某种好处。当 Y 和 P 有可能跟随 Z 的完成时,它有时是完成 Z 的一个理由,有时又不是完成 Z 的一个理由。可以这样说,根据法律主体完成或不能完成 Z 的能力而言,该主体对于 Y 和 P 的出现有某些控制力。在这种情况中,人们会认为,主体对于 Y 和 P 有某种 O 的权力。比如说,当一个人要求另一个人打开电热器开关时,或者在某种强制有可能发生的环境中命令对方这样做时,就表明这样一种前规范的状况的确存在。另一个例子可能是这样:如客人知道,一旦把自己的大衣放在主人的卧室之中,可能会使主人自己去打开电热器。

第三阶段:规范的存在。假设除了前 6 个条件之外,下面的两个条件也得到了满足:

(7)作为完成 Z 的结果的 Y 的实现,在多种情况下,涉及特定社会中大多数人的积极参与或默认。

(8)而条件(7)的满足又被该社会内大多数人所广泛了解。

161 当所有这 8 个条件都得到满足时,规范的思考就证明讨论规范的存在是有意义的。因此,可以说,在特定的人群中,如果通常这样的要求得到承认,而其他的条件又得到满足,授予人口中多数成员一种获得食物(通过为他们的子女要求食物)的 O 权力的一个规范就真的存在,即使这时不存在要求人们在这些环境中表示仁慈的义务。我们在这样的环境中不经常讨论规范的有无是出于本体论的或者语义学的考虑而不是出于规范的考虑。[①]

① 我的主张,即分析我所说的一种非常重要的规范形式——O 类规范,的确要提出某些怀疑,而且,我认为,如果不更加详细地解释,这些怀疑就不可能得到解决。不过,应该注意,就研究法律规范的目的而言,人们完全可以同意说,前面所说的种种观点只是关于 O 类规范的部分特点的归纳。人们完全可以把它们当作是某些规范的必要的但还不是充分的存在条件。下面将要提出的、对于 PR 类和 PL 类法律的说明包括了一些更进一步的条件,而它们在任何情况下都可以证明把这些类型的法律视为 O 类规范是完全合理的。

规定性的规范可以根据 O 类规范的特点这样界定：

让 - Z 表示没有完成 Z，而“Z！ P”则可以读成“Z 是根据 P 的痛苦而规定的”，而“Z!”则表示“Z 表现为一条规则”。

定义：如果 P 出现在没有完成 Z 的场合，通常被规范主体认为是对自己不利的事情，那么，“Z！ P”意味着“- Z＋P”。

定义：Z！ 意味着“(∃P)Z！ P”。

如此解释的话，规定性规范就被视为是 O 类规范中的一个特殊类型。O 类规范指导人们的行为，但是，某些 O 类规范并没有在一个明确的方向上指导人的行为。一个 O 类规范的存在有时是完成规范行为的一个理由，有时，它又是不完成这样一个行为的理由，因为可能出现的后果有时是有利的，有时又是不利的。当完成规范行为可能的后果在各种情况下都不利时，那么，规定的内容就应该是不完成这样的行为。

当然，这样一种对于 O 类规范的大致分析，以及它们与规定性规范之间的联系在各个论点上都需要进一步精致化和深化。不过，这是关于规范的普遍理论的一个任务。就本章的研究而言，这样一种大致上的分析就足够了。O 类规范依赖于人们对于自己行 162
为的广泛而又基本一致的反应。人们非常自然地假设，O 类规范所假设的、人们的统一反应还不仅仅是一个重合问题。当人们通常在大致相同的环境中作出大致相同的反应时，那么他们这样做的理由想必也大致相同。这些理由可能出于他们对于正确和错误的认识，以及他们对于自己生活于其中的社会共同体的善、自己的善的一般信念。

一种统一反映的一个可能的理由是，这种反映本身就是一种义务。通过做Z,某些人对于P享有一种O权力可能出于这种事实,即导致P的Y本身就是另一个规范的内容,即当Z就是一个规范时,用Y! 表示。一旦属实,那么,在这两种规范之间就形成了一种内在关系。因为,一方面,由于规定性规范的存在,O类规范才得以存在;另一方面,O类规范又规定该规定性规范的具体适用。换句话说,两种人的身份都会受到O类规范所授予的O权力的行使的影响。他们分别是:由于规定性规范而有义务以某种方式行为的人和在特定环境下有义务作出某种行为的人。O类规范与一个规定性规范之间的内在关系可以被称为"规定性关系"。只要O类规范与规定性规范有这样一种关系,O类规范就可以被适当地称为是通过某些例子授权规定某些义务实现的规范。这类形式的O类规范将会被称为是PR类规范,而它们所授予的权力则被称为是PR权力或规定权力。

在规定性关系中,PR类法律与它们要加以规范的D类法律相互对应。与其他的非规范性的O类规范一样,在特定的环境下,它们对于行为的指导不是使某种行为方式比避免这种方式更为可行,而是规定某种行为的具体的后果,这就会表明有时完成这些行为有利,而有时不做这些行为有利。

在各种各样的法律中,PR类法律具有相当的重要性,但是,实际的PR类法律通常比我们已经描述的PR类法律更为复杂。同
163 样,通常,它们规定了不止一种D类法律的适用,而且它们有时规定D类法律的适用是通过比较曲折的方式,例如,通过规定其他PR类法律的适用,而后者反过来又规定了D类法律的适用。又如,授予官员们一种确认人们之间婚姻关系是否有效的法律。这

些法律的效力依赖于其他的创造婚姻地位的法律，也就是那些规定已婚双方义务和授予他们权利的法律。这些授予权利的法律的法律效力反过来又依赖于其他的规定如何具体适用的法律。

授予权利以转移财产所有权的法律，或者宣布紧急状态的法律，实际上有共同的特点。它们都可以使某些人属于某些法律的适用对象，因此，既可以授予他们权利，也可以剥夺他们的权利；既可以规定他们的义务，也可以免除他们的义务。

规定性的关系将在下一章得到比较深入的讨论，在那里，PR类法律与其他种类法律的关系将得到进一步的说明。上面的讨论使得我们的 PR 类法律也是规范的主张更加实质化了，因为它们能够指导具体行为。通过为某种行为某人就可以转移他的财产是一个事实，而这个事实有时就是他如此行为的理由；有时，它又是一个不为这些行为的一个同样好的理由。

PR 类法律只是 O 类规范中的一类。它们的特点在于：如果 PR 类法律要有什么效力的话，完成某个规范行为的反应本身就是另一个规范的内容，而后者又往往与 PR 类法律共存。应该注意，还有另外一类 O 类规范。它们是授予立法权的规范，或者说是 PL 类规范。它们的特点在于：对履行规范行为的适当反应被另一个规范加以规定，而当 PL 类法律得以产生时，这种另外的规范还不存在，它们是被 PL 类规范的规范行为自己创造的。规定义务（当所有权转移时，义务也随之而转移）的 D 类法律在所有权转移之前是存在的，而且仅仅由于它们的存在，授权转移所有权的 PR 类法律才有法律意义。当一个人签订了一份合同，那么，强加给他的义务往往就规定在合同本身之中，规定在由于他的行为而产生

的一个规范之中，而不是来自于一个已经存在的规范。授予 PL
类权利以签订合同的 PL 类法律的意义并不依赖于其他法律的存
164 在。即使在任何有关法律得以创造之前，PL 类法律也有自己的相
关性。它的相关性在于它授权创造新的法律。

同样，当宣布紧急状态时，有关部门的首长就规定了他没有创造的有关法律的适用，而如果这些法律要有法律效力，就必须存在于该紧急状态令之前。另外，通过这样一个规定，该首长并没有规定其他已经存在的法律的具体适用，他正在创造一个新的法律。他所规定的义务又被他创造的法律加以规定，而不是被先前的法律加以规定。

通过行使立法权（而该权力又得自一个 PL 类法律的授权）而产生的法律与 PL 类法律有一种内在的联系，或者是一种“生成关系”。下面应该强调这样两个命题，虽然由于它们仅仅关心法律体系最低限度的内容或最低限度的复杂性，这里就不便为之辩护了。

（Ⅴ）每一种法律体系中都有 PL 类法律。

（Ⅵ）每一种法律体系中也有 PR 类法律。

本书第八章将会详细研究这两个命题中的第一个命题，那时，我们还会主张说每一种法律体系中都有享有立法权的法院。因此，又有了如下两个命题：

（Ⅶ）在每一种法律体系内，法律之间都会有一种生成关系。

（Ⅷ）在每一种法律体系内，法律之间都会有一种规定关系。

命题（4）直接来自命题（2），而命题（3）则直接来自命题（1）。

还有，虽然不能说对于每一个 PL 类法律来说，都有与之对应的、通过行使该法授予的权力而制定的其他法律，但是，的确有一些这样的法律与 PL 类法律相互对应，这些与 PL 类法律对应的法律都与 PL 类法律有一种生成的关系。

PL 类法律与 PR 类法律也有相同之处，它们都指导人的行为，但是，并不在每一个适用的场合都严格规定同样的行为方向。有时，它们的存在是完成规范规定行为的理由，有时，它们又是不为这类行为的理由。因此，它们都被称为是授权性法律或 P 类法
律。法律体系只包括两种规范，即 P 类法律和 D 类法律。理解它 165
们的功能和相互联系是理解法律制度结构和功能的一个非常重要的方面。哈特所说的，在主要规则和次要规则之间存在着理解法理学的钥匙。[①] 上面关于 D 类法律和 P 类法律所提供的解释，以及它们之间的关系，就是对哈特格言的一个解释。不过，在若干方面，我们的解释不同于哈特对于主要规则的解释，也不同于他关于主要规则与次要规则关系的解释。

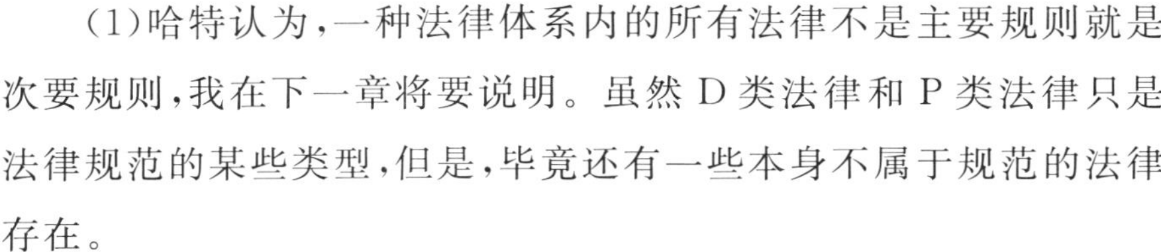

(1)哈特认为，一种法律体系内的所有法律不是主要规则就是次要规则，我在下一章将要说明。虽然 D 类法律和 P 类法律只是法律规范的某些类型，但是，毕竟还有一些本身不属于规范的法律存在。

(2)在第八章将要说明，承认规则不是一个 P 类法律，而是一个 D 类法律，因此说 P 类法律可以对应于哈特的次要规则是不正确的。

① 哈特：《法律的概念》，英文版，第 78 页。

(3)哈特说过,次要规则可以与主要规则分处于不同的层次中,并且,它们只关心主要规则。在某种意义上可以说,主要规则关注个人必须为或不为的行为,而次要规则则关心主要规则本身。[①] 这似乎是一条相当不幸的描述事实的方式。虽然次要规则与P类法律,主要规则与D类法律分别具有内在联系,它们不是关于自己的,而是关于人的行为。正是这种行为才是次要规则所指导的,就像主要规则和D类法律所做的一样。当然,次要规则是在一种不确定的意义上指导的。

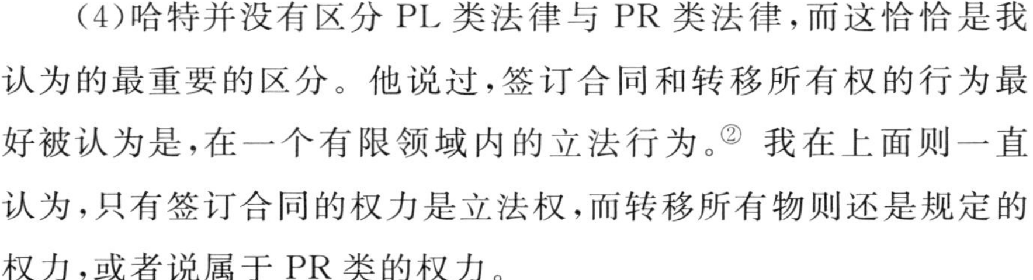

(4)哈特并没有区分PL类法律与PR类法律,而这恰恰是我认为的最重要的区分。他说过,签订合同和转移所有权的行为最好被认为是,在一个有限领域内的立法行为。[②] 我在上面则一直认为,只有签订合同的权力是立法权,而转移所有物则还是规定的权力,或者说属于PR类的权力。

边沁真的认识到了立法权与规定权之间区分的全部重要性,虽然他并没有尝试在法律类型之间做这样的区分。不过,即使边
166 沁也没有能够提供一个准确的标准,以便确定哪种权力属于哪一个范畴。我在此也不想继续纠缠于这个问题,因为这里没有什么容易的解决方案,而且对于它的研究也不属于本书的引导性目的。

(5)哈特的审判规则的概念将在第八章得到详细说明。人们最好把它当作PL类法律或变化规则的一个亚种,而不是把它当作等于同变化规则的次要规则的一个特例。

① 哈特:《法律的概念》,英文版,第92页。

② 同上书,第94页。

关于服从性法律的笔记

边沁和奥斯丁都认为，至少有些授权立法的法律是服从性的法律。[①] 我在上面建议所有这些法律都应该被认为是PL类法律。偏爱PL类法律而不是服从性法律，并把它当作是对于能够授权立法的法律概念的一个解释。其原因在于：

无论什么时候，只要形式(1)的陈述是真的，即"X可以在C环境下通过A的行为而享有制定法律的立法权"，那么，具有形式(2)的陈述也是真的，即"如果X在C环境下做A，则Y有义务服从或者应该服从X"。形式(2)与形式(1)之间有一种相互限制的关系。如果同意接受PL类法律范畴的话，形式(1)的陈述可以被视为对于这种法律的标准描述。同样，如果同意有服从性法律这样的范畴，形式(2)的陈述可以被认为是对于这种法律的标准描述。

这些形式的陈述可以被安排为一种相互限制的关系表明，如果PL类法律是关于授权立法的一种解释，这也是我一贯主张的，那么，服从性法律也是一种解释。究竟根据什么理由而偏爱PL类法律，并把它视为是对于授权立法的法律的解释？为什么不同时假设PL类法律和服从性法律呢？

希望避免啰唆，以及对于普通的法律概念怀有信心，意味着拒绝了最后的可能性。一方面，我们通常认为，授权立法涉及一个而

① 参见本书第一章。

不是多个法律。进而，正如任何成双的陈述都可以彼此互相推导一样，假设其中一个陈述的存在以便建立这两个陈述的真实性是完全可以。另一方面，人们也期待着，被法律所指导的每一种行为
167 环境都应该是一个独立法律的核心。授权立法的法律既指导被授权制定法律的官员的行为，也指导任何潜在的受其制约的法律主体的行为。第一种形式的陈述描述了立法者行为受指导的具体方式，而第二种形式的陈述则描述了潜在的法律主体的行为是如何受到影响的。这难道不是同时假设 PL 类法律和服从性法律都存在的一个例子吗？

这实际上是一种普遍要求之间的冲突，而它的解决则只能通过认真衡量相互冲突的要求究竟孰轻孰重。

由于这种情况很难说清楚，即一种陈述限制了另一种陈述，而且限制还是相互的，我建议只能假设某一种形式的法律的存在。我之所以偏爱假设 PL 类法律的存在出于如下两个理由：第一，这是我们通常习惯的思考法律的方式。第二，被授权立法的法律所指导的立法者的行为似乎比潜在的法律主体的行为更加直接和及时。因为，在某种意义上，只有当立法者使用他的权力制定法律时，他们才受到影响。

本节的讨论集中在授权立法的法律方面，即被意在创造法律的行为所推动的制定法律。如果得到授权，其他的人的行为也可能创造法律，[1]而授予其权力的法律也可以同样看待。

① 参见本书第三章。

第七章　作为法律体系的法律制度 168

一、论法律的规范性

已经提到的所有法哲学家都在下面这个关键问题上具有共识：他们都认为每一个法律就是一条规范。我在这一章将提出一种观点（后面还会说明它的意义），即规范性是法律的一个重要特点，但是，某些法律不是规范。说得清楚些，考虑到法律体系所具有的最低限度的内容和复杂，考虑到一个已经被普遍接受的个别化原则，在任何法律体系中都有一些不属于规范的法律。由于最低限度的内容和复杂没有得到讨论，这里只能明确的是，那些不属于规范的法律完全有可能存在。

这样的法律依赖于法律的以下特性，即避免重复，以及没有特殊理由不得偏离人们的一般理解等。然而，这些法律所依赖的最重要的根据还在于，解释法律体系内不同部分之间重要联系时的简明和清晰。本章只想说明不属于规范的法律的存在，因此不想列举和分析不属于规范的所有类型的法律。下面两节只能分别讨论两种类型，并解释它们的优越性。

不过，在开始讨论之前，有一个原则还是需要明确。正如在导言中所指出的那样，法律的三个最重要的特点分别是它的强制性、体系性和规范性。多数法哲学家观点上的差别可以被认为是对于这三个特点的不同说明。在前面一章，我们已经提出了一种对于规范性的部分解释。这种解释认为，由于法律的功能是引导人们的行为，所以法律是规范性的。这种引导有两种具体形式：通过规
169 定避免如此行为的某种标准理由，影响人们某种行为过程的后果；通过规定追求某种行为或避免某种行为的理由（至于究竟如何则视立法者的选择），影响人们的某种行为过程的后果。这种观点不同于边沁、奥斯丁和凯尔森的理论，他们都只考虑第一种引导形式。不过，这种观点倒是与哈特的观点相互一致。哈特认为，法律有时也通过规定实现愿望的方式而引导人们的行为。

不过，哈特似乎也同意其他法哲学家们的认识，即法律的规范性意味着每一个法律都是规范。根据边沁、奥斯丁、哈特，也根据凯尔森的理论，在法律个别化问题上最重要的考虑就是，必须保障每一个法律都是规范。因此，他们才提出了个别化的原则，以及他们自己定义的法律概念，这也是他们提出的唯一的解释法律规范性的因素。

为了反驳这种观点，我已经在本书第六章第三节提出，实际上存在着许多影响法律的个别化和法律概念的因素，因而也就会形成许多不属于规范的法律。法律的规范性可以通过以下两个命题而得到解释：

（Ⅸ）每一种法律体系内都存在着规范。[①]

① 参考本书第六章第四—五节。

(Ⅹ)不属于规范的一种法律体系内的所有法律都与法律规范保持着内在的联系。[①] 例如，它们可以影响到法律规范的使用和存在。而且，它们唯一的法律相关性也就是它们影响法律规范存在和适用的具体方式。

如果要用这种解释取代当前流行的解释(它认为每个法律都是规范)，会产生两个结论：(1)已经证明，依赖于法律之间内在关 170
系的、关于法律规范性的解释建立在法律体系而不是法律的概念之上。(2)对于法律概念的分析依赖于对于法律体系概念的分析。因为，要理解某些类型的法律，就需要了解它们之间的内部联系。而且，这些法律的类属性来自于它们与其他法律之间的共同性。因此，分析法律体系的结构对于界定“法律”来说是不可缺少的。[②]

二、论允许

下面的命题可以补充进来。

(Ⅺ)就每一种临时性的法律体系而言，每一种没有被本体系所属的特殊法所禁止的行为都是允许的。

无论法律体系的具体内容究竟是什么，命题(Ⅺ)都可以为真。

---

① 内在关系至少有时是过渡性的，因为，通过影响一部法律的存在和适用，它们也影响到那些本身依赖于这部法律存在和适用的法律。

② 参考本书“导言”。

如果一种临时性的法律体系禁止履行没有被法律公开禁止的行为，这个命题也可以是真的，当然就这种体系而言，这是一种空洞的真实。因为，作为一个事实，实际行为总不外乎两种情况，即或者被公开允许或者被公开禁止。只要它承认一个法律体系，这种法律体系包括了一部允许除了其他法律禁止的行为之外的一切行为，它就还是空洞的真实。

正如上面公式指出的，这样的一个命题只能适用于临时性的法律体系。而为了也同样适用于非临时性的法律体系，这个命题就必须被修改以便解释溯及既往的法律的可能性。在特定事件或行为之后，具有溯及力的立法总是会禁止某一种行为条件。法院的关于某一特定行为属于犯罪的判决，虽然事先并没有法律规定其为犯罪，也属于这样一个具有溯及力的立法；有时，它只能适用于某一特定行为，有时它等于是创造了一部（部分地属于新的）具有溯及力的、一般性的法律。

考虑到命题的真实性不依赖于特定法律体系的具体内容，而且它应该区别于那些允许或禁止还没有成为法律体系所规定的所
171 有行为的特殊体系，那么，这一命题的意义又在哪里？它反映了通过规定人们行为而调整人际关系的法律的概念，而且，它还体现了把法律体系视为独立的规范体系的决定。例如，那些规范体系，它们也正在被人们以不同的方式加以研究。

从这一观点的法律方面来看，所有这些行为，只要没有被禁止，就都是允许的。这也就反映了一个事实，法律是通过规定或禁止人们行为的方式指导人们的。如果法律没有规定或禁止人们的行为，那么，它就不能以这样的方式指导人们的行为。说一个行为是被允许的，就是说它是不能以某种确定方式指导的，是不能被规定的。“除非被法律禁止否则都是允许”的这样一个原则体现了一个决定，就是去考虑法律以某种形式指导人们行为的具体方式，而无须考虑这些行为可以被其他方式指导的可能性。

前面的命题（Ⅺ）应该加以补充而成为：

> （Ⅻ）就每一种临时性法律体系而言，没有什么未来的行为可以创造法律或影响法律的适用，除非临时性法律体系内有这样一个法律，它授予了这样的权力。

某些行为，它们发生在特定的临时性法律体系存在之前，可以被承认为是这一体系的立法权力的实践，即使这一体系并没有包括这样一种明确授权的法律。例如，如果某一体系包括了未经合法授权而产生的法律，那情况就是如此。[①] 这些立法行为不受法律指导，因为它们行使法律权力的实践只能是来自于这样的事实，即随后而出现的临时性法律体系包括了它们所制定的法律。

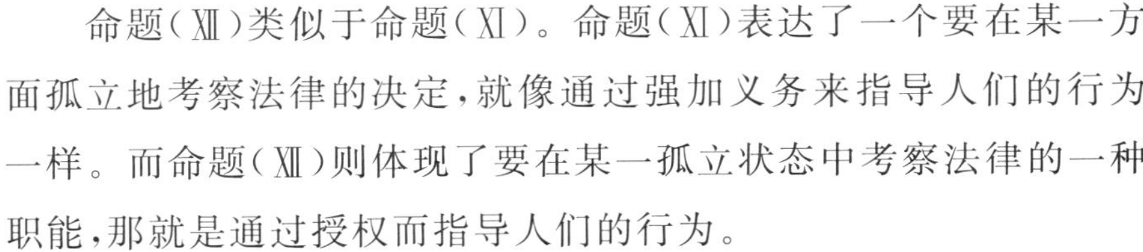

命题（Ⅻ）类似于命题（Ⅺ）。命题（Ⅺ）表达了一个要在某一方面孤立地考察法律的决定，就像通过强加义务来指导人们的行为一样。而命题（Ⅻ）则体现了要在某一孤立状态中考察法律的一种职能，那就是通过授权而指导人们的行为。

由于命题（Ⅺ），似乎可以说，每一种没有被法律所禁止的行为条件都可以被视为是允许这些行为的法律的核心。然而，还没有 172

---

① 参见本书第二章和第六章。

人会接受这样的一般性理论，因为它与一般意义上的法律的规范性相互冲突。一方面，说一个行为是被允许的并不是在描述一个行为规范，它不是说一个行为受到了指导，而是说它没有被指导；另一方面，描述这种允许的陈述，一般地说，不是对于并非法律的规范的描述，因为这样假定的法律与任何法律规范没有什么内在的关系。

然而，某些具有这种形式——X 被允许在 C 环境下做 A 事——的陈述将被视为描述了并非法律的规范，它们因此也就被称为是保证允许的法律，或 M 法律。假定 M 类法律的存在也就意味着假定下列惯例的存在：

关于解释 M 类法律的一条惯例：当一个 M 类法律部分地与同一临时性法律体系内的 D 类法律相互冲突时，它们都是有效的，而 M 类法律只是 D 类法律的例外。D 类法律，尽管它有公开的内容，不能适用于属于 M 类法律处理的案件。

任何支配着 M 类法律个别化的公认的个别原则都必须保障每一个 M 类法律必须满足以下三个条件：

(1)被某一 M 类法律(属于某一个临时性的法律体系)所允许的行为条件只是被一个或数个 D 类法律所禁止的行为条件，而这些 D 类法律也属于同一个临时性的法律体系。但是，被 M 类法律所允许的行为条件并不等于被 D 类法律所禁止的行为条件，也不会与后者共同发展。

(2)人们有理由认为，M 类法律所保证的允许只是一个或数个 D 类法律所强加的禁止之例外。

(3)人们有理由认为，禁止的例外本身就是一个独立的法律。

解释的惯例和第一个条件确定了 M 类法律与 D 类法律之间的内在关系。它们保证每一个 M 类法律都会与一个或数个 D 类法律保持内在的联系。每一个 M 类法律都修正了至少一部 D 类法律的适用条件。而第二和第三个条件则证明,假定 M 类法律与 D 类法律之间有密切联系是完全有道理的。

例如,我们假设下面的陈述是真实的:(1)每个人在自卫时都 173
可以使用武力。(2)每个人都可以携带拐杖。(3)禁止携带枪支。那么,我们为什么认为第一个而不是第二个陈述是一个普遍禁止令的例外呢? 这不是因为不存在真实地描述一个禁止的陈述,而是因为(2)与之有部分矛盾。考虑到(3)下面的陈述就是真实的:(4)禁止携带棍状物品(这里棍状物品被界定为拐杖和枪支)。很明显,(2)与(4)有某些矛盾。然而,人们不应该认为它们之间是通例与例外之间的关系。因此,没有理由认为,(2)只是描述了(4)的一个例外。

把这样一种规范性陈述视为只是描述了一种普遍禁止令的例外,是基于大多数人的批判性反应,特别是法律创制机关和法律适用机关的批判性反应。换句话说,一个允许究竟是不是一个禁止令的例外依赖于人们赋予允许和禁止的不同理由。例如,如果禁止的理由也可以适用于被允许的案例,那么,一个允许也就是一个或数个禁止的例外。同样,只要某些案例自身的特点允许它们如此,并且还重于禁止它们的理由,那么,这些案例也就可以免于被禁止。

但是,由于描述一个允许的真实陈述只是描述了一个禁止的例外,它就只是被视为是一个独立法律的必要理由,但还不是必要而充分的理由。它可以被认为是一个描述了更为狭隘的禁止陈述的自然后果。例如，驾驶任何一款罗尔斯-罗伊斯轿车的人就是关于一个禁止驾驶1935年以前生产的汽车的禁止令的例外。不过，我们不应该认为，这种例外就是一个独立的法令，而是应该认为是一个陈述的自然后果，其结果是任何人都不应该驾驶除了罗尔斯-罗伊斯之外的1935年以前生产的汽车。这最后一个陈述，如果它描述了一个完整的法律，也就描述了一个D类法律。

把一个描述了允许的陈述视为描述了一个M类法律的一个理由是，对于D类法律中的任何一个个体而言，允许都是一个例
174 外，而且它还揭示了一个普遍存在的非常重要的特点，指出了法律之间的一种重要的联系。[①] 这也是为什么存在着允许自卫的法律和其他形式的自助的法律的一个理由。类似的理由还证明，在具有适当内容的法律体系内，在某些紧急状况下，为什么允许为了保护个人的财产而干预某人行使自己的财产权。

还有其他一些理由说明规定M类法律有道理。M类法律的一种形式，前面已经知道，就是被称为MS类法律的一组，即允许适用制裁的法律。有一种法律是S类法律，即使它只是允许而没有规定如何履行构成适用制裁的行为，但是，只要它是一个普遍禁止令的例外。规定MS类法律的理由并不是它们表现了许多法律的共同特点，而是它们可以澄清M类法律与D类法律之间的关系，而这对于理解法律来说具有至关重要的意义。

假如，禁止通奸的D类法令遭到破坏，那么，随之而来的制裁

① 参见本书第六章。

是：(1)受到背叛的一方或他的近亲可以在闹市鞭打有背叛行为的一方。最好把(1)视为是对一条 MS 类法令的描述，而不把它看作是惩罚通奸法律的描述部分。(2)通奸是被禁止的，除非有不忠行为的一方在闹市被鞭笞。如果持有下面的看法，那是比较棘手的，即把(2)视为既属于禁止通奸的法律，又属于规定了制裁通奸的法律。由于法律将证明自己既可以强加义务又可以规定允许，情况就更加严重。法律的这两种职能应该区别开来，并被分别赋予两种法律，即惩罚通奸的 D 类法令和怜悯通奸夫妇的 MS 类法令。

对于这些类型的 M 类法律的充分分析需要一种这里不便展开的比较详细的解释。毫无疑问，进一步的考察将揭示人们或社会对于其他类型的 M 类法律的需要。不过，本节的目的一直就是描述究竟是什么在支配着 M 类法律的个别化。通过这方面的研究和解释，在某些环境下，规定一种本身不属于规范的法律的必要性也就得到了证明。

不过，人们现在还不清楚，虽然 M 类法律可能存在于每一种 175
法律体系之中，但是，M 类法律是不是真的存在于每一种法律体系之中还是一个问题。但是，人们已经明确，无论什么时候，只要 M 类法律存在，它就一定会与至少一种 D 类法律有着内在关系，同时也对它所置身于其中的法律体系之内在结构发挥自己的作用。

在接受这样一种法律概念的时候，它承认本身是允许的法律有存在的可能性(这里我还是坚持边沁的观点)，[1]但是，有两点重

① 参见本书第三章。

要的区别：

(1)由于坚持每一种 M 类法律都修改了现存 D 类法律，因此，下面这种可能性（即使 M 类法律所修正的 D 类法律已经被这种或那种法律废除之后，一种 M 类法律还可能继续存在），已经不存在了。而且，与前面解释的规范性命题一样也得到了保障。[①]

(2)任何一种特殊的 M 类法律的存在都不依赖于具体的有关法律材料得以创造的环境，[②]而是依赖于这样一种判断，即承认它的存在是不是会促进决定着个别化原则的任何一种普遍目的。[③]

三、论规定权利的法律

每一种法律体系内的许多法律都必然与权利体系相联系，或预先假定它的存在。在它们当中，有些法律本身不是规范。本节将对规定权利的法律之本质，以及对权利体系内 D 类法律和 P 类法律的作用分别做一些说明。我将不讨论不同权利的分类和不同权利之间的差别，我所做的评论将仅限于所有这些与权利有关的法律的共同特点。这里应该强调，本节并不打算分析权利的概念，而是分析与权利有关的法律。这样一种分析是界定“一种法律权利”的前提条件，本节后面将对法律权利已经有的定义做一些评价。

---

① 如果要了解边沁的不同的观点，请参见本书第三章。

② 这是边沁的观点。详细内容请参见本书第三章和第四章。

③ 参见本书第六章。

人们对某物或者是他人的行为享有某种类型的权利。所有者的权利既不同于抵押者的权利，又不同于其妻子占有该物的权利。176
在某些方面，人们对于不动产的所有权不同于他们对于动产的所有权。同样，妻子占有某物的权利不同于儿童占有某物的权利。因此，人们必须区分的不仅是不同种类的权利（所有权、占有权等），还需要区分不同类型的权利主体和权利客体。

权利是权利主体与权利客体之间的关系。权利主体总是人，虽然并不总是自然人。权利客体既包括人，包括自然物，也包括抽象的法律主体。因此，有些权利就是三个层次关系。但是，规定这些权利的法律并不会与规定其他权利的法律有什么实质性的不同。

每一种最简单的关于一种权利关系的陈述，例如某些人对于某物享有某种权利，对某些人或针对某些人也享有某种权利，都被称为是一种关于权利的“核心”或“关键”陈述。每一部描述核心陈述的法律都应该包括一个核心陈述，或者在逻辑上等同于包括了一个核心陈述的陈述，也就是说，它是一部规定了被关键陈述所描述的权利的法律。

规定权利的法律可以分为三种范畴：它们分别是授权性法律、剥夺性法律和构成性法律。授权性法律明确规定了获得权利的方式，剥夺性法律明确规定权利被剥夺的具体方式，而构成性法律则强调了成为一个权利人的法律后果。

一种授权性法律规定，当某些条件具备时，以前没有某种权利的某人就开始获得了这种权利。如果“P”表明事实状态，“K”意味着这时一个关键陈述是真实的，那么，一种授权性法律的一般公式可以这样规定：当“- K”和“P”时，则“K1”。一种剥夺性的法律则规定，当某些条件具备时，曾经享有某种权利的某人丧失这种权利。它的普遍性公式可以表示为：当“K”和“P”时，则“- K1”。一种构成性法律则规定，如果某人享有某种权利，而且还有一些进一步的条件也得到满足，那么，他就享有另外一些权利或某种义务或
177 某种权力。这种法律的普遍公式则表示为：当 K 和 P 时，那么，就 Q，而 Q 就指明另外一个关键陈述或现存的义务或权力。

这些法律所特别强调的条件也可以分为三类：

(1)任何一种法律权利、义务、权力都存在于某些人的手里。

(2)某些人履行某些行为。

(3)某些其他事件的发生。

规定一种权利的一部法律可以同时规定任何一种这类权利的具体条件和数量。

例如，法律可以规定，人们可以通过接受礼物的方式而获得所有权，即前所有者的赠予行为。这样一种法律就可以说，就所有权而言，它既是授权性法律又是剥夺性法律。这种法律规定了一种通过另一个人的某些行为而获得所有权的方式，以及由于所有者的某些行为而丧失所有权的方式。另一种法律规定，对某种类型财产的所有权可以由于夫妇一方(他或她是以前的所有者)的死亡而转归另一方所得。这样的法律使得所有权的获得依赖于某种事件的发生而不是依赖于履行某种行为。

其他的法律可以规定，例如，每一个拥有土地的权利人都有义务缴纳土地税。一部法律甚至还可以规定，土地的所有者有权发放其他人访问或使用这块土地的许可证。一部法律还可以规定，

土地的所有者也就是土地上所有庄稼的所有者。所有这些法律都是构成性法律，它们确定了享有权利的后果。最后提到的那种法律也是授权性法律，因为它规定了获得权利的方式。

可以这样说，所有这些法律，无论它们是授权性法律、剥夺性法律还是构成性法律，都只涉及一种法律权利，所有这些法律都把法律权利规定在一种法律体系内，它们都得根据这种法律体系来界定法律权利。不过，这样的定义还不是我们所说的“法理学意义上”关于权利的定义。一种法理学意义的关于权利的定义必须能够揭示出规定权利的不同类型的法律的最重要特点。决定着究竟
什么才算是规定一种权利的法律的最重要特点的那些因素，这里 178
暂不讨论。不过，应该清楚地认识到，一种法理学意义的关于权利的定义预先要求人们对于在特定法律体系内规定权利的法律有所了解。

法理学上关于权利的定义不仅预先假定了规定权利的法律的特殊内容，而且还假定它们的具体结构。对于充分地分析法律概念来说，认真考虑权利被不同的法律所规定，而且考虑这些法律还有自己特殊的功能和结构，是非常重要的。因此，一种关于法律体系结构的普遍理论实际上是充分分析权利概念的必要前提条件。

在我看来，试图孤立地研究权利概念已经忽视了权利与规定它们的法律之间的联系，而这一事实也就在相当程度上解释了孤立研究权利概念所暴露的种种缺陷。

在分析权利时忽视规定权利的法律可能有许多理由，其中之一是这样一种认识，即权利术语不应该用于描述法律。这种认识应该与下面的认识区别开来，即立法者在立法过程中通常并不使

用权利术语来形成法律条文。立法者通常并不使用权利术语来制定法律的事实,如果它是一个事实,并不意味着法学家在描述法律时也不应该使用权利术语。

不使用权利术语描述法律大致上有两个不同的理由。例如,哈特就认为,“某人享有一种权利”的陈述可以用来在恰好处于这一规则下的一个特定场合中得出一个法律的结论,而这一规则本身并不涉及权利。[①] 在他的理论中,就其他权利术语(例如,是某物的所有者等)而言,也可以假定是真实的。我认为,权利术语用于制作可以使用的、规范性的陈述,仅仅因为它们适用于那些通过权利术语加以描述的法律。事实上,通过使用权利术语而可以更好地描述法律的理由也正是,在特定场合中,通过权利术语而可以更好地描述那些恰好处于这样的规则之下的特殊案例的理由。

179 罗斯(Ross)坚持另一种路线。他认为,包括关键陈述在内的陈述主要是作为法律的描述性部分的一种方便的方式而出现的。罗斯承认,当法律被涉及权利的陈述所描述时,法律的典型性是简化了。他认为,通过包括关键陈述在内的陈述,[②]许多法律规则都可以被简单化,也更容易被操纵。然而,他并不把这些陈述视为对于法律的适当的描述,因为许多这类法律并不是规范,而且,所有这些法律都不属于罗斯自己承认的唯一标准的法律形式。罗斯继承了凯尔森的如下信念,即所有的法律都是针对法官的,他还认

① 哈特:《法理学的定义和理论》,英文版,第 17 页。

② 《论法律与正义》,第 171 页。参考:“Tû Tû”,70. *H. L. R.* (1)819。罗斯的许多古怪的想法来自于他对于本体论问题的特殊角度。辛普森先生曾经批评了罗斯的很多错误认识。参见辛普森的论文“法律概念的分析”,80. *L. Q. R.* 535。

为，所有的法律都是规定性的。[①] 事实上，这些观点已经被批评，并且已经被学界拒绝了，而且罗斯本人也没有拿出新的和有效的论点来支持自己的认识。

罗斯曾经提到过“通过在一系列规则中指出创造所有权的事实，在另一系列法律事实中说明所有权存在，[②]就可以表达一种代表的技巧”。假定它们就是一些法律，而不是法律中的组成部分。根据罗斯的理论，当它们是法律时，人们也许就能够把罗斯的第一系列法律规则等同于我所说的授权性规则，而把他的第二系列规则等同于我所说的构成性规则。可是，罗斯忽略了剥夺性规则存在的必要性。

在某些方面，霍菲尔德(Hohfeld)的分析[③]在相当程度上推进了我们对于权利的理解，但是，在另外一些方面，他的有些分析完全是错误的，而这方面的恶劣影响严重阻碍了我们对于权利的认识。这里，应该简单地指出霍菲尔德分析中的四个特别严重的错误：

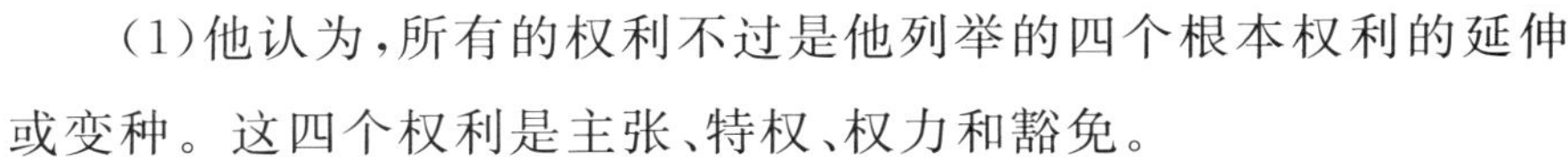

(1)他认为，所有的权利不过是他列举的四个根本权利的延伸或变种。这四个权利是主张、特权、权力和豁免。

(2)他认为，每一种权利只是不超过两个人之间的一种关系。

(3)他认为，所有的权利都是人们之间的关系。

(4)他的四种最根本权利是模糊不清的。

① 罗斯：《论法律与正义》，英文版，第32—33页。

② 同上书，第171页。

③ 霍菲尔德：《基本的法律概念》，英文版。

180 从前面的分析中，很明显，权利并不是什么主张和权力的延伸。享有这些权利就能够保障其他权利的享有，或者权力或义务的获得。实际上，奥诺雷(Honoré)就表示过这样的意思："根据合同，我对于100英镑的权利，完全可以等同于对于债务人的100英镑的权利。但是，即使这种情况也是不确定的，它只是在作为一种对于权利人即时地位的描述时，才是明确的。既然存在着这样一些法律规则，根据它们，合同中的义务可以因为当事人之一的死亡或破产而转移到债务人之外的第三人，我们有时会被迫承认，虽然根据合同，我们对于100英镑还有权利，但是，这一主张所针对的不再是债务人，而是针对破产时的清算人或执行人。"①

因此，即使是简单的权利也不等同于霍菲尔德所说的主张。它们也不是什么主张或权力的延伸物，当然，我并不同意奥诺雷。我主张，它们有时也可以作为基本权利延伸物的典型代表。我的意见是，只有这样的典型才模糊了它们被法律体系化的具体方式。而且，特别重要的是，它模糊了我所说的那三类法律(授权性法律、剥夺性法律和构成性法律)之间的相互关系。

奥诺雷说，权利"得到了某种主张的保护，并且产生了某种自由"。构成性法律的概念目的就是要使某种解释方式成为可能，在这种解释方式中，权利得到了主张的保护，并且可以产生某种自由。不过，构成性法律的概念是比较广泛的，并且充分考虑了权利也可以产生义务和权力的可能性。

霍菲尔德坚持认为，每一种权利都是不超过两个人之间的一

① 奥诺雷："排除权以及对于剥夺的豁免"，34 *T. L. R.* 456—457。

种关系。这是完全没有根据的，并且，正如前面一直暗示的，这使
解释物权成为不可能的事情。还有，由于霍菲尔德认为权利不可
能是一人与一物之间的关系，这也同样错误。在这方面，奥诺雷的
批评绝对重要。他认为，“声称法律关系只能存在于人们之间，要
么是任意地限制了法律关系的含义，要么是模糊地反映了那种老
生常谈，即法律上的主张只能通过针对人们的程序才能得到强制
执行。当一个人有权利排除不特定的多数人对于动产的干预时，181
从法律上讲，他就与该财产形成了一种特殊的关系。非常自然，同
时也毫无疑义的是，人们当然可以把他的权利称为是对某物的权
利，或对使用某物的权利或占有某物的权利。不过，我们还不能说
某人对某物享有一种权利，除非他得到了他的主张——排除其他
不特定的多数人干预——的保护。对某物的权利，或对于使用某
物的权利，或占有某物的权利被针对他人的主张所保护，但是，这
些权利并不等同于这些主张。”[①]

霍菲尔德的四种基本权利模糊不清是他对于定义的本质和功能有严重误解所致。因为，霍菲尔德自己就是根据“没有义务做某事”来界定特权的，他又把豁免视为没有责任。哈特已经进一步指出，霍菲尔德所谓的主张完全可以定义为强制实施一种义务的权力，而这种义务又与废除它的权力相互结合。[②] 本书前面第六章第五节对于 P 类法律的分析表明，人们最终可以根据义务来定义

---

① 奥诺雷：“排除权以及对于剥夺的豁免”，34 *T. L. R.* 456—457。

② 哈特：《法理学的定义和理论》，第 16 页。这里阐述的许多观念又被哈特在他的演讲“权利与义务”中进一步发挥。

权力。

根据义务和权力，也就是根据 P 类法律和 D 类法律，来分析权利的可能性，以及据此分析规定权利的法律可能性，具有头等重要的意义。它本身就是命题(XI)和命题(X)的必然结果，它们指出一种法律体系内的所有法律不是 P 类法律就是 D 类法律，或者说，任何法律的唯一共同性就是它与 P 类法律或 D 类法律具有内在的联系。

权利概念在法律中有两种功能，这两种功能对于简化法律的结构，以及指出一种法律体系内不同法律之间具有重要联系，都是至关重要的：

(1)它们是连接 PR 类法律与 P 类法律，以及连接 PR 类法律与规定它们的 D 类法律之间的重要方式。

(2)它们提供了一种从建立权力和义务的 D 类或者 P 类法律身上剥离权力和义务许多共同特点的方式，并且提供了一种在不属于规范的，但又与这些 D 类法律或 P 类法律具有内在联系的法律中孤立它们的方式。

在考察权利概念这两个功能的时候，人们可以发现在规定权
182 利的法律中间还有两个不同层次的复杂性：第一，让我们假设，所有的涉及某一种权利的构成性法律可以称为是 R 类，它们或是强加义务或是授予 PL 类权力，也就是说，享有一种权利的后果(当然还需要某些进一步的条件)无非是某人享有立法权，或者某人处于某种义务之下。这就意味着，所有的被认为是 R 类的构成性法律不是 PL 类法律就是 D 类法律。

这样的构成性法律当然与涉及 R 类的授权性法律或剥夺性

法律具有某种内在关系。与 R 有关的授权性法律或者是 PR 类法律，或者就属于本身不是规范的法律。前者如那些法律，它们规定 R 类的占有依赖于一种自愿的人的行为，例如通过赠予或买卖而转移对某物的所有权；后者是那些使权利的获得依赖于不包括自愿的人的行为在内的事件的法律，例如由于所有人的死亡而发生的所有权的转移。

PR 类这种授权性的法律规定了与 R 类有关的构成性法律。在这样的法律中，权利就可以完成它的第一个功能，也就是把 PR 类法律与 PL 类和被 PL 类法律所规定的 D 类法律相互联系在一起。本身不属于规范的 R 类授权性法律区别了许多法律规范共同特点的若干条件，例如所有的与 R 类有关的构成性法律，并因此而简化了这些构成性法律，指出了它们之间的联系。因此，在不属于规范的授权性法律中，权利也可以完成上面提及的第二个功能。

剥夺性法律也可以是 PR 类法律或不属于规范的法律，它们也同样可以影响构成性法律；但是，在后者决定着适用构成性法律的积极条件时，剥夺性法律决定着适用的消极条件。它们决定着什么时候可以不适用。在剥夺性法律中，权利可以同在授权性法律中一样完成它的两个功能。

由于承认构成性法律，在其中，权利的占有成为享有一种 PR 类权力或另一种权利的条件，我们还需要充分考虑到法律体系的结构复杂性，但是，它们的功能还保持不变。授予 PR 类权力或权利的构成性法律直接或间接地把权利彼此联结在一起。因而，它们就在获得第一种权利和享有第二种权利的后果之间建立了间接的联系。最终，它们或者把 PR 类法律与其他法律规范联系起来， 183

或者简化法律的结构，指出不同法律之间的根本联系。

法律体系的结构由于涉及具有法律身份和法律所承认的人而进一步复杂化了。PR 类法律不仅通过规定享有或丧失权利的具体方式而规范其他法律，它还通过影响具有法律身份或法律所承认的人而规范其他法律。在这里，我们只能说，规定法律身份和法律所承认的人的那些法律也可以根据它们与 P 类或 D 类法律的关系而得到解释，除此而外，我们就不多说了。

虽然我们在此不能论证说，每一种法律体系都规定了某些权利，并包括了本身不属于规范，但又规定权利的法律。不过，内在关系的具体数量是非常庞大的。它们的必然的模式是这里不能展开的进一步讨论的主题。

四、生成的和运行的结构

在上一章里，我们已经考察了法律规范的多样性和法律规范之间的必然联系。这一章，我们又论证了本身不属于规范的那些法律的存在可能和必然，而且，我们还主张，这些法律之所以出现是因为它们与法律规范之间有某种内在联系。在论证上述各个论点时，我们又简单地讨论了不属于规范的法律的具体形式。这些章节的总目的是，用一幅新的关于法律结构的图画来取代边沁、奥斯丁和凯尔森所坚持的那幅旧画。

上述几位代表人物把法律体系基本上看作是独立的法律规范的整体，是彼此之间没有什么联系的法律规范的整体。哈特一直认为，这种观点根本就是错误的，但是，哈特并没有深入地说明为什么这种观点是错误的。我们这里提出的观点是，法律体系应该被看作是相互联系的法律之间的错综复杂的网络。

这里和前面的章节所提出的一些认识不过是为解释法律体系的结构奠定了一个基础。我愿意通过提出最好区分两种法律结构（一种是生成意义的结构，而另一种是运行意义的结构）来结束关 184
于这个问题的讨论。[①]

生成结构的根本关系是生成关系，也就是说，是一个法律与授权它产生的另一个上位法律的关系。生成结构还可以再分割，以便考虑到一些以前不曾考虑到的一些因素。这些因素包括：

（1）创造法律的具体时间。

（2）创造法律的机构的权威和职能。

（3）创造特定法律的机构的特殊权威之性质。

（4）在具体案例中，可以论证创造新法的那些理由。

（5）决定修改或废除法律具体方式的那些法律。

（6）修改或废除法律的现实或事实。

一种充分发达的关于体系生成结构的理论应该在法律规范中建立一种“抵制变革”的等级体制，例如抵制由于法律规范之间的冲突而产生的修改要求。又如提供一些具体的表现法律有效或一直有效的时间单位，不管这样的时间单位是由法律本身规定的，还是将来以这样或那样的方式加以规定的。这样一种关系体制将可以解释法律规范之间的冲突，解释克服这些冲突的不同的可能性，

① 在某一方面，这个区分类似于凯尔森所说的动态法律和静态法律之分。参见凯尔森：《纯粹法律理论》，英文版，第70页。

法律自身的程度不同的无效。它还将解释法律可以被回溯的不同方式。

一种法律体系的生成结构将会揭示它的法律为什么曾经有效或现在有效，以及为了将来创造新的法律，不同的主体在不同的时间应该享有什么权力。它还会解释法律体系在它的存在期间是如何经历变化的。生成结构理论的发展对于理解那些本身不是临时性的
185 法律体系，如某时存在的法律体系来说，至关重要。真的，人们很容易认为，所谓生成结构就是那些非临时性法律体系自己的结构。

而所谓的运行结构只与那些临时性的法律结构有关。我们应该把它认为是临时性体系的结构。这一结构不关心法律的创造，而是关心任何特定时间内存在的法律体系的效果。一个法律的不同组成部分可以具有不同程度的“抵制变革”的力量（如果它们是由不同的立法主体所创造的），而且具有不同的持久性。一种法律体系的运行结构并不解释上述事实。它只关心法律存在期间的具体效果。

一种法律体系的运行结构建立在它自己的惩罚和规定的关系之上。实际上，前面两章的所有讨论仅仅与法律体系的运行结构有关。

关于强制制裁的笔记

前面曾经论证说，并不是每一个法律规范都是强制性的。[1]

---

[1] 参见本书第四章第二节。

我们还进一步论证说，并不是每一种法律义务都以强制为后盾。[①] 我们一直认为，法律中的强制具有特别的重要性。[②] 已经奠定的关于法律体系结构的理论之基础使得人们有可能来分析法律中强制因素的作用。

虽然法律制定机关和法律适用机关所强加的义务可以不依赖于 S 类法律而存在，但是，它们却预先假设了针对普通公民的、为 S 类法律所支持的 D 类法律的存在。在这个意义上说，不为制裁所支持的义务属于第二类的，因而需要预先假定为制裁所支持的义务（或说第一类义务）的存在。

本身不属于强制性制裁的这些制裁依赖于权利、权力或某种身份的丧失。已经明确的是，规定权利、身份或资格的法律，最终需要假设 D 类法律和 PL 类法律的存在，而后者却不需要反过来
预先假设其他权利或身份的存在。在每一种法律体系中，某些 D 186
类法律是针对普通公民的，因而必定预先假定某些 S 类法律的存在，至少也是某些不需要预先假设权利和法律地位的法律之存在。通过这样的规定，即如果遇到抵抗就允许使用武力，规定了强制性的制裁。另外，在非常罕见的情况下，它们本身得到了其他的规定阻碍实施制裁就构成犯罪的法律的支持，而这些法律又得到了强制性制裁的支持。

按照这种方式，除了 PL 类法律之外的所有法律都通过必要的操作联系而与规定强制性制裁的法律彼此联结在一起。而 PL

① 参见本书第六章第四节。

② 参见本书“导言”。

类法律却不能以类似的方式与强制性制裁联系在一起。而且,即使它们对于授权的权力没有任何用处,它们也还可以存在。也就是说,它们可以存在,即使它们与规定强制性制裁的法律或预先假定有这样的法律都没有生成性的关系。还有,具有 PL 类法律的体系也就在于,它们能够提供具体的方式来改变那些本身不是 PL 类法律的法律。因此,即使是 PL 类法律,也以一种非常间接的方式,在概念上预先假设了在法律体系存在的某些时刻,若干强制性制裁的存在。

上述讨论的结果是承认,边沁、奥斯丁和凯尔森严重误解了法律中强制的功能。这种功能不是受法律指导的行为的标准动机。虽然同样至关重要,但是,与其相比,它复杂多了,也更为间接。在某种意义上说,强制是法律的最终基础,即成为服从某些 D 类法律的标准理由的组成部分,这些 D 类法律是被所有其他法律规范以极为不同的方式预先假设的,而且,由于这些法律,也就意味着被法律体系内所有其他法律预先假设。

第八章　法律体系的特性 187

一、非临时性法律体系的特性

前面两章关于法律体系结构问题的讨论假设，特定的法律体系的内容是明确的，而把法律规范当作是相互联系的体系的具体方法也已经说明。本章主要关注，依据什么标准来确定法律体系的具体内容，也就是说，关注法律体系独特身份的标准。结构问题的关键在于明确具体的标准，据此来判断什么样的关于法律体系的完整描述是最合适的。而特性或身份问题的要害在于发现一种标准，据此来确认一套确定的规范性陈述是不是对于法律体系的完整描述。

与法律体系和临时性法律体系之间的关系相对应，存在着两种身份（特性）标准：一种是明确而详细地审视法律体系身份的具体方式，另一种是确定临时性法律体系的身份或特性。

除了本节的几个评论之外，这一章仅仅关心临时性法律体系的身份（特性）问题。临时性体系身份的关键在于一种持续性的疑问，也就是说，究竟是什么事件中断了一种法律体系的持续存在，并导致了它的消失。而且，它还最后决定着新的法律体系的产生。

换句话说，关键的问题在于确认两种不同的既定体系究竟是不是属于同一种法律体系。

在前面的章节中，我们思考了奥斯丁和凯尔森的理论所暗示的解决方法，但是，我们最终拒绝了它们。他们两位知道，即使两种临时性体系具有许多相同的内容，但是，这个事实还不能证明它们就都属于同一个法律体系。奥斯丁暗示，两种临时性法律体系
188 的立法者是同一个主体就是这两种体系属于同一个法律体系的必要而充分的条件。

凯尔森设法避免上述立场的弊病，对他来说，在临时性法律体系中，法律产生的合宪性才是决定性因素。根据他的理论，当且仅当 B 法律体系内的所有与 A 体系内的法律不同的法律都来自 A 体系的授权时，A 和 B 两种法律体系才属于同一个法律体系。如果创造一个法律的行为等于行使来自另一个法律授权的立法权，或者根据另一个其产生来自于第二个法律的授权时，一个法律的产生就是由于另一个法律的授权。

如果一个法律的产生不是来自于另一个法律的授权，这个法律就被人们称为是“初始性法律”。凯尔森关于法律体系身份的根本标准预先假设，临时性体系内根本就没有那样一些初始性法律，它们同样不属于同一个法律体系内的第一个临时性法律体系。但是，正如本书第五章第四节所说的那样，凯尔森的这个基本假设是站不住脚的。一种法律体系的持续存在并不必然地因新的初始性法律的产生而中断。同样，这样的事实，即一个法律的产生来自于某一个法律体系的法律授权，也不能充分证明被授权产生的法律就一定属于这个法律体系。一个国家法律可以通过另一个国家法

律授权其创制的所有法律而保持自己的独立性。

实际上，法律的合宪性存在仅仅是确认两种不同的法律体系是不是属于一个法律体系的一个因素，而不是全部因素。另外一个因素可能就是非授权性法律的内容。只有当它本身就是具有重要性的宪法性法律时，新的初始性法律的产生才能中断原有法律体系的发展。

但是，无论是新法的合宪性还是新法的具体内容，它们对于确立法律体系的连续性还是缺乏联系，它们既不是必要条件也不是充分条件。法律体系总是社会生活复杂规范的体系，如宗教、政治、政体、部落等。法律体系是一种，也仅仅是一种确定这些规范性质的具体方式。

法律的某些重要的，甚至是非宪法性的改变，对于确立社会生 189
活实体(其中法律体系只是其中一个组成部分，而且我们也应该考虑其他因素的作用)特性的某种变化来说，是相当充分的。法律体系的身份或特性依赖于法律体系所属的社会生活形态。法律体系身份的标准，因此，不仅仅由法理学的或者法学的思考来规定，而且也有其他方面的考虑，例如其他社会科学的思考来规定。

既然我不希望践踏其他社会科学研究领域，我还是把自己局限在临时性法律体系的身份问题上。不过，人们不能因此而认为，临时性法律体系可以脱离它们所属于的法律体系而得到充分分析。本章和下章的论点将会逐渐清晰，即临时性法律体系的身份和存在可以通过参考其他的属于同一个法律体系的临时性法律体系而得到确认。但是，对这些问题的解决并没有预先假定一种可以精确界定法律体系边界的能力。

二、临时性法律体系的特性和成员身份

关于临时性体系的身份标准可以这样表述：只有当满足了这样一些条件时，一套规范性陈述才可以被认为是关于一种临时性法律体系的完整描述。这些条件是：(1)每一个陈述都可以(部分地)既描述本临时性法律体系也可以描述其他法律体系。(2)每一个(部分地)描述本临时性法律体系的规范性陈述都能够包括在自己所属的体系内。

这个公式假设了，临时性法律体系具有一种成员身份标准，据此，人们可以确认一种既定的规范性陈述是不是把临时性法律体系作为一种规范体系的内容加以描述。正是这个临时性法律体系的成员身份问题，才是我们下面要关心的问题。

“完整描述”一种临时性法律体系[①]的定义突出说明，如果一个规范性陈述被包括在一个规范陈述的体系中，那么，人们就能够把这样的体系作为本套规范的内容加以描述。发现一种成员资格
190 (身份或特性)的困难在于发现一种条件，在其中一种既定的规范陈述能够把同一个体系作为一套既定的规范之内容，即使它们没有彼此的包容关系。事实上，人们可以用不同的方式来解决这个问题。在本书第二章和第五章中，我们已经批评了两种依赖于起源原则而设想的解决方式，例如，那种把创造法律的事实当作是判断其体系归属的唯一因素。现在，我们要描述一种更有希望的解

① 参考第三章第一节。

决方式，它也可以被认为是建立在权威承认原则之上的方式。

实际上，奥斯丁成员资格标准的缺陷早就被其他法学家们揭示了。尽管没有成功，某些人试图完善他的标准，并且对于起源原则还抱有信心。而另一些人根本抛弃了这一原则。后者的代表之一就是霍兰(Holland)，他把法律看作是："由享有主权的政治上的权威所强制执行的关于人们外在行为的一般规范。"[①]与奥斯丁相反，霍兰认为，真正决定法律是实在法(区别于非法律的习惯等)的关键因素不在于它被创造的方式，而在于它得以实现的方式。而且，通过引申，执行方式也决定了一个法律究竟属于什么法律体系。

不过，他的定义有不少麻烦。在其中，并非最次要的是，他只是在稍微修改之后就全盘接受了奥斯丁的主权者理论。而且，他还假设，每一个法律都可以得到充分执行。通过前面两章的讨论，我们很清楚：(1)并不是每一个法律都是一个行为规则，都是一个能够得到实现的规范，授权制定法律的权力就不能被强制执行。(2)不是规范的法律就不能得到实现。

萨尔蒙德(Salmond)在自己关于法律的定义中成功地避免了这些弊病。萨尔蒙德解释说，虽然有若干种创造法律的具体方式，所有的法律都是由法院承认和执行的，法院根本就不承认任何不属于法律规范的规范。[②] 因此，我们为了把握真实法律的本质，必须去法院而不是立法机关。根据他的定义，"法律包括了为法院承

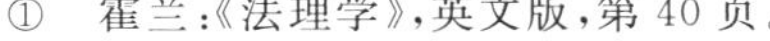

① 霍兰：《法理学》，英文版，第 40 页。

② 《萨尔蒙德论法理学》，英文版，第 41 页。

认并被法院执行的规则。”

191 与奥斯丁关于法律的定义不同，萨尔蒙德并没有包括一个初步的法律体系理论。萨尔蒙德的目标只是指出法律体系与其他规范体系的区别。他因此承认法律的规范性而不考虑法律的强制性，并且把他关于法律的定义建立在法律体系是制度化的体系这一认识之上。他认为，正是这种制度化的特点才使得法律区别于其他的规范体系。萨尔蒙德认为，法律体系化的特点表现在法院或其他适用法律的机构的存在和活动之中。在这点上，他不同于奥斯丁、边沁和凯尔森，后者都集中精力注意并突出法律创制机关的重要性，并把法律得以创制的特定方式视为法律体系的根本特点之一。

萨尔蒙德的主要观点是有道理的。并非每一个法律都是法律创制机构制定的，因此，作为法律创制机关的立法者的重要性只是现代法律体系的特点，它既不是所有法律体系的特点，也不包括其他的法律创制机关。另一方面，人们可以说，每一种法律都使承认体系内每一个法律的法律适用机关制度化了。由于这样讲，我们就必须承认存在着许多类似的边缘性案例。后面将要提及某些案例，边缘性案例在我们所讨论的问题中很难避免，而且，虽然不应该过于教条主义地解释它们，但是，它们的存在毕竟不是来自于关于主体的一般价值判断。

法律中适用机关的重要性以不同的、应该严格相互区别的方式表现出来。它们作用的最重要的一个方面，也是一个与关于法律的定义联系最为密切的方面，这就是法律适用机关与临时性法律体系中的成员资格标准的关系。将要表述的这个标准遵循着萨尔蒙德所确立的哲学传统，但是，又在具体问题上相对偏离萨尔蒙德的观点。如果要认识它，并把它归结为主要的法律权力，我想应该这样描述这个主要的机关。

如果它描述了一个主要的法律适用机关，而这个机关又承
认[①]被一套规范性陈述所说明的所有法律的效力，或者说，被一套 192
规范性陈述所描述的主要的法律适用机关承认的法律，那么，当它被人们用既定的规范性陈述描述的时候，这种既定规范陈述也就描述了（部分地）这一临时性法律体系。因此，可以这样说，一种临时性的法律体系包括了体系化的主要法律适用机关所承认的所有法律。

也许人们还有必要认识另外一种法律体系，它不同于体系化的法律适用机关所承认的规范体系，而是一种被一个或多个体系化的机关承认的实质性的、部分重复的法律规范。拟议中的成员资格标准可以更为宽松一些，以便解释上述这种需要。完成这种任务的不同方式将不在这里多说。

不过，成员资格标准的意义和含义应该受到严格地审查。它假定每一种临时性法律体系都至少使某一种形式的适用机关体系化，而下面就要解释这种机关的本质。因此，标准就预先假设并表现了法律的体系化的本质。因而，标准就假定，主要法律适用机关的特点和行为对于确立一种法律体系的成员资格来说是非常重要的。如果只是考虑两种规范陈述，而它们都没有描述一种主要的

① 所谓的承认是指，如果问题被提出，就肯定承认。或者，万一被描述的制度已经不再存在了，它就意味着这个机关曾经承认了那种过去存在的法律。

法律适用机关,也就不可能确定它们是不是描述了同一种临时性法律体系的部分内容。

这个标准建立在两个关键概念之上,它们是“主要法律适用机关”和“承认一个法律”。下面的评论将只是对这些概念的详细解释的一个开始。一种主要的法律适用机关(简称主要机关)是这样一个机关,它被授权决定在一个特定条件下使用武力究竟是允许的还是被禁止的。的确,对于标准来说,这是一个关键概念。本书第七章第二节这样说过:(1)每一种法律体系都禁止在某些情况下使用武力(至少是当武力的使用妨碍了制裁的执行之时),同时也
193 允许在另外一些条件下使用武力,例如在执行某种制裁的时候。(2)在每一种法律体系中,所有的法律都会与如下的法律具有这样或那样的内在联系,它们或是规定禁止在某些情况下使用武力,或是允许(规定)在执行制裁的时候使用武力。

有时,主要机关可能仅仅被授权决定某一特别地禁止使用武力的法律是否被侵犯。可是,在作出决定时,它有责任确认使用武力是否可以作为是执行制裁的措施而得到证明,或者是根据其他的什么理由而论证其合理性。在承认某种使用武力为执行制裁的措施时,这个机关,或公开或暗中地,也要承认其他禁止使用武力的法律规范之合理,例如,侵犯了它们就会导致制裁的那些法律。同样,通过承认错误有时也有合理性(例如,承认代理人有时会依据自己对自己权利和被代理权利的错误理解而行为),其他法律也可能得到承认。

因此,一个主要机关,即被授权决定某种使用武力的行为是否侵犯了某一法律的机关,在行使自己权力的同时,就有责任承认那

些允许在执行制裁时使用武力的法律和那些禁止使用武力的同属一个法律体系。一个主要机关也可以承认其他法律适用机关或法律创制机关的存在，承认其行为的有效性，承认规定其行为的那些法律的有效性。因此，一个主要机关承认，无论是直接还是间接，也无论是公开还是暗中，一个临时性体系中的全部法律。

就成员资格问题的目的而言，如果在某种条件中，它的针对侵犯者行为施加制裁的决定构成制裁的一个要件，无论是来自机关本身还是其他机关，这个机关可以被认为是一个被授权决定一个禁止使用武力的法律是否被侵犯的机关。

让我们想象一下这样一个社会，其中存在着某些关于行为的规范，而这些规范又受到强制性制裁的支持，可是，在这个社会中
还没有主要的法律适用机关。如果侵犯人还没有得到来自另一方 194
的制裁时，关于一个法律是否受到侵犯，以及是否适用某种制裁的决定就可能授予受害者或是他的亲属，或者是这个社会中的任何人。当决定是否适用一种制裁的权力被集中在相对少数的几个人手里时，而如果他们已经掌握这种权力很长时间，并且已经广泛地使用这种权力定罪量刑时，主要机关就产生了。这少数几个人或是产生于任命或是来自于信任，其主要原因不是他们与受害人或者加害人的关系，而是他们被假定有这样地判断是非的能力，或者是他们值得人们相信。主要机关可能是适用制裁的机关，也可能，它们的关于某一法律是否被侵犯的决定有时也构成适用制裁的一个要件。

研究主要机关的基本要素有助于认识介乎法律和前法律之间的规范体系。与理解这样一些具有不同形式的过渡性规范体系相

比，决定它们之中究竟哪一个属于法律体系就显得次要多了，而后者本来是一个许多案件根本就不涉及的问题。不过，解释主要机关的不同形式显然超出了本文的范围。

当一个主要机关存在时，即使它仅仅被授权决定某一个规范是否被侵犯，也有可能区分它自己承认的规范与那些还没有得到承认的规范，因为可以发现它们还没有直接影响到使用武力，或是什么别的原因。可是，主要机关的决定，无论是多么遥远多么间接，总是建立在某类规范群体之上的事实证明，可以把它们看作是一个规范体系的组成部分。正是这种意义的“规范体系”，才是上面所描述的成员资格标准所决定的。

人们可以争论说，并不是每一个这样的规范体系都是法律体系。在一个法律体系中，认定某种行为是否侵犯了超过一个以上的规范应该交给主要机关。正如上面指出的，法律中机构的基本作用并不局限于它们在确认成员资格这个方面。不过，我们不需要在此使我们自己陷入这个问题，因为无论如何解决，成员资格标准的正确性都不会受到影响。

195 一个主要机关的判决有时可以公布，它往往还伴随着一纸命令或允许使用制裁的许可，或者是其他什么行为。有时判决不被公布。这时，主要机关只是按部就班地行事，无论是适用制裁还是禁止使用制裁。在发达的法律体系中，主要机关通常都是在法律所规定的诉讼程序完成之后才得出自己的结论，而且这样的判决还经常伴随着对于为什么如此判决的说明。在这样的情况下，人们就相对容易发现主要机关承认和执行的法律究竟是什么。当主要机关的判决没有解释也没有论证时，就很难完成上面的任务。

不过，即使当事人自己没有讲明理由，还是有可能讲出一个人对于一个行为或一个判决的理由。就法律机关而言，如果法律只是作为多数人承认的法律体系中的一个组成部分，这个任务就相对简单了。因此，主要机关通常被百姓或专家期待着承认某些法律，而且，如果它的判决与原有判决没有根本冲突，它就可以被认为是具有同样的基础。

我们可以继续下去，但不用说，法律仅仅是主要机关判决的部分理由。其他的理由可能包括事实的发现和关于正义的认识等。

主要机关可能不会仅仅根据已经存在的法律行事，有时它可能会创造新的法律并适用这些法律。当它们承认自己创造的法律时，已经存在的、得到它们承认的法律与主要机关自己创造并适用的法律之间的区分，对于理解成员资格问题来说，没有什么重要的意义。不过，认识到下面这一点至关重要，即主要机关承认的所有法律，或者它们在一个法律制度中的成员资格是由这个区别所决定的并不等于说主要机关能够创造所有法律。

它们的创造能不能归功于主要机关还要依赖若干因素。因此，如果一个法律的创造是这样几个因素的结合，即它是行使权力的结果，而这种权力又是来自更高级法律的授权，这种更高级的法律又得到主要机关或者法院的承认，那么，它就可以被认为是掌握 196
权力的人所创造的。进而，如果承认一个法律合法的那些理由也是证明其内容合理的理由，我们就应该趋向于同意，这个法律是由主要机关或法院创造的。另外，如果承认一个法律为合法的理由关注于制定这个法律的人们的权威，那么，就可能认为法院或主要机关适用了早已存在的现行法律。如果法律的有效来自于人们制

定它的时间，甚至，如果在法院应该如何依法办事的判决之前，它在实践上是确定的，那么，上述这种认识就应该加强。一旦这些条件得到满足，被承认的法律也可能是一个初始的法律，例如那种被没有制定法律权力的个人或者人们所创造的法律。

说有一个承认法律的主要机关意味着，如果有什么问题提出的话，如果它适当地行使自己的权力，它就应该依据这些法律行事。这是一个反事实的陈述，它提出了许多这里不需要回答的哲学问题。这种陈述的一个例证是主要机关过去的行为、百姓或专家的态度和意见等。这种例证可能是，事实上也主要是间接的。特别重要的是这个事实，即承认一个 PL 类法律就意味着在逻辑上承认被如此授予的权力实践所创造的所有法律。这个事实对于讨论成员资格问题时附加在 PL 类法律上的根本重要性有直接的关系。同样重要的是，一个主要机关承认创造另一个主要机关或法院的法律对于下面的论点提供了相当分量的支持，即虽然没有直接联系，但是第一个机关将承认所有的为第二个机关所承认的法律。

对于成员资格的这种简单解释留下了许多没有回答的问题，虽然我认为这些问题本来都是可以比较满意地回答的。我们可以通过列举其中的某些观点而得出本节的结论。

对于法律体系的结构，我们还需要提出更深的解释，以便证明被这里提出的标准所假定的相互依赖程度之真实性。下面是一些主要的问题：

197 一个是类似于抗辩或辩护这样的个人豁免，以及它们对于法律体系影响的问题。完全免于制裁有时能够防止主要机关纠缠于某些规范，因为有时这些规范必须被认为是不属于包括了主要机关所承认的法律的法律体系。因此，宗教团体可以免于国家控制，并且服从于完全不同的法律体系。如果豁免是不完全的，那么，即使存在支配有豁免权人行为的法律，它也不足以区分开这些法律。但是，豁免和辩护的精确影响还需要更加仔细和深入地研究。

另一个是不同的主要机关之间行为上的冲突问题。这样的一个机关 A 能不能承认另一个机关 B，并且承认 B 所适用的所有法律？而同时 B 并不承认 A 的存在和它的某些法律的效力。还有，一个人应该如何解释这种现象呢？

还有一个困难的问题是：如何区分一个机关所承认的它自己法律体系的法律和它所承认的其他法律体系的法律，后者是根据该机关自己的国际私法的指示而加以确认的。

最后，还有一个区分法律与事实的问题。例如，法院所承认的公司内部的规章究竟是法律还是事实？父亲对子女的命令具有什么样的法律地位？不服从父亲的这种命令会导致处罚吗？

三、论承认规则

许多法律理论家把他们自己对法律的解释建立在理解法律适用机关的行为之上。可惜的是，还没有人能够成功地提供一种满意的关于成员资格的理论。毫无疑问，他们的失败部分地出于既不能清楚地概括问题，也不能清楚地把问题区分开来。这种特点是如此明显，以至于人们经常怀疑他们是不是真的对于成员资格和身份问题感兴趣。前节所规定的标准实际上表达了一种区别于

大多数理论家(他们与萨尔蒙德在两个方面有共同点)的观点:

(1)关注点不在于一般意义的法院和法律适用机关的活动,而只是在于主要机关。

198 (2)人们关注的是主要机关的实际行为,而不是它们应该如何的问题。而且这种关注还受到规范考虑的指导。

这第二点,还有一般意义上的拟定的成员资格标准的本质,也许可以根据哈特对这个问题的立场,例如关于承认规则的学说而得到澄清。

承认规则与成员资格问题的相关性在刚刚引入概念时就得到了解释。哈特认为,承认规则"突出了某个属性或某些属性,如果一个被讨论的规则具有这样的属性就可以被当作是一个最终的肯定迹象,它表明这个规则属于本规则群体"。[①] 一个承认规则就是"一个服务于主要的义务规则最终特性的规则"。[②]

承认规则是一个法律规则,并且属于一个法律体系。它不同于其他规则,因为它的存在不是由其他法律的标准所决定的,而是由于它的确被法院适用这个事实所决定。"体系内一个次要规则也许有效,即使它受到普遍的不重视,它也在这个意义上存在,承认规则只是作为一个复杂的,但又是正常而一致的法律实践的产物,这种实践是法院、政府官员和私人根据某些标准而进行的。承认规则的存在是一个事实问题。"[③]

---

① 哈特:《法律的概念》,英文版,第 92 页。

② 同上书,第 92 页。

③ 同上书,第 107 页。

这似乎暗示，承认规则重视一种习惯，而不是立法机关制定的规则。不过，另一方面，哈特又说：“如果一部明确了不同法律渊源的宪法是一部活的法律，也就是说，法院和制度内的官员实际上是根据它所提供的标准来认识法律的，那么，这部宪法就是被人们接受的，也就是真实存在的。人们似乎没有必要再强调，还有一个更为根本的规则，即宪法或那些制定宪法的人得到了人们的服从。”[①]

这种意义的宪法应该被假设为是由立法机关和习惯共同创造的。这或许是可能的，但是还需要进一步的解释。

这是一个不大的困难。更严重的后果是很难发现谁是承认规
则的主体，以及承认规则究竟是一个强加义务的规则还是一个授 199
予权力的规则。（人们应该记住，根据哈特的理论，所有的规则不是强加义务的就是授予权力的。哈特还假设，所有的法律都是规则。）哈特认为，无论在什么地方，只要这样的承认规则得到了人们的认可，那么，无论私人还是官员都被认为具有权威性标准以识别主要的义务规则。[②] 这表明，承认规则是针对着大多数人的。这是不是意味着，被承认规则所承认的所有法律规则的主体都是它的法律主体？

哈特经常把承认规则和其他次要规则与主要的义务规则对立起来。不过，大概说来，承认规则并没有强加义务，而是授予权力。这种假定因下列半句话有所强化。在某种环境下，“授予司法

① 哈特：《法律的概念》，英文版，第 246 页。

② 同上书，第 97 页。

权的规则同时也是一个承认规则。”[1]不过，非常明显的是，这不是哈特的目的，他曾经当面向我说过。在他的书里，哈特只是解释了强加义务的法律可能是习惯法律。根据这种理论，似乎不可能说，授予权力的法律也是习惯法律，[2]除非这些法律本身就是法律体系的一个组成部分，这个体系内存在着大量的不属于承认规则的规则。

因而，结论只能是，承认规则就是一个强加义务的规则。不过，这意味着，它的法律主体不可能是大多数人，因为大多数人没有义务去识别什么是法律什么不是。

因此，承认规则应该作为针对官员的D类法律规则而加以解释，这些法律指导官员们适用法律或是依照法律而行事。也就是说，只有官员的行为，而不是作为整体的普通百姓的行为才能决定承认规则是否存在。推动哈特采纳承认规则理论的最根本原因表
200 现在下面的言论中。“如果某些被拟定的规则有没有法律上的约束力这样的问题被提出，为了回答这个问题，我们必须使用一个为其他规则所采纳的有效性标准。”[3]可是，恰恰就是这个假设受到了人们的怀疑。在我看来，为了回答某种法律能否作为某一法律体系的组成部分的问题，人们必须最终追及法理学的标准而不是

① 哈特：《法律的概念》，英文版，第95页。

② 在上面，第五章第五节对于实在法的解释承认有实在的习惯法的可能性。但是，一般说来，实在法的存在依赖于某种D类法律的创造可能性和它的存在。不过，没有什么D类法律能够把承认规则解释为实在法。

③ 哈特：《法律的概念》，英文版，第103页。

法律的标准。[1] 最终，人们必须思考这样一个普遍的陈述，它不是对于法律的描述，而是关于法律的一个普遍真理。

在某些法律体系内，有这样一些法律，它们的存在有助于阻碍某些机关把适合于某些条件的规范普遍适用，而且，还可能是这样，即这些法律事实上就是全部法律。不过，即使这样的法律存在，这也还不是通例，法律体系属于一个特定的体系不是因为它的承认规则，而是因为它们都被主要机关承认为是法律。

如果考虑到如下两点，还不能说在每一个法律体系内都可以发现这样一个承认规则。第一，人们还不清楚，哈特的每一个法律体系内都只有一个承认规则的理论究竟建立在什么基础之上。为什么不说存在着形形色色的、针对不同官员的承认规则呢？为什么不说形形色色的承认规则规定了对不同类型法律的承认呢？第二，正如前面所说的，虽然主要机关的行为是成员资格标准的关键因素，然而，还是没有理由像哈特那样认为，它们总是致力于实现义务。它们完全可能处于一种承认某些规则的义务之下，而且享有法律上充分的自由去承认或不承认。[2] 假设，正如哈特一样，只是由于混乱的重要的反映，合法的法律也可以是 D 类法律，而不必依赖于制裁或其他法律补救措施。即使如此，如果它们停止承认某些规则或者开始承认某些规则，那也无须认为主要机关将会满足关键的反映。

① 人们应该记住，我们只是关注于普通人的法律意识，而不是那些面对“什么法律应该被承认”的法官。

② 参考第二章第四节。

201 关于法律和纸上法律的笔记

本章关注于一些具体的方式，通过这些方式，体系化的法律有助于解决成员资格问题。设想的解决方案赋予某些法律适用机关以特殊的重要性，然而，并没有同时假定：(1)法律是关于这些机关行为的描述或者规定；(2)法律主要是针对这些机关的；它们针对不同的人们，而且只是被这些机关所承认；(3)所有的法律都是这些机关创造的；(4)这些机关总有义务来识别规则。

拟定的成员资格标准顺便指出了解决另外一个问题的具体方式。凯尔森认为，最低的约束力是每一个法律有效的必要条件。[①]这也是他对纸上法律的一种解释。拟议中的成员资格标准提出了研究这个问题的另一个思路：体系内的法律是被主要机关所承认的法律。法律适用机关所不承认的法令或条例就不是法律体系的真正组成部分。如果它们以一种修改的形式得到承认，那么，它们只是在修改后才是法律。不过，对于它们的存在而言，它们没有被大多数人承认这个事实并不重要。而且，即使警察不承认它们，即使检察官不会因为它们的被侵犯而提出指控，即使有关的利益群体也不在法律适用机关面前提及它们，它们也还是有效的法律。

人们还必须承认，关于本问题的通常主流意见都是分裂的，这里提出的观点也不能被认为是在证明当前的观点。它的证明是间接的。第一，它符合我们已经表达过的关于成员资格和身份的认

① 参考第三章第三节。

识,而后者反过来就是关于这些问题的常识和专家意见。第二,它表达了判决的另一个方面,而它对于法律适用机关来说是真正重要的。

真的,规范的一个突出特点是它们构成了某种形式的行为理由。但是,在每一种环境中,规范总是行为的某种理由,它们的影 202
响和重要性也受到其他许多本身就是行为理由的因素的影响,这些因素有时强化,有时弱化,有时甚至与规范自身的约束力相互矛盾。某些法律的存在并不总是影响人们行为的决定性理由,这个道理人们是能够理解的。与法律规则矛盾的一个重要道德规则可能会引起大多数人们轻视法律,但是,无论是矛盾还是它对于大多数人的影响都不意味着法律不存在。同样,一个低效率的犯罪侦破可能会引起人们轻视某些法律,可是这也不意味着法律不存在。

规范的特点在于它们所构成行为的理由类型,一般说来,这是普遍和重要的行为理由。因此,有一种倾向认为,如果由于普遍地缺乏效力,法律失去了它的作为行为理由的多方面的重要性,它们就不再是法律了。但是,就规范体系而言,人们有理由允许这种关于作为行为理由的个别规范的重要性的种种考虑被规范的系统本质而取代。因为,它们属于这样一个体系,其特点在于:特别任命的机关有组织地适用法律,即使法律总是被轻视,但受到忽视的法律总还是法律,只要它们得到这些机关的承认。

203 第九章　关于法律体系的存在

一、关于效力原则

法律体系的存在问题，实际上就是追寻一种标准，依此标准人们可以认定某种法律体系是不是真的存在，也就是说，确定某种既定的规范性陈述体系（如果是真的）是不是关于法律体系的全面描述。

某些法律理论家对于这个问题的认识建立在对于效力原则的理解之上。在他们看来，法律体系的存在仅仅依赖于法律的效力，依赖于法律能不能得到人们的遵守。[①] 不过，还没有一位赞成这种观点的人能够努力去澄清效力或者遵守的准确意思究竟是什么。还有一种解释认为，如果遵守法律的情况能够与遵守法律的机会建立一种比例关系，法律体系就能够存在。毫无疑问，这是一种比较粗糙的解释，可是毕竟比没有任何解释好，因为它至少可以作为人们加以评论和批评的前提。下面将要提出的一些观点也许更加精致，更加合理，但是，还有一些观点却说明这种所谓的效力

---

① 参考第五章。

原则是不成熟的，是应该被抛弃的。

如何计算不遵守法律的情况呢？假设，某人超速驾车。他这样做有多少次了？事实上，有些事情很难统计，例如，应该如何统计他本来是有机会遵守交通规则的？在一年中，他又有多少次尽管违章，但是没有造成事故？他超速行驶被发现了几次？退一步说，假设我们已经有了一种适宜的统计方法。例如，他有500次超速行驶都没有造成事故，可是有一次还是造成事故。还有，某人已经缴纳了两次所得税，但是他逃避了三次纳税义务，等等。是不是能够为已经存在的4∶506的比例增加些什么呢？在我看来，没有什么计算方法是有价值的。

对于法律体系的存在来说，是不是所有的违法行为都具有同 204
样重要的意义？违背合同的规定，或者没有注意交通标志是不是像逃兵或阴谋叛乱一样对于法律体系的存在有同等的决定作用？

进而，对于法律体系的存在而言，违反同一部法律的所有行为是不是都具有同样的意义？是不是可以说，谋杀国家首脑的行为比其他的谋杀行为更能够破坏法律体系，还是把它们都看作是同样的犯罪行为？我认为，破坏法律所表现出来的目的可以揭示所有这些差别。例如，比较下面的两种行为，即作为一种民事违法行为的没有纳税和那些通常是偷税漏税的行为之间的区别。

对于大多数赞成效力原则的人们来说，还有一个普遍的，同时也是非常重要的问题没有回答，即仅仅使自己的行为符合法律规范的要求是不是能够等同于那种至少建立在某些关于法律的认识基础之上的遵守法律，还有，前者是不是能够等同于那种把遵守法律视为自己行为决策关键原因的守法行为？

效力原则仅仅关注于某类法律（D类法律）的遵守还是违反。但是，这难道不是人们利用权力或者不利用权力的具体方式吗？这些权力是由那些对于法律体系的存在具有同等重要性的P类法律授予的。假设在某个社会中，某些种族的成员被视为是二等公民，不能充分享有政治权利。再假设政府又任命这些种族的某些代表为半自治的立法机关的成员，而这些代表为了表示对政府的抗议而拒绝行使这种权力。这种抗议行为，它对于法律体系的存在而言是至关重要的，但它是不是与民事违法行为中的侵犯义务完全相同呢？与一次非法的政治集会相比，大众对于议会选举的抵制是不是更不重要？同样，如果对于某些合同的破坏，或者破坏公司经理的某些义务也影响到法律体系的存在，那么，人们拒绝制定某些种类的合同或者人们拒绝创造某些形式的商业性公司也一定会影响到法律体系的存在。

最后，人们应该记住，现存的法律体系并不总是人们更愿意遵
205 守的那种法律体系。例如，人们可以认为，后U.D.I.* 的法律体系是指1968年存在于罗得西亚** 的法律体系。这并不意味着它是当时罗得西亚唯一有效的法律体系。完全可能的是，从前的法律体系也是当时有效的法律体系。总的说来，它可能是更为有效的法律体系，它也可能是现行的法律体系。这两种体系在内容上具有相同性。例如，它可以是这样的，即在U.D.I.之后制定的某些

* U.D.I.指单方面宣告独立。——译者注

** 罗得西亚，位于非洲南部的英国殖民，1965年11月11日单方面宣布独立后取的新名。1980年4月18日再次更名为津巴布韦（并获国际普遍承认），沿用至今。——译者注

刑事法规可能没有得到充分的遵守。尽管新的具有更重要意义的宪法取代了以前的宪法，以及新法而不是旧法得到了人们的服从，它完全可能会赋予前 U.D.I. 的法律以效力的界限。不过，一种宪法性法律的效力可以认定某一法律属于存在于罗得西亚的后 U.D.I. 的法律体系。

小结：虽然服从所有的 D 类法律可能与法律体系的存在密切相关，但是，人们还必须：(1)避免过分简单地统计和计算；(2)区别对待不同类型的犯罪；(3)依据法律思考具体环境和目的问题；(4)考虑关于法律的知识以及这种知识对于人们行为的影响；[①](5)考虑使用权力和遵守义务；(6)赋予宪法性法律以更重要的作用。[②]

二、某些进一步的建议

法律体系是否存在这一问题的复杂性拒绝将其简单化，而且，我认为，其中涉及的大部分问题到目前为止还很少为法哲学家所关注。下面的议论只涉及几个如何思考这一问题的建议，也许不包括解决问题的任何尝试。以下两个问题应该加以区分：

(1)某个特定社会中有法律体系吗？

(2)假定某个特定社会受到法律体系的支配，那么，究竟是哪 206
一种法律体系在发挥支配作用？以及究竟存在着什么样的法律

① 边沁公开承认前三点和第四个观点的前半部，例如他对叛乱问题的思考，它就涉及法律制度的根本变革。参考边沁：《政府片论》，英文版，第 45—46 页。

② 哈特已经讨论了后两点。参考哈特：《法律的概念》，英文版，第 109—114 页。

体系？

有两种方式解释第一个问题。它可以意味着：(A)假设S就是存在于某个社会中的规范性制度，那么，S是不是一种法律体系？或者(B)关于一种法律体系的任何完整的描述能不能充分描述存在于特定社会中的法律体系？我们这里仅仅关注第二种解释。

与这两个问题相互呼应，存在着两套不同的检验标准：一套标准用于认定在某个特定社会中究竟有没有法律体系；如果某个特定的社会中确实存在着法律体系，那么，这另一套标准就用于确定存在的法律体系究竟是哪一种法律体系。

第一套检验标准也可以称为是“初步检验标准”。在这个意义上，所有的法律体系都有关系，尽管没有理由认为它们具有同样的相关性。遵守私法和服从公法都应该得到说明。就特定社会而言，人们使用法律权力的各种方式都应该得到解释。不过，关于法律的知识和这种知识对于人们行为的影响还是应该受到特别的重视。

在考虑使用法律权力时，并不是每一个未用的、行使法律权力的机会都是同样重要的，只有那些人们所期待的行使权力，例如行使权力会有利于有关当事人的利益，才是真正重要的。这里就不必说，关于法律的知识对于P类法律的实现来说，就比仅仅符合D类法律的规定要重要得多。

所谓初步检验就是一种关于法律体系一般效力的检验。（这里所说的效力较之以前具有更为广泛的含义。）当然，不止一种法律体系能够通过这种初步的检验，而且，事实上，就具体社会而言，也有若干种法律体系在自己的社会中是有效的。在这种情况下，人们有必要使用第二种检验方法来确定究竟是哪一种法律体系真实存在。正如前面所证明的那样，如果在两种法律体系中，有一种更为顺利地通过了检验，这并不能成为证明它就是现存的法律体系。这个问题受到第二套检验标准的影响，这第二种方法可以称为是“排除标准”。

初步检验和它致力于回答的问题在法理学的讨论中一直没有 207
发挥什么作用。法理学的讨论不是关注于如何认定某种规范体系就是法律体系，就是关注于在两种体系中究竟哪一个是真实存在的。典型的例子是初民社会的规则是不是法律体系，以及 1968 年罗得西亚究竟有什么法律体系？

要回答最后这样的问题，人们就必须参考或回溯排除标准的检验。在使用这种检验方法之前，人们必须明确，受到考虑的两种法律体系一定是相互排除的。一个社会完全有可能受到两种法律体系的影响，例如一种是宗教的，而另一种是国家的，它们彼此之间尽管有时相互冲突，但也可以相互融合。

而两种法律体系究竟是不是彼此相容，还首先依赖于它们在其中生活的社会组织形式。总之，具有某种形式的每一种社会组织与同一组织的其他形式肯定相互冲突，但是却可以与其他形式的社会组织相互共存。（当然，在一个特定的社会内，不可能存在着彼此和谐相处的两个国家，但是，国家却通常可以与不同的宗教和谐相处。）其次，法律体系之间的相容性还依赖于它们彼此冲突的程度。（有些宗教会拒绝承认无神论的世俗权威政权。）

假设有两种法律体系，它们不仅在各自的特定社会中都是有效的，而且，它们还是彼此不相容的。这时就需要使用排除标准来认定究竟真实存在的是哪一种法律体系。这种检验特别重视人们对于国家、政权和其他一些法律制度只是其中之组成部分的社会生活形式的态度和行为。例如，人们对某一种政权的服从会不会导致多数人否认或者轻视法律体系？正是在这里，由于人们行使或者拒绝行使法律权力，人们的已经侵犯了某些义务的目的才是真正密切相关的。

被排除标准赋予特别重要性的其他因素就是重要的宪法性法律的效力，例如重要的法律适用机关和法律创制机关的运行，以及具有其他政治属性的法律的效力。这自然会由于法律体系的不同而各异。

208 排除标准就是一种比较的检验。就相互竞争的法律体系而言，能从中胜出的才是真实存在的法律体系。不过，在某些情况下，两种相互竞争的法律体系可能具有大致相同的主张，这时，检验就总是一种没有最终答案的过程。

因此，总是需要不断地回溯特定社会内存在的法律体系。这里，所谓的社会，应该在这种环境中被比较宽泛地解释。当说到一种法律体系是英国的法律体系，或者英国人民的法律时，人们是指：(1)它的法律仅仅适用于英国人的行为或在英国发生的行为；(2)当在英国或在英国人之间根据前面的标准对其加以检验时，例如它的适用范围究竟有多大，也就证明这种体系的存在。有时，一个法律体系的有效存在范围会比它的适用范围更狭窄些。因此，就我所知，1968 年在中国台湾有效的法律可能也适用于中国大陆(原文如此)。不过，我们一直讨论的存在标准使人们有可能发现它还是仅仅适用于中国台湾。

一种法律体系总是存在于特定的时空之间。不过，人们还必须记住，只有延续了一段时间之后，针对它的效力检验和排除检验才能有效。如果法律在某一特定时刻存在，那我们就说，这时的法律体系是真实存在的。

关于存在标准的这些建议还只是在真正研究法律体系存在问题之前对它的初步澄清。同本书提出的其他许多建议一样，它们还只是解决问题道路上的标志。因此，我的希望就是本书能够成功地归纳和证明某些非常重要但又受到忽视的法理学问题，而且能够提供对于某些非常伟大的法律理论家著作的见解，并最终对于解决这些问题能够有所贡献。

附录：来源、规范性和个别化[1]

209 一种关于法律体系本质的理论是法律哲学中分析部分的重要内容。与审判理论一起，关于法律体系的理论提供了我们把法律视为社会中非常重要的社会制度的概念基础；而这又构成我们对于法律的批评性评价的基础，这种评价是法哲学的另一组成部分。

某些学者认为，法律并不一定非归属于某个法律体系不可。[2]当然，作为一个语言学上的表示，它毫无疑问是正确的。法律这个词适用于那些不属于法律体系的行为规则。如果法哲学是研究法律一词的具体含义，那么，它就不能把法律体系的理论作为重要内容也包括在内。然而，法哲学过去不是，也从来没有被它的解释者

---

① 列举本书第1版之后我有所发展或有所修改的所有观点没有什么用处。这里，我的目的只是集中研究我曾经有所涉及的三个主要命题：捍卫法律依赖于渊源的观点，法律个别化的观点，以及我如何在关于法律规范性的根本假设上犯了错误。

② 特别重要的参考资料如下：

G. MacCormack, 'Law and Legal System', (1979) 42 *M. L. R.* 285.

J. M. Eckelaar, *Principles of Revolutionary Legality*, *Oxford Essays in Jurisprudence*, 2nd series, ed. by A. W. B. Simpson, Oxford 1973.

德沃金有时也赞成这种观点，参见 *Taking Rights Seriously*, rev. edn, London, 1979, p. 344。但是，这里所表达的观点与他在"疑难案例"一章所带来的巨大冲击并不吻合，在"疑难案例"一章中，他把法律与法院的制度性伦理相互等同起来，并且还认为，它能够区别与其他制度的所谓的背景或根本伦理与制度伦理。

们认为是探索这个或那个词的含义的学问。[1] 法哲学是要研究社会组织的某一特殊形式。这种社会组织提供或规定了一种环境，210
在其中，“法律”为人们所使用，并且它还特别紧密地与“法律的”或“合法的”这样一些词汇相联系。本书的主题恰恰就是研究社会组织和它的规范结构，而不是任何词汇的含义。

一、来源

在法律体系理论所关注的四个问题当中，本书注意其中的两个，即法律体系的身份和它的结构。法律是不是必然具有自己的内容不是本书讨论的问题。[2] 而法律体系的存在问题也主要是在批判的意义上作出了解释。人们普遍认为，除非它在某种程度上是有效的，否则法律体系就不存在。凯尔森指出，效力不仅仅依赖于大多数人对于法律的遵守，它还依赖于法院和其他法律适用机关能不能成功地惩治违法分子。哈特已经证明，对于效力来说，仅有服从还是不够的。至少对于官员来说，承认法律的权威对于法律发挥自己的作用是完全必要的。在本书最后一章，我曾经讨论了我们在理解效力观念时发生的若干种混淆，并提出几种非常必要的侧重点上的差别。然而，事情似乎还没有完。我们还需要从理论社会学中借用一些更精致的工具，以便作出重要的理论贡献。

① 我在已经出版的《法律的权威性》(1979 年)一书中讨论过法哲学中的语义分析方法。详见“法律本质的问题”。

② 我在拙著《实践理性与规范》(1975 年)一书中曾经对此有所讨论。

这种对于理论社会学的依赖不是偶然的。法律体系并非杂乱无章的社会组织。它们只是社会政治制度中的一个方面或者一个层次。这个事实严重影响到持续性法律体系的世俗界限。在第八章里，我批评了那些试图为定义法律的延续性而提供自治标准的学者们，如奥斯丁、凯尔森和哈特等。[①] 自治的法律标准也是来自
211 于法律的内容、它们之间的相互关系和法律的效力。依赖于它们势必预先假设，只要依据特殊的法律意识，法律的内部运行和它的准确边界就可以固定下来。但是，我再说一次，法律只是政治制度的一个方面，不管这个政治制度具体指什么，是国家、教会、部落或其他。法律的存在和它的特点受到它生活于其中的政治制度的存在和特点的严重影响。如果本书有什么错误，那肯定就是没有充分强调这个方面的意义。本书认为，一种法律体系的超越时空的特性依赖于法律制度只是其中之组成部分的政治制度的持续性，然而，法律也希望能够对一种临时性的法律体系提供一种自治的界定。自治的标准要想界定临时性法律体系的边界还需要很长一段路，但它们毕竟留下了某些怀疑的空间。一种临时性的法律体系仅仅包括了某些规范，某种法院体系在遵守自己习惯和实践方式的同时还必须受到这些规则的约束。[②] 可是，这又留下了一个

---

① 对哈特的类似的批评见于菲尼斯(Finnis)："法律中的革命与连续性"，载《牛津法理学论文集》，第 2 版，以及我的《法律的权威性》，论文 5 和论文 7。

② 我在这里坚持我在《实践理性与规范》一书而不是本书第八章中所作的定义，因为后者依赖于使用强制性的制裁，并且还错误地解释了法律中强制性的作用。参考：

H. Oberdiek, 'The Role of Sanction and Coercion in Understanding Law and Legal System', *Am. J. of Juris.* 21(1976)71.

Practical Reason and Norms, sect. 5.2.

未经解释的法院体系的观念。[①] 如果法院承认规则的实践是建立在同一种效力标准之上,那么,法院也可以被视为是属于同一种制度或体系。这种检验留下了非常广泛的开放的界限。[②] 人们有可能说,这完全没有错误,一种法律体系的观念可能就是模糊的和不准确的。另一方面,这里需要再次诉诸法律体系只是其中之一组成部分的政治制度的特点,以及区分属于这一政治制度的法院与那些不属于它的法院。这可能会产生一种更为准确的、关于临时性法律体系的定义,但是,主要的好处在于,这样可以突出法律只是社会政治制度的一个组成部分。人们能够也应该出于多方面的 212
考虑把法律视为自治的体系,但是,说到底,法律制度的作用还是依赖于它只是其中之一部分的更广泛的政治制度的本质和界限。

由于已经强调了自治的考虑不能提供一种关于法律体系特点的充分的理论,人们也必须时刻提醒自己别过分。情况已经非常明显了,以至于不能低估自治考虑的重要性,它的确有助于形成一种有特点的理论。这些自治方面的考虑是法律本质的一个部分,是那些表现为各种法律体系的共同性的一个部分,正是根据这些共同性,人们才把它们称为是法律体系。这些考虑也属于法律体系的一般特点,它们可以解释法律在特定政治制度中的具体作用。[③]

---

① 自治的标准可以解释法院的概念。参见拉兹:《法律的权威性》,论文 6,以及“法律本质的问题”。

② 由于法律制度是开放的,它应该更加精致以便允许不同地位的规则得到适用。参见《法律的权威性》,论文 5 和 6。

③ 法律的必然的内容,如它的公开性、全面性和最高性,对于理解法律在政治制度中的作用也是非常关键的。

一种法律体系也可以被认为是一种行为理由的体系。它的特点问题也就是什么理由是法律理由的问题，或者更准确地说：什么理由是一个法律体系所认可的法律理由。我曾经提到过使一个理由必然成为法律理由的两个特点：(1)它们是一些被一个法院体系所承认并且适用的理由。(2)这些法院在与自己实践和习惯相互一致的条件下适用这些法律规则。这些特点也解释了法律自己的体系化的特点：法律是被权威性的法律适用机关所承认和强制执行的行为依据的体系。这些特点为哈特自己的法律特点理论(比较充分体现在他关于承认规则的解释中)提供了奠基石。[①]

除了这些，还必须增加一个因素。法律规定的行为依据是这样一些东西，它们的存在和内容可以不依赖于伦理依据，而仅仅依赖于社会事实就得到证明。我给它的绰号是“来源命题”。这是一个能够引诱人们把它视为区分两类人的试金石的命题，前者是接受这一命题的名声很臭的法律实证主义者；后者则是拒绝它的自
213 然法学者。虽然这个命题有一种比较强烈的历史维度，但它还是不能被认为是上述两派人的显著特点。[②]

---

① 参见哈特：《法律的概念》，英文版，第六章。我自己的旨在论证，有时是修改哈特的立场的有关讨论，参见《法律的权威性》，论文4—6。

② 它似乎与主要的自然法学者的论著有某种相互容纳的联系，如富勒的《法律的道德性》(1964年)、菲尼斯的《自然法与自然权利》(1980年)。至于它被哈特接受的具体程度，可以参考索普(Soper)的“一个法官的法律理论和责任——哈特与德沃金的论战”，载 *Mich. L. R.* 75(1977)473。

莱昂斯(lyons)：“原则，实证主义和法律理论——评德沃金的《认真对待权利》”，载 *Yale. L. J.* 87(1977)415。

也许，采纳这样一个命题的动机可以用形而上学的语言恰当地解释。上面简单说明的其他条件解释了法律规定的行为依据对于社会共同体中的成员有一种权威的拘束力。在关于社会成员如何行为的争论中，人们也许可以将其分为两个阶段：筹划阶段和实施阶段。在第一阶段，行为的其他理由之价值还需要评估。在第二阶段，即实施阶段，这些评估将被排除。虽然做什么的问题还是会被提出，但是，这时它已经是作为一个实施问题受到考虑了。如果在筹划阶段已经决定了在某种环境中将要做什么，那么，剩下的唯一问题就是记忆和认同，以及考虑在筹划阶段的决定中被认为是无意义的其他选择。（筹划阶段结束后，剩余的选择总是与这样一个一般性的结论相互始终，即在某种环境内履行某种行为。永远有不止一种落实这一指示的方式。至于究竟哪一种方式得到保护，从这种指示的立场上看，都是无关紧要的。[1]）

当问题是哪一种行为最公正时，认同的问题就可能转化为伦理问题。当事关一个问题的本质，而它又属于筹划阶段就应该解决的问题时，就更明显了。只有当关于被要求行为的认识不依赖 214
于伦理时，它才属于实施阶段。当然，这并不是说，所有的社会都可以必然地分割成这样两个阶段。它只是表明，这样的区别是一贯的，这是一个可以在若干社会中发现的分类，它的存在对于法律

① 凯尔森是强调这一问题的一位主要的法哲学家，参见他的《纯粹法律理论》，第349页。与目的有关的一种类似观点见于：D. Davidson，'Intending'，Y. Yovel(ed)，*Philosophy of History and Action*，Dordrecht，1978。

的存在而言是一个必然条件。根据来源命题，法律只能存在于这样的社会中，其中司法机关承认筹划阶段和实施阶段的区分，司法机关坚持承认和强制执行某些规则。它们这样做不是因为如果它们在筹划阶段遇到它就会赞成它，而是因为它们认为自己的有效性是非常权威的，这种权威是由习惯、立法和先例所确定的，所以法院认为自己在诉讼中遇到的问题还是一个实施阶段的问题。一旦情况如此，法院将不再能够使用道德上的论证去证明把某个事实看作是某一行为的理由，而是，一旦有关事实通过道德中立的角度加以考虑，法院就会把它看作是自己有义务服从的理由加以认识。只有那些理由，如只有实施的理由，以及那些其存在无须借助于道德论证的理由，才是法院认可的法律理由。来源命题把法律归于社会决策形成的实施阶段。

为了了解来源命题的大致轮廓，我们需要澄清几个问题：第一，人们有时或者偶尔也需要借助于有效的或者是有约束力的理由。不过，人们应该明确，这个命题本身并不涉及任何所谓的有些理由是善的或者是有约束力的主张。它预先假定，无论有约束力的考虑可能是什么，它总是可以分别对应于筹划阶段和实施阶段，以及有时引导行为从筹划阶段向实施阶段过渡的过程。这个命题本身只是主张，法律理由是那些具有实施类型特征的、被法院认可的理由。它并不完全赞同法院的观点。

第二，它并没有主张，法院承认和适用的所有考虑都可以看作是事实而无须诉诸伦理论据。唯一的主张是符合上面条件规定
215 的、为法院所合法承认的考虑只是法律考虑。同时法院也有权根

据超法律的考虑而行为。[①]

第三,通过法院自己的角度,这个命题把法律理由等同于法院认为自己有义务服从的"实施"理由。不过,下面这个说法可不是这个命题的应有内容,即所有的法律理由都是以法院为中心的,所有的法律理由都是法院行为的理由。这当然是凯尔森的观点,但是更合理的观点认为,虽然它们的共同之处在于,法院有义务承认它们,并且可以根据是否与规范相互一致而得出不同的结论,法律理由是以所有法律主体为中心的。

第四,只有当如此行为不公正或者在道德上不可取时,法院有时会根据法律指示去承认某种理由的有效性。有时,这样的指示导致这样的结果,即一个合同在法律是否有效依赖于它在道德上是否可取。这时,个别合同的有效性就不仅仅建立在"社会事实"之上了。为了确认一个个别合同的有效性,人们不得不进行道德上的争论。只有当一个合同的有效性被法院所认可,通过参考法院的判决,它才能与来源命题的含义相互一致。因此,来源命题表明,在法院作出如此判决之前,没有什么合同可以被认为是有法律效力的。如果它们与法律所要求的有效性的其他因素相互符合,这样的合同也只能就是表面上具有法律效力而已。

第五,这一命题的要点是最终性而不是肯定性也不是或然性。可惜的是,这一要点经常被那些赞成这一命题的理论家们所忽视。这些人特别详细地叙述法律和司法判决中确定性和可预测性的重

① 也有这种可能,即根据某些超越法律的考虑,有些法院被授予一种受到限制的修改法律的权力。

要性，并且假定以社会为基础的法律比那些道德思考和建立在伦理考虑之上的司法判决更加确定。因而，他们主张，法律是以来源为基础的。这样的论证确实有若干硬伤。道德思考是不是就一定
216 比关于社会事实的认识更为确定或者不确定，还是一个有争议的问题。既然如此，那么，很明显，社会事实问题就可能会更加复杂，并且受制于许多不确定因素的影响。不过，重要的问题是，这样的论点往好处说也不过就是，在司法判决中，法律或超法律的考虑应该具有什么样的相对重要性。但是，来源命题不关注于应该做什么。它只是分析法律概念时要考虑的一个因素。

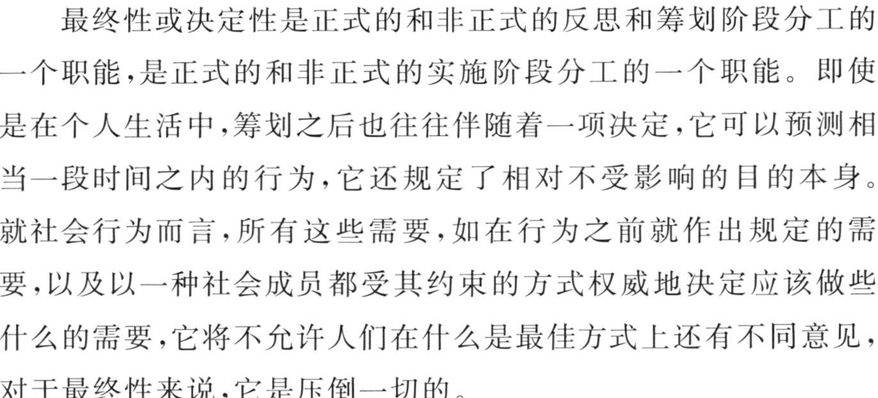

最终性或决定性是正式的和非正式的反思和筹划阶段分工的一个职能，是正式的和非正式的实施阶段分工的一个职能。即使是在个人生活中，筹划之后也往往伴随着一项决定，它可以预测相当一段时间之内的行为，它还规定了相对不受影响的目的本身。就社会行为而言，所有这些需要，如在行为之前就作出规定的需要，以及以一种社会成员都受其约束的方式权威地决定应该做些什么的需要，它将不允许人们在什么是最佳方式上还有不同意见，对于最终性来说，它是压倒一切的。

上面的评论致力于澄清和更好地界定来源命题。这些评论并没有直接地赞成这一命题。在我们社会中通常流行的法律概念与来源命题是一致的。进一步说，来源命题也解释了许多我们社会中流行的关于法律的信念，如法律有时是确定的，有时又是不确定的，以及法院有时适用前已存在的法律，有时又创造新法。考虑到来源命题本身所指示的关于两类行为依据的分类对于生活都是重要的和有用的，以及它已经体现在我们共同的法律概念之中，人们

应该把接受它当作是我们关于法律概念的固有内容之一。

二、一般意义的个别化

我还希望能够对于本书所提出的个别化学说的细节有所增
加。也许围绕这一学说的普遍本质再说些什么是有益的，这一学 217
说解释并在某种程度上修改了本书所采纳的一般方法。下一节，我还要捍卫一个主要的命题，即授予权力的规则是一种与众不同的法律规则，它们本身就是规范。

通过解释法律陈述而研究个别化问题是一种最好的方法。所有直接的法律陈述都可以用具有如下形式的句子加以表现：如果有法律的 P 或者 LP，P 就是一个句式的变化。[①] 法律陈述中有一类比较特殊的类型，它通常被这样的句子表现为：有一条法律，P 或者这条法律规定，……对于这类法律的分析同时也是个别化学说所关注的问题。奥诺雷以一种令人佩服的清晰性指出："律师们自由地讨论着特殊的法律规则，有时，他们把它命名为'反对永恒的规则'，或者'张三诉李四一案中的规则'等。这表明，对于法律和可以个别化的规则而言，存在着一种圈内（行业上的）认识。但是，这种对于规则和法律的共识并没有把法律等同于法令中的一个组成部分，或者法官判决书中的意见。法律顾问们提倡，并没有

① 关于法律陈述，请参考本书第 48—50 页的论述，以及"法律本质的问题"。间接的法律陈述最好被视为是关于法律的陈述。只有直接的法律陈述才可以被认为是法律陈述。

打算完全使其完全符合张三诉李四一案中的判决意见。他们解释了随后的判决、教科书中的习惯公式、职业上精益求精的传统。他们还可以继续深入,并且从原材料中抽取一种法律意识,它存在于原材料之中,但是没有受到充分重视,例如某类财产中的利益就是如此。”①

法哲学家的作用是提供一种对于这种法律陈述之含义的系统
218 的解释。那么,如果“有一条法律规定你欠我 5 个英镑”或者“有一条你应该履行诺言的法律”是假的。“从法律上说,你欠我 5 个英镑”或者“根据法律,你应该在月底之前履行诺言”可能是真的,这里所关注的义务可能仅仅来自于双方的合同,而不是单独来自于法律的规定。

法律的陈述可以是纯粹规范的,也可以是实用的。纯粹的法律陈述是真实的,因为法律的存在与否就直接决定着它的存在与否,而实用的法律陈述之真伪则需要有更多的条件来决定。“合同是由买卖双方订立的”“非法的合同是不能执行的”“在限制性贸易中的自由买卖合同是非法的”“合同可能会由于履行的不可能而失效”,所有这些都是英国法律中的纯粹法律陈述,它们同时也是英国合同法中的陈述。“我欠我的房东两个月的租金”“我应该在本

① 在《法律、道德和社会》一书中(哈克和拉兹编辑,牛津,1977 年),奥诺雷在“真实的法律”一文中批评了某些学者,也包括鄙人在内,做了一些徒劳无益的工作。这似乎是建立在一种错误的认识之上,这种认识是说,我所坚持的一种特殊形式的分析哲学对于我理解法律的本质来说是过于神秘以至于不能认识到问题的本质了。不过,就我所见而言,他所批评的所有人实际上正在做的事情与他的工作没有什么两样。主要的不同在于不同的学者提供了不同的解决方法而已。当然,这并不否认,确实有学者在自己的概念中已经混乱了。

周五之前向张三发送一个电冰箱”，如果是真实的，就是实用的法律陈述。它们的真实性被假定为依赖于相应的法律规则的存在和其他有关事实的存在。例如，某种交易发生，某个并非法律所创造的事实的发生等。一个法律陈述就既是纯粹的又是实用的，一旦两个条件都得到满足，而每一个都足以确立它的真实存在与否。它们中的一个只关注法律的存在与否，而另一个则不仅关注法律的存在与否，还同时关注其他事实的存在。

大多数法律陈述，在逻辑上说，都可以既是纯粹的又是实用的，例如，在逻辑上，有这样的事实状态，如果它们能够得到法律的承认，它们就可以既是纯粹的又是实用的。不过，有些法律陈述，在逻辑上只能是纯粹的。如果真的是纯粹的，它们就不可能因为“适用性的事实”而成为真实的。（当然，也有一些法律陈述在逻辑上是实用的，但是，我们现在不关心这类陈述。）

有这样一条法律，其中 P 类的陈述，在逻辑上是纯粹的。如果真实，它就是纯粹的。它们不可能是实用的。除了那些创造规范和废止规范之外，它们也不可能由于合法交易的事实或者其他的事实而成为真实的。它们或者由于法律的存在或不存在而是真 219
的，或者根本就不是真实的。

人们可能会认为，有这样一条法则，即 P’是所有逻辑上真实的法律陈述的典型形式，就如同说合法的 P’是所有法律陈述的典型形式一样。但是，这是一个错误的认识。许多逻辑上纯粹的法律陈述不能通过使用这样的典型（有一条法律，……）得以表现。请考虑一下这样的陈述，即“45 岁以上的妇女有缴纳所得税的义务”。这是英国法律中的一条纯粹的陈述。它的真实性仅仅来自于法律。财政法规定，缴纳所得税的义务与年龄或性别无关，因此，45岁以上的妇女同其他人一样都有义务缴纳所得税。我们要清楚，规定45岁以上的妇女有义务缴纳所得税的这样一条逻辑上纯粹的陈述是有的，但这是法律自己的结果，它与任何的适用性事实没有关系。但是，这样一种逻辑上纯粹的陈述通常都以如下的句子表现：例如，(1)根据法律规定，年满45岁以上的妇女有义务缴纳所得税。与(1)相比，陈述(2)规定年满45岁以上的妇女有义务缴纳所得税的法律就很不一样了，而且，如果陈述(1)是真实的，那么，陈述(2)就是虚假的。45岁以上的妇女有此义务是财政法普遍规定的结果。事实上，对于这些妇女的责任并没有什么特别法的规定。

上面这个例子的教训是，还有这样的法则，即P'类的陈述是逻辑上纯粹的法律陈述之亚种。它们当中的每一个法律都描述一个完整的法律或者(考虑到对一部法律所有细节的完整描述是非常罕见的)是一部完整法律的核心观念。我们现在已经认识到"有这样一条法律，即……"的基本特点了。陈述通常会由于使用了(1)而成为逻辑上纯粹的法律陈述，而(2)则描述一部完整的法律或者一部完整法律的核心观念。因此，我将把上面这样的典型称为个别化的典型。通过分析，经常使用的陈述意味着，法律上讲，有这样一条规则——P'。这说明，它们仅仅是通常法律陈述的亚种。它们也展示了LP的形式。

有些法哲学家，如霍姆斯(Holmes)、卢埃林(Llewellyn)和霍菲尔德特别感兴趣于法律陈述的一般特点，对于纯粹法律陈述或
220 者个别化的典型之特殊性从来没有特别关注。其他人，包括边沁、

奥斯丁、凯尔森、哈特和德沃金特别关注于能够解释个别化典型的法律陈述的特点。

所谓的个别化实施者的重要性何在呢?那些忽略对其加以考察的人们因此而丢失了什么?答案在于两个部分,它们每一个都对应于解释个别化实施者特点的两个因素中的一个因素。第一通过区分逻辑上纯粹的法律陈述与其他的陈述,我们能够了解些什么?引入这样的区分是为了划分这样两类陈述,即仅仅由于法律就能够成为真实的陈述与那些其真实性依赖于适用性事实的存在与否的陈述。下节,我们将要争论说,法律只能依据某些社会事实而存在。因此,逻辑上纯粹的法律陈述只是这种陈述,其真实性条件仅仅在于法律创造的事实。其他的陈述只是把适用性事实也包括在真实性条件之内。逻辑上纯粹的法律陈述与其他类型法律陈述的区别是非常重要的,因为它反映了法律创造的事实与法律适用的事实[①],而这两种事实恰恰又是我们理解法律的基础。

深深镶嵌在我们关于法律的认识中的是人们的权利与义务图画,它们的地位与责任,简言之,它们受到法律直接影响的程度和间接影响的程度,即法律确定不同行为法律含义或其他事件的具体方式。外行人常常设想区别只是在于普遍性。法律是普遍的,法律创造的事实直接影响到不同等级的人们的利益,同时其他的具有法律后果的交易和事件只能影响到不特定的个人。但是,每一个律师都知道,外行人的这种认识显然不符合事实。议会制定的,但仅仅适用于个别情况下个别人的个别规范,虽然非常罕见, 221

① 请参考本书第 66 页。

但也是有可能的。事关个人权利的交易和其他类型的交易，在没有将其称为由法律所创造的同时，无疑会改变许多人的法律地位。进而，合同以及私人组织的规则和条例常常被强制执行，尽管它们有时还不是法律。

创造法律和适用法律事实之间的区别不在于前者的普遍性，而在于它们是有权政府或者有权政府机构的行为或习惯。这样大胆的说法也过于简单了。不错，政府是可以订立合同，发布行政或司法命令，以及履行若干不创造任何规范的自然行为。创造法律的行为只是政府行为的一个亚种。它们是最高的定期存在的政府的创造规范的行为和创造其他政府机构普遍行为规则的行为。

由于下列原因，最高的正规的立法者不需要是法律体系中最高法律的渊源。第一，最高法律很可能就是习惯法。最高立法者的权威可能还要服从于这个习惯法。第二，最高立法者可能是一个几乎没有什么作为的宪法机构。在这样的国家里，如美国，最高的正规的立法者可能不再是最高的立法者，它的权力要服从宪法的权威。（某些宗教权威可能会行使类似的、很少作为的最高权力。）

我所提出的创造法律事实的概念包括三个部分。如果一个行为在法律上是重要的，如果法院又把它视为一个有效力的行为，那么，创造法律的事实就是：(1)最高的正规的立法者的所有法律上重要的行为；(2)有权制定普遍规则的其他政府机构的所有行为；(3)法律上重要的社会习惯。这实际上是政治意义的法律概念，因为它不是基于技术的或形式的法律区别，而是基于有关制度或规范的政治作用。它的政治特点解释了为什么某些法律理论不能反映自己所要反映的法律体系。许多法律理论家，由于所受训练和观念上的关系,本身就是律师。他们的理论兴趣只是在于澄清一位检察官或法官著作中起作用的技巧和概念。从实践律师的角度 222
看,创造法律与适用法律之间的区别没有什么重大意义。在不同的法律体系中,有许多法律规定依赖于这样或那样的区分,如明确法律和其他有关事实存在与否的具体方式。不同的解释规则可能适用于法规的解释或者私人文件的说明,但是,这些区别相对次要,并且只具有地方的或者局部的意义。

对于法律创造与法律适用的区别作出贡献的法哲学家们恰恰是,这不足为奇,那些超越了自己实践律师角度和职业狭隘眼光的人们。他们曾经致力于把法律和法律制度放在一个更为广阔的社会和政治生活环境中加以观察。正是在这时,区别才能够出现。创造法律的行为属于社会生活中的政治事件,而且,它们以一种明确区别于其他事件的方式与社会的政治生活紧密纠缠在一起。

现在是简要概括的时候了。一个具有这种形式的陈述,即"有一条 P 的法则"是真实的,当且仅当对应的陈述 LP 是:(1)真实的;(2)它的真实性仅仅依赖于法律创造的事实(例如,LP 是逻辑上纯粹的陈述);(3)代表了一个简单的完整陈述的内容或者是它的核心内容。

前面的说法,通过说明法律创造与其他重要的法律事实之间的区别,解释了这样的陈述对于我们关于法律概念的认识之重要性。在解释中,第三个因素的作用何在呢?这不是一个证明将其包括在内的做法是否合理的问题。在这里,证明是一种语言学意义的。[①]

① 参考本书第 219 页。

问题是关于解释中的这第三个部分在塑造法律语言的陈述中所起的作用。这里,解释非常简单:一个独立的法律就是一个独立的内容单位。它包括了某些充分独立于其他的法律材料,和充分独立于其他法律概念的事实——一个规则或一个法律,同时又非常简
223 单以至于完全可以被认为一个单元。需要一种非常有效的认识这些事实的标准方式是不言而喻的。

法哲学家的任务是规范使用这些陈述的习惯方式,并且能够提出一种系统的解释。这实际上也是法律个别化的任务。我刚才提到的(见本书第 141—146 页),使用这些个别化典型的指导方式也就是那些确定任何个别化理论成功与否的根本渊源。

使用个别化的指示经常是因人而异的。大致上能够满足相对独立性、简单性和兴趣的每一个内容单元都能够比较适当地挑选出来,也能够为了某些临时的目的而设计一条规则或法律。如果个别化的指示总是以一种特殊的方式而使用,那么,也就不会讨论什么个别化的理论了。也就是说,它的使用还不完全是特殊的,它以如下两种方式得到了固定化:第一,许多法律单元都是一种稳定形态结晶,因此同一条规则或法律可以适用于许多和多种情况。第二,即使规则所针对的事实并不是结晶为规则的同样事实,人们同样可以根据公认的原则将其按照公认的方式加以分类。在“真实的法律”一文中,奥诺雷就提供了许多这样的例子。我只想选取其中的两个或三个例子:民事或刑事责任的陈述(做了什么什么事的人有责任如何如何;任何人如果有这样的行为就是犯罪)。授权声明(一旦如何如何就可以如何如何),以及法律变更有效条件的陈述,都经常被用作个别化的规则,应用个别化的指示。正是这些

习惯（所有这些习惯都可以满足某些基本的要求）的存在，个别化理论才能派上用场。它们提供了关于这类法律的传统哲学讨论的基础。这种法律类型反映了语言学上的习惯支配着个别化指示的应用，并且解释了我们关于法律结构的概念。法律不能被认为是 224
一大堆零散东西的组合，而是一种合理的组织良好的不同法律类型的结构，其中各个部分都以正当的标准的方式相互联系起来。它们也是上述这些习惯的产物，而对于它们的系统研究就是我们所说的个别化理论。[①]

三、授予权力的规则

五个主要的命题构成了本书关于个别化理论的结论。它们指出使用个别化指示时的某些一般特点：

1. 在每一种法律体系内，都有授予权力的规则和强加义务的规则。

2. 它们都是法律规范。[②]

① 只有天真的读者才会认为，个别化理论的目的就是使人们能够计算到底有多少规则存在。

② 我已经抛弃了本书第六章提出的、关于这些规则规范性特别的解释，它建立在引导人们行为符合规范的制裁或者其他法律后果之上。另一种解释见于《实践理性与规范》，第二—三章，在那里，我解释说，法律上的允许也是规范。另外还可以阅读我的“允诺和责任”对于责任和义务的解释，载 *Law, Morality and Society*；阅读关于哈克的“义务的制裁理论”，载 *Oxford Essays in Jurisprudence*，2nd series，他在文章中提出了对于上述理论的一种批判思考。

3. 在每一种法律体系内，都会有几种不属于规范的其他类型的法律。[①]

225 4. 所有的不属于规范的法律都与法律规范有内在的联系。

5. 法律规范之间可能会相互冲突。[②]

有些学者怀疑授权性规则的独立存在。这种怀疑是一种长期的令人尊敬的传统。这种怀疑最近几年由于哈里斯(Harris)[③]而

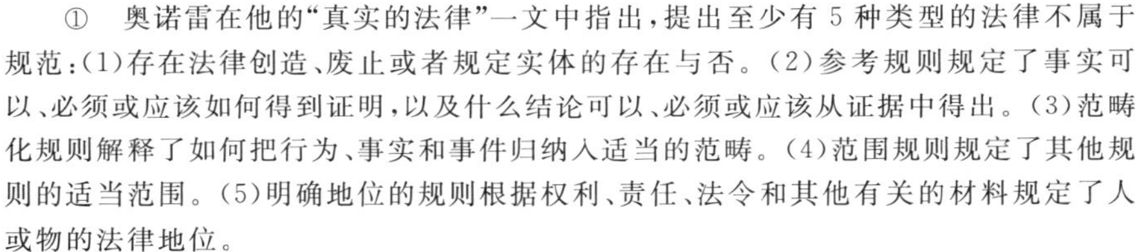
① 奥诺雷在他的“真实的法律”一文中指出，提出至少有5种类型的法律不属于规范：(1)存在法律创造、废止或者规定实体的存在与否。(2)参考规则规定了事实可以、必须或应该如何得到证明，以及什么结论可以、必须或应该从证据中得出。(3)范畴化规则解释了如何把行为、事实和事件归纳入适当的范畴。(4)范围规则规定了其他规则的适当范围。(5)明确地位的规则根据权利、责任、法令和其他有关的材料规定了人或物的法律地位。

我并不必然同意他的分析中的所有细节，但是，我将在此只讲一点：在第117页，他提到“一条规则或关于法律的假设”，即禁止自证其罪。不过，这只涉及不应该自我证明的犯罪一词的部分含义。因此，对此并没有特殊的规范性法律。每一个创造一种犯罪的法律都是一种规范。

② 哈里斯提出了不同的观点，参见他的《法律与法律科学》，第81—83页。不过，哈里斯的错误在于把冲突与矛盾混为一谈了，并且从这个事实得出了结论说，面对冲突的法院将要做一些事情，以至于冲突不复存在。德沃金在他的《认真对待权利》一书中正确地强调了司法审判中冲突的重要性。不过，他的错误在于，假设只有一种法律标准(他称为法律原则)能够引起冲突。他关于其他类型的法律不可能与任何法律标准发生冲突的思考和他自己的认识又有矛盾。他的认识是，它们都可能与法律原则发生冲突。在本书第七章，我假设，在每一种法律体系内都有一些负责解决法律冲突的规则。还请参考我的《法律的权威性》中的第4篇论文。我思考的冲突是这样一些冲突，它们处于义务规则之间，以及义务规则与允许之间。在更广泛范围内适用这一观点的尝试，参见芒泽(Munzer)的“效力与法律冲突”，载*Yale. L. J.* 82(1973)1140。

③ 他们的历史至少可以追溯到边沁的《法律通论》。我曾经在本书第一章、第五章分别讨论了边沁、奥斯丁和凯尔森对于这个问题的认识。另外请阅读哈特：“边沁论法律权力”，载*Yale. L. J.* 81(1972)799；麦考密克：“自愿义务和规范力量”，载*Aristotelian Society*, Supp. Vol. 46(1972)59。哈里斯的论据参见《法律与法律科学》，第五章。

再度盛行。他主张,有可能把法律体系的所有内容都描述为强加义务的规则,而且,他还认为这样做是值得尝试的。但是,人们仍然怀疑这样做是不是可能。麦考密克(MacCormick)先生[①]曾经令人信服地说明,权利完全可以独立于义务规则而存在。一条法令或私人之间的交易可能会授予一个人权利,但并没有同时在这个 226
权利上为其他人设定义务。有时,缺乏一种"对应的"或者是"保护性的"义务是由于法律使它们的存在成为有条件的,而恰好没有发生需要这种条件的情况。被系统描述的法律规定,如果某人享有某种权利,而其他条件又得到满足,与其相关的另一个人就具有一种义务。也有这样的情况,即尽管有权利,但是,其他条件得不到满足;虽然有可能把这些权利还原为有条件的义务,但是,却不可能使权利还原为现存的义务。[②] 但是,与作为有条件义务之一部分的内容相比,权利具有的剩余力量更为有力。权利是指导法院判决的根本原则。法院可以依据权利的存在来论证新的义务(或者新的辅助性的权利)的合理性。权利的这种作用不同于作为有条件义务之先决条件的那些东西的作用。权利与有条件义务之间的关系根据有效的法律规则而存在,这种规则是前面术语的一个构成性规则。但是,权利同时也是新的义务的渊源。目前还不存在的强加义务的规则可能会出现以保护这些权利,也会授予新的

① 参见"立法中的权力",载 *Law, Morality, and Society*, p. 189。奥诺雷也曾经比较模糊地提出过这个问题,参见他的"针对剥夺的排除权和豁免权",载 *Tulane L. Rev.* 34(1960)453。费因伯格(Feinberg)也曾经讨论过这个问题,参见他的《社会哲学》第四章,Englewood Cliffs, N.J., 1973 年。

② 仍然有争议的是,这样一种还原是否会歪曲权利的本质。请参见麦考密克:"补偿的义务",载 *Proc. of the Aristotelian Society* 78(1977—1978)195。

权力以便有利于这些权利的行使。关键的是，有关的义务不能从权利中直接推导出来。权利的存在并不意味着这些义务的存在。假定法院在根据伦理考虑而判定孰为最佳时，权利只是用来授权和指导法院行为。一般而言，法律权利有两个层次：一方面，现存的授权性、转移性和宪法性规则规定的权利的内容；另一方面，权利又构成一种新的法律的潜在性渊源，权利也同时授权法院在保护权利的基础上可以制定新的规则。法律权利的第二个层次阻止把权利还原为义务。不过，需要注意的是，这并不意味着，一个权
227 利的概念可以不依赖于义务而得到充分的解释。上面勾画的解释虽然说了很多，但是，它是把权利作为一种义务的潜在渊源而加以考虑的。但是，如果认为使权利依赖于义务的解释能够保障如下结论的合理性，即规定权利的规则仅仅是义务规则的部分内容或仅仅等同于义务规则，那就乱了。

同时，它们也不能被还原为更为复杂的有条件的义务一类。如果 X 有一项权利，如果法院判定每一个人都应该做 A 事，那么，每一个人都应该做 A。问题是，即使法院没有得到授权应该如何从事，但是，法院的决定还可以是一个有约束力的先例。因此，提出考虑权利动态方面的尝试失败了。无论如何，人们都应该服从法院的裁决。总之，假定的还原是多此一举。

最后，这也是非常关键的一点，权利不能被还原为不言而喻的理由，在此基础上，法院可以确定其所保护的内容。A 对于 Y 的权利是法院允许 A 获得 Y 的理由，同时也是禁止其他人干涉 A 获得 Y 的理由等，但是，围绕着所谓的“等等”或者理由，实际上也存在着最终的选择，也就是说，这些选择或者理由不是无限的。在一

定的范围内,法院完全可以根据不同的理由这样做。例如,法院可以依据普遍利益的考虑、公共安全的考虑、社会秩序的考虑而如此决定。还有,法院甚至可以根据 A 的权利而如此决定。然而,在还原过程中,究竟是什么理由则被忽略了。但是,指出法院允许 A 如此行为的法律上承认的理由,也并不是只有修辞上的意义。关键是确定,当不同的考虑彼此冲突时,法院更看重的究竟是什么理由。[①]

人们肯定想知道,把一个完整的法律体系描述为若干规则的体系是不是可能促进或有助于法律的个别化。没有争议的是,个别化的指示确实也使用了包括授予权力在内的某些规则。哈里斯认为这属于规则的例外,但是,这是因为他不能区分授权与允许这两个概念,后者授予权力和允许使用这些权力。哈里斯的例子是,有时法官可以违反死者的遗嘱而分配死者的财产(哈里斯书第 94 228
页)。这种授权明显允许法官分配遗产,同时也赋予其如此分配的权力。作为这种规则的一个后果,法官所决定的分配是有效的,并且还赋予一种有效的名称。我和如此行事的法官之间的区别不在于我没有被授权违背死者遗嘱去处理死者的财产,而在于我根本就不能这样做。我没有如此行使所必需的权力。

很明显,是有一些授予权力的规则。在法律讨论中,个别化的指示和其他设计被固定用来追溯一些权力授予的规则。[②] 但是,

① 权利(或者某些权利)可能是允许,但是,这时就需要一种比较充分的关于允许的理论来加以说明。哈里斯对此并没有提出什么分析。在第 93 页上,他发表了前后相连的两段话,分别针对有所谓的保证允许的规则和没有保证允许的规则两种认识。

② 至于所有的授权性规则是不是同时也是义务性规则,那是另外一个问题。我曾经在本书第 166—167 页简单地讨论过这个问题,更为细致的研究,请参考“自愿义务和规范权力”,载 *Aristotelian Society*, Supp. Vol. 46(1972) at pp. 87—92。

这些规则是不是规范呢？如果人们把“一条规范”等同于“一个要求”或者“一项禁止”，那么，规则就不等于规范。权利是正式授予人们的如此行为的资格，因为当人们选择要有所改变时，人们就期待着这种权利能够使人们改变自己在规范中所规定的地位。[①] 就授予法律权利而言，所谓“期待”应该读成“被法院认为是人们所期待的”。这样一种能力意味着法律本身赋予人们的行为以某种后果，以便决定权利享有人能够权衡行为的利弊得失，在此基础上，他或她才能作出决定。法律能够指导权利享有人自己的行为。它可以指导他们作出是否行使这种权利的决定。法律并不仅仅指导义务人的行为，也不仅仅指导那些由于行使了权利而得以免除某些义务的人的行为。正是由于这个事实，授予权利的规则同时也是规范。但是，与强加义务的规则不同，规范提供了不确定的指导。义务实际上是主体选择的、优先于其他理由的行为理由。权利所规定的指导依赖于主体所考虑的其他理由。如果某人有理由保护某一结果，只要他有理由行使这一权利，权利就能够使他实现保护目的。如果他有理由避免某一结果，那么，他就有理由不行使自己的权利。

229 实际上，核心的观念也很简单：如果法律能够确定行为主体能够被指导的理由（而正是在这些理由的基础上，行为主体才会决定如何行为），法律就可以指导行为。通过规定义务，法律要求行为人作出一种决定。法律认为，义务是明确决定的唯一合法的理由。（我在这里只能采取简单的方法，也就是不讨论法律冲突的可能性

---

① 我在这里有所偏离我在本书第159页注释的立场，而是沿袭了我在《实践理性与规范》一书中的立场。

问题。可是，我提出的解释能够比较容易地说明这些冲突。）这里，法律是通过限制行为主体的选择而明确他们的行为理由。法律使行为人没有其他选择的机会。授予权利也是一种明确行为人赞成还是反对某种行为理由的合法方式。主体，由于被授予了权利，他就享有了一种改变自己或其他人法律地位的能力，而这会极大地影响到他的决定。但是，并不是说，每个会产生法律后果的行为（这些后果将影响其决定），都属于规范性指导。授予权利是一种规范性指导，因为法律把这些后果附加在人们的行为上，以便主体能够把他们是否同意某个行为的决定仅仅建立在对这些后果的考虑之上。如果说授权性行为只有非常次要的作用，那就很不协调了。实际上，无论义务还是权力都是用来确定（尽管方式可能不同）它们所影响到的行为的理由。当法律指导行为时，也就是说当法律确定以上面确定的方式认定行为的理由时，法律就是一种规范。因此，至少存在着两种法律规范：义务性的和授权性的。[①]

首先，正是通过直接的规范性的指导，通过人们事实上接受规范的指导，法律才能实现它所希望达到的目的。其次，间接地，通过认识关于法律的意见与受其指导的行为之间的偶然联系，法律也可以实现自己具有的任何社会目的。既然法律要履行社会功能，那么，正是通过它的规范性指导，上述两种规范才能密切联系起来。不过，从概念上看，它们是明确区分的，而且，它们要实现的社会功能和社会目的也不能与规范性指导的具体模式相互混同。 230

① 某些保障允许的规则也属于规范，而设定权利的规则之本质还需要一种更为令人满意的理论加以解释。关于法律的社会功能，请看《法律的权威性》中第5篇论文。

四、规范性

在本书导言中提出的法律哲学中的一个重要的空白点是，还缺乏把法律的规范性作为一个独立的内容加以解释。作为这种忽略导致的一个结果，本书中所表达的关于法律规范性的认识还不能与讨论的其他问题明确加以区分。由于经常处于非关键的地位，它们往往提供错误的和歪曲的图画。下面三个问题必须被截然分开：(1)如何确定法律规则的规范性特点？(2)法律的存在如何影响了人们行为的动机？(3)人们为什么使用规范性语言讨论法律问题？

第一个问题，涉及如何确定法律规则的规范性特点，已经在最后一节中有所讨论。我们应该把它与更为广泛的哲学问题——探讨规范性术语的含义——相互联系。我们当然需要采用上述研究的结论，而且还需要继续调查究竟什么法律规则可以用什么样的规范概念加以描述。换句话说，在目前的这个阶段，人们必须采纳一种关于义务、允许、权力和权利的理解，并且认真考虑究竟在什么基础上，一个特殊的法律规则可以被认为是义务性的或是权利性的。正如上面所指明的，这个问题应该根据被法院认定的法律目的加以裁决。如果一个规则希望通过决定行动与否的理由而指导行为，那它就是一个规范。指导的这种特点决定着什么样的规则是规范。

法律规则的规范性特点(例如，它们是不是规范？如果是，又是哪一种规范呢?)与法律对于人们行为动机的影响(例如，它是不是影响到人们的态度和行为？如果是，又是如何影响的?)密切相关。虽然这种联系经常被人们所误解。一个规则的规范性特点通常在确定其对动机的影响时是一个非常关键的因素。有一种与之相反但是错误的观点认为，一个规则的动机力量决定着规则的规范特点，但是这种观点已经受到了哈特的有说服力的批判。哈特 231
在批判凯尔森的过程中阐述了他的批评，而凯尔森是上述错误观点的一位有力的捍卫人。[①] 他说明，人们为什么不能把法律义务等同于那些没有履行就将导致制裁的规则。这样一种程序假定，有一种能够区分制裁与其他法律后果（从主体的角度看，它们通常都是不希望出现的，如对所得和进口征税）的方式存在。也就是说，这样一种程序没有把制裁看作是附加在违反法律义务而出现的若干法律后果之中。哈特的论点说明，一个规则对于人们行为动机的影响并不足以确定其规范性特点。而我在上面所提出的、关于确定规范性特点的解释使这种特点依赖于法律的确定行为理由的目的。就权利而言，这就涉及为某些行为规定法律后果，但是，并不是所有的法律后果都与确定规则的规范性特点有关。请考虑下面这些情况：(1)如果我订立了一份遗嘱，那么，如果我死时还没有改变它的内容，遗嘱中所指定的受益人就对我的财产享有了权利。(2)如果我申请一份许可证，那么有关当局就有义务根据适当的程序来考虑我的申请，并且在合法的基础上作出决定。(3)如果

① 参考“再访凯尔森”，载10 *U. C. L. A. Law. Rev.* 709(1963)。当然，凯尔森不认为他正在处理法律所发挥的动机影响的问题。他关心的只是，法律所规定的潜在的动机后果。他的理论是一种书本上的法律理论，是从律师角度看待法律的。而其他的东西则属于社会学。但是，人们还需要补充一点，法律强制的机制基本上是有效的，是人们普遍了解的，人们至少能够就法律动机的实际影响而提出一种比较薄弱的概括。霍姆斯的理论，即法律应该通过坏人的角度加以观察，也是一种错误的观点。

我买一台电视，我就应该付钱购买收看许可证。(4)如果我在雇佣合同中规定侵权条款，那么，我的老板就有义务为发生工伤给予补偿。(5)如果我开除了一名工人，那么，他就有权利享受失业救济金。

232 在上述所有的情况中，实际履行可以导致法律后果。但是，只是在前两种情况中，法律的目的仅仅由法律后果来加以确定。在其他的情况中，法律的目的，往好里说，也只能属于主体要考虑的若干因素之一。同样，虽然违反义务会导致法律制裁，但是正是关于某些行为是义务的规定本身决定着行为主体的排除一切非法律考虑的决定。对于那些仅仅是义务的规定还不足以触动的人来说，制裁的规定提供了一种更为强调的、不能不重视的考虑。但是，仅仅通过制裁的威慑与通过税收和其他方式的威慑也没有什么区别。

这种方法强调说，法律的目的是决定法律的规范特点的关键因素。这与我们固有的基本直觉能够一致，这种直觉启动了法学家的工作，这种直觉就是法律的特点依赖于负责制定和执行法律的主要机构的行为和态度。在真实世界中，会发生什么，那是另外一个问题。它构成了许多关于法律的社会学研究所关注的中心。

不过，基于最一般的关于社会如何运行的假设，还有可能指出几种法律对于动机影响的情况。我将只提出其中的一种供大家参考：通过把某些结果附加在不同形式的行为之上和建立关于行为的一般标准，法律可以以两种方式塑造行为动机。由于每一种现行的法律体系大致说来都是有效的，就存在着这样的可能性，即法律上规定的后果事实上会得到实现。任何对于这些东西具有基本知识的人，假设他具有最低限度的理性，都会在行为时受到影响。也就是说，他会趋向于，如果其他因素保持不变，采取某种会产生其所渴望的法律后果的行为，并且避开那些会产生不利后果的行为。人们习惯的说法则是，它似乎有理，而且还包含了真相，即只是在理论上，人们才把法律对于行为动机的影响完全等同于制裁。

主张法律通过制裁影响人们行为的理论大致说来有上述这样 233
两个错误，但是，它们对于滑入第三个错误也有责任。也就是说，它们对于人们夸大制裁对于人们行为动机的影响负有责任。不过，这种理论看起来是那么简单，以至于人们不能信任它，因此许多法律和秩序的捍卫者确实都忘记了，制裁在保护人们所渴望的目的方面的实际成功不是依赖于被适用法律的普遍或然性（它以法律的普遍有效性为基础），而是依赖解决某些特殊种类案件的成功。这种成功不是孤立的，它是下面一系列条件的结果。侦破案件和成功起诉的可能性，个别公民选择法律手段并成功地获得自己所希望的判决的可能性，人们赔偿损害（如果制裁是罚款）和承担惩罚（如果某人不是病得非常厉害）的能力，法官或陪审员对于制裁的倾向，而它又是法律所允许或要求的，罪犯逃脱法律制裁的可能性，罪犯对于上面提到的有关事实的认识，他对于风险的渴望等。

谨慎的学者已经避免了夸大制裁对于人们行为动机的直接影响。如果他们承认法律只能通过制裁而影响人们的行为，那么，他们肯定就会导致两个其他的错误，或者忽视其他的法律所规定的后果的重要性，或者无视某些已经确定的标准对于人们行为的影响。前面已经指出，当法律赋予法律后果，而这种后果不是对于人们行使权力的制裁，那么，法律的权力就是存在的。事实上，存在着许多关于行为的其他种类的法律后果，它们也不是制裁，例如税收、强制罚款或者其他费用、计划的要求和程序以及证据方面的若干要求、通常的“官方格式”等，其中的一些是无条件的强制，不过，其中的多数还是以人们希望采取的不同形式的行为为条件。所有这些都履行着与制裁没有什么区别的动机作用。

比较以下这两件事情，违章停车的罚款和付费停车（它们的数额几乎相等）。通常人们会期待承认，与缴纳停车费相比，违章罚
234 款是制止乱停车的更有效的方式。动机方面的差别不能根据法律规定的后果加以解释，因为它们实际上是一回事。可以这样解释，即法律在一种情况下规定了一种禁止停车的标准，而在另一种情况下则没有这样的标准。有时，我们可能会根据自己的判断——这不是法律的一般特点，而是依赖于可能存在也可能不存在的独立的动机——而声称，法律对于人们行为动机的这种影响与我们对于法律本质的理解没有关系。如果这样说，那么，这就确实不同于依赖于普遍（虽然并不总是决定性的）目的的制裁，例如个人生活中的利益、健康、自由，或者财产。另一方面，其他的法律规定的后果并不需要依赖于普遍的目的。它们对于我们理解法律是非常重要的，因为就算是它们的具体的活动彼此不同，但它们都是作为一个群体而获得系统地使用，它们都依赖于法律体系和法律关系主体。

说法律通过确定标准而影响人们的行为也是真实的。这很简单，只要宣布什么行为将被禁止和什么行为将被允许以及个人有权利和义务做什么，就可以了。在大多数社会形态中，不同的群体，即使除了官员，都会接受（一般而言的）服从法律或某些法律的共识。他们的共同接受可能归结为迷信，例如对于道德和宗教信念的迷信，对于自我利益至上的迷信，或者简直就是对于每个人都

应该如此的信念的迷信。无论如何，这样一种共识的存在能够使法律，通过建立启动人们行为的使人们的动机适应于新的行为模式的标准，并影响人们的动机。在任何对于法律本质的解释中都必须承认它们的重要性，因为它们基本上说明了法律有效性的具体程度，而且还由于立法相当自觉地要依赖于这些标准，呼吁它们的存在，并且把它们纳入实际行为之中。

五、规范性陈述

对于法律规则规范性特点的解释和对于法律影响人们行为动 235
机的作用的理解都不足以解释人们为什么使用规范性语言来描述法律。人们为什么使用权利、义务、授权或允许来描述法律体系呢？首先要注意的就是，人们实际上还有另外一套描述法律的词汇，只是它们不经常被使用。人们可以讨论说，法律要求的是什么，个人如何才能避免被逮住，以及统治阶级、权力精英或独裁者要求什么。这些和其他许多类似的表示为描述法律提供了丰富的非规范性词汇，而且这些词汇的使用比某些法学家愿意承认的还要更为频繁。

通常，诉诸规范语言意味着人们接受了法律规则的有效性，即接受了有关规则的约束。避免使用规范语言则往往表明不相信法律规则的有效性。这里，“接受”并没有表示对于有关规则人们必然持道德上的赞成态度，它也不表明人们相信服从这些规则有充分的理由。“接受”有许多理由，它们可以是道德的，也可能是出于谨慎或任何其他的原因，甚至没有什么理由也是理由。所有这些都意味着，主体应该根据规则的要求而行为。接受规则有时不同于担心受到制裁才服从规则。这是错误的认识。担心受到制裁是一个个人利益方面的理由，如果其他的个人利益方面的理由能够导致服从规则，那么，担心受到制裁为什么就不能成为服从的一个理由呢？“诚实是最好的政策”就是一种能够导致服从法律规则的考虑。而无论其动机是追求利益还是避免惩罚。如果担心受到制裁能够导致一种普遍的政策而不是一时一地的决定，那么，接受规则就可以是建立在避免惩罚的基础之上。如果一个人根据规则而行为，而且这还是他一贯的政策，就表明他接受了这个规则。反之，如果一个人重新考虑了在各种情况下服从这一规则的价值，就可能导致他不接受这样的规则。

通常，使用规范性术语描述法律状况的人也就是接受规则约束力的人。但是，并不是所有使用规范性语言所表示的陈述都属
236 于这一类。人们常常指出，规范性语言可以用来表示其他人的正式观点，如“在最近 10 年间，在专家当中，人们普遍同意妇女有权利根据自己的需要而堕胎”。许多学者假定，所有的不自觉地使用规范语言的情况都属于此类。但是，请考虑一位正在向其当事人提供咨询的律师和一位正在表达自己观点的作家之间的差别。典型的情况是，他们无须重复其他人的法律观点是什么，相反，他们会指出什么是法律。既然，法律通常就是一种公共知识，那么，其他人所相信的也许就是律师和作家所指出的。但是这与他们的目的并不一致，而且，在典型的案例中，什么是法律的认识也许就不同于律师和作家的一般认识。当然，他们可能澄清了虽然是正确的，但同时又是从来没有听说过的法律的观点。出于实际的考虑，

律师可能会担心这种状况。另一方面,作家则认为这种新的观点可能是重要的进展。无论如何,它们的内容和真实性都不会受到其陈述是否新颖的影响。要否认这点也就是否认人们有可能不自觉地使用新的观点。

人们可能会反驳说,这种观点所确立的就是,不自觉的规范性陈述并不能总是指出人们公开相信的东西。有时,它们只是指出人们暗中相信的信念。不过,只有当人们接受了错误的原则——每个人都必然相信他的信念的逻辑结论,这种反驳才有力量。当然,这里不是解释为什么这种观点是错误的适当场合。不过,一旦受到限制,它就更不足以说明我们正在讨论的这种不自觉的陈述。我将呼唤超然的陈述或从法律角度出发的陈述。[①]

① 另外一种把独立的陈述视为内在陈述的分析方法同样也不成功。为了尝试这样一种分析方法,人们最好的赌注就是把这样的陈述看作是有条件的理由陈述。这样一种解释可能会在某种意义上沿着下列路线前进:当作为一个独立的陈述时,"根据法律,某人应该得到Y"意味着说,如果法律创造的事实就是理由,那么,"某人应该得到Y"就是真实的。不过,人们如果把范畴性的陈述解释为省略性的条件,还是应该谨慎从事。特别是在这种情况下,即同目前一样,它没有在其完整和公开的形式中表明它的一切要素,人们必须要有非常充分的理由才能这样做。除了普遍的怀疑之外,还有一些理由似乎也不支持这种解释。可能有这样的情况,法律创造的事实是人们行为的理由,然而,它主张的"某人应该得到Y"却是错误的。完全可能有一些非法律的理由主张某人不应该得到Y,而它又具有优先性。人们不可能因为说"有条件的应该也就等于初看之下的真实性(它只是重申了存在着行为理由)而避开前面的问题"。独立的陈述可能属于初看之下具有真实性的,但是,它们也完全可能属于明确的应该陈述,而且任何解释都应该允许这种说法。不过,前面提出的解释却没有承认独立陈述的这种二重性。

还可能提出一种更为复杂的解释。"根据法律,某人应该得到Y",可以被认为是等同于"如果法律创造的事实是理由,那么,就所有影响这个问题的因素而言,某人应该得到Y"。这相当于说,"如果因为根据法律,某人应该得到Y,那他就应该得到Y。"虽然这也是真实的,但却很难说明"根据法律,某人应该得到Y"。当需要解释的法律规定没有什么特别的重要性的话,条件问题就特别重要。

237 假设有一个人，他已经相信了英国法中的承认规则的约束力（如果还有其他的最终规则，他也会接受）。进一步再假设，他相信，除非追溯到英国法的最根本规则，否则就没有具有约束力的义务，没有有效的权利，也不会有在此基础上获得的法律后果。再假设，这个人对于有关事实具有比较完整的认识，他也是一个冷静的、理性的人，能够预见到英国法的最终规则的全部后果，这些法律中包括那些当适用于事实时可以从最终规则中合理推导出来的所有规则。这样的人，除非是作为一个抽象的逻辑模式，否则，肯定是特别凶恶以至于不能以任何方式深入思考的人。不过，它表明他已经完全接受了法律的观点。只有在这样一些情况下，即我们所假设的个人相信相反的信念，独立的陈述才是真实的。当且仅当法律的观点是有效的和彻底的，独立的陈述才能成为真实的。换句话说，当且仅当使用了同一个句子，有责任的陈述是真实的，考虑到世界上的非规范性的事实，如果被涉及的法律体系的最终
238 规则是有约束力的，而且，如果不存在其他的具有约束力的正式的考虑，通常使用某种句子表示的独立陈述才是真实的。

在本书的第 49 页中，我曾经区分了直接的和间接的规范性法律陈述。使用规范语言所招致的评论意味着间接的法律陈述主要是关于人们态度、信念和实践的陈述。直接的规范陈述则根据说话人的目的（这可以通过公开使用这种语言，或者根据他们生活于其中的环境而表现出来）而可以分为自觉的陈述和独立的陈述。

参考书目

（仅包括本书直接引用或参考的文献）

Austin(奥斯丁),John. *Lectures on Jurisprudence*. John Murray, London,5th edn. ,1885.

——*The Province of Jurisprudence Determined*. The Noonday Press,New York. 1954.

——'The Uses of the Study of Jurisprudence',published in the same volume with *The Province*.

Bentham(边沁),J. *A Fragment on Government*. Blackwell,Oxford,1960.

——'A General View of a Complete Code of Laws'in *The Works of J. Bentham*.

——*The Limits of Jurisprudence Defined*. Columbia University Press,1945.

——*Of Laws in General*. The Athlone Press,1970.

——*The Works of J. Bentham*,ed. J. Bowrigg. William Tait, Edinburgh,1863.

Brown(布朗),J. *The Austinain Theory of Law*. John Murray, London,1920.

Bryce(布赖斯), J. 'The Nature of Sovereignty' in *Studies in History and Jurisprudence*, Vol. ii. Clarendon Press, Oxford, 1901.

Buckland(巴克兰), W. W. *Some Reflections on Jurisprudence*. Cambridge University Press, 1949.

D'Arcy(达西), E. *Human Acts*. Clarendon Press, Oxford, 1963.

Davidson(戴维森), D. 'Intending', Y. Yovel(ed.), *Philosophy of History and Action*, Dordrecht, 1978.

Dicey(戴雪), A. V. *Introduction to the Study of the Law of the Constitution*. Macmillan & Co., London, 10th edn., 1964.

Dworkin(德沃金), R. M. *Taking Rights Seriously*, rev. edn., London, 1979.

Eekelaar(艾克拉), J. M. 'Principles of Revolutionary Legality' in A. W. Simpson (ed.), *Oxford Essays in Jurisprudence*.

Feinberg(费因伯格), J. *Social Philosophy*, Englewood Cliffs, N. J., 1973.

Finnis(费尼斯), J. M. *Natural Law and Natural Rights*, Oxford, 1980.

——'Revolution and Continuity in Law' in A. W. B. Simpson (ed.), *Oxford Essays in Jurisprudence*.

Fuller(富勒), L. *The Morality of law*, Cambridge, Mass., 1964.

Gray(格雷), J. G. *The Nature and Sources of the Law*. Beacon Press, Boston, 2nd edn., 1963.

Hacker(哈克), P. M. S. 'Sanction Theories of Duty' in A. W. B.

Simpson (ed.), *Oxford Essays in Jurisprudence*.

Hacker(哈克), P. M. S. and Raz(拉兹), J. (eds.) *Law, Morality and Society*, Oxford, 1977.

Hare(黑尔), R. M. *The language of Morals*. Oxford University Press, 1964.

Harris(哈里斯), J. W. *Law and Legal Science*, Oxford, 1979.

Hart(哈特), H. L. A. 'Bentham on Legal Powers', *Yale L. J.* 81 (1972).

——*Definition and Theory in Jurisprudence*, Clarendon Press, Oxford, 1959.

——'Kelsen Visited', 10 *U. C. L. A. Law Review* 709.

——'Legal and Moral Obligation' in A. I. Melden(ed.), *Essays in Moral Philosophy*. University of Washington Press, 1958.

——'Positivism and the Separation of Law and Morals', (1958) 71 *Harvard Law Review* 593.

——'Self-Referring Laws' in *In Honour of Karl Olivecrona*.

——*The Concept of Law*. Clarendon Press, Oxford, 1961.

Hobbes(霍布斯), T. *Leviathan*. Blackwell, Oxford, 1960.

Hohfeld(霍菲尔德), W. N. *Fundamental Legal Conceptions*. Yale University Press, New Haven & London. 1964.

Honoré(奥诺雷), A. M. 'Real Laws' in *Law, Morality and Society*, edited by P. M. S. Hacker and J. Raz, Oxford, 1977.

——'Rights of Exclusion and Immunities against Divesting', (1960) 34 *Tulane Law Review* 453.

——'What is a Group', *Archiv für Rechts und Sozialphilosophie* 61(1975)161.

Holland(霍兰), T. E. *The Elements of Jurisprudence*. Clarendon Press, Oxford, 10th edn. . 1906.

Kelsen(凯尔森), H. *General Theory of Law and State*. Russell & Russell, New York, 1961.

——'On the Pure Theory of Law', (1966) 1 *Israel Law Review* 1.

——'Prof. Stone and the Pure Theory of Law', (1965) 17 *Stanford Law Review*, vol. 2, P. 1128.

——*Théorie pure du droit*. Dalloz, Paris, 1962.

——*The Pure Theory of Law*. University of California Press, Berkely & Los Angeles, 1967. ①

——'The Pure Theory of Law', (1934) 50 *Law Quarterly Review* 477, and (1935) 51 *Law Quarterly Review* 517.

——'The Pure Theory of Law and Analytic Jurisprudence', published in *What is Justice?*

——*What is Justice?* University of California Press, 1960.

Kenny(肯尼), A. 'Intention and Purpose', (1966) 63 *The Journal of Philosophy* 642.

① Usually I used this translation of *Reine Rechtslehre* (2nd odn.), but occasionally, when I found that the translation deviated from the original in a way significant to my purpose, I used the French translation listed above.

Lyons(莱昂斯), D. 'Principles, Positivism and Legal Theory—Dworkin, *Taking Rights Seriously*', *Yale L. J.* 87(1977)415.

MacCormack(麦考密克), G. '"Law" and "Legal system"', (1979) 42 *M. L. R.* 285.

MacCormick(麦考密克), D. N. 'Rights in Legislation', *Law, Morality and Society*, P. 189.

——'The Obligations of Reparation', *Proc. of the Aristotelian society*, 78(1977—1978)195.

——'Voluntary Obligations and Normative Powers', *Aristotelian Society*, Supp. Vol. 46(1972)59.

Markby(马克柏), W. *Elements of Law*. Clarendon Press, Oxford, 5th edn., 1896.

Munzer(芒泽), S. 'Validity, and Legal Conflicts', *Yale L. J.* 82 (1973)1140.

Oberdiek(奥贝德克), H. 'The Role of Sanctions and Coercion in Understanding Law and Legal Systems', *Am. J. of Juris.* 21 (1976)71.

Prior(普赖尔), A. *Formal Logic*. Clarendon Press, Oxford, 2nd edn., 1962.

Raz(拉兹), J. 'Voluntary Obligations and Normative Powers', *Aristotelian Society*, Supp. Vol. 46(1972)79.

——*Practical Reason and Norms*, London, 1975.

——'Promises and Obhgations' in *Law, Morality and Society*.

——*The Authority of Law*, Oxford, 1979.

——'The Problem about the Nature of Law',forthcoming.

Ross(罗斯),A. 'A Review of Kelsen's *What is Justice?*',45 *California Law Review* 564.

——*On Law and Justice*. Stevens,London,1958.

——'Tû Tû',70 *Harvard Law Review*,vol. 1,p. 812.

Salmond(萨尔蒙德),J. W. *The First Principles of Jurisprudence*. Stevens & Haynes, 1893.

——*Salmond on Jurisprudence*: *Eleventh Edition*, ed. G. Williams,Sweet & Maxwell,London,1957.

Simpson(辛普森), A. W. B. (ed.)*Oxford Essays in Jurisprudence*,2nd series, Oxford,1973.

——'The Analysis of Legal Concepts',(1964)80 *L. Q. R.* 535.

Soper(索普),E. P. 'Legal Theory and the Obligation of a Judge: The Hart/Dworkin Dispute',*Mich. L. Rev.* 75(1977)473.

Stenius(斯坦尼乌斯),E. *Wittgenstein's 'Tractatus'*. Blackwell, Oxford,1960.

Strawson(斯特劳森),P. 'Intention and Convention in Speech Acts',(1964)73 *Philosophical Review* 439.

Von Wright(冯怀特),G. H. *Norm and Action*. Routledge & Kegan Paul,New York,1963.

Willoughby(韦罗璧),W. W. *The Fundamental Concepts* of *Public Law*,Macmillan,London,1924.

索　　引

（索引中的页码均为原书页码，即本书边码）

A

B

C

D

E

F

G

H

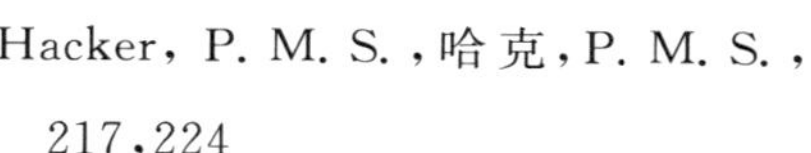

I

M

N

O

P

R

S

W

Y

图书在版编目(CIP)数据

法律体系的概念 /(英)约瑟夫·拉兹著;吴玉章译.—北京:商务印书馆,2017
(汉译世界学术名著丛书:120年纪念版:珍藏本)
ISBN 978-7-100-14499-5

Ⅰ.①法… Ⅱ.①约… ②吴… Ⅲ.①法律体系—研究 Ⅳ.①D90

中国版本图书馆CIP数据核字(2017)第153991号

汉译世界学术名著丛书
(120年纪念版·珍藏本)
法律体系的概念
〔英〕约瑟夫·拉兹 著
吴玉章 译

商 务 印 书 馆 出 版
(北京王府井大街36号 邮政编码100710)
商 务 印 书 馆 发 行
北京新华印刷有限公司印刷
ISBN 978-7-100-14499-5

2017年12月第1版　　开本 710×1000 1/16
2017年12月北京第1次印刷　　印张 19¾
定价:98.00元